"十四五"职业教育国家规划教材

通识教

U0683918

写作与沟通

慕课版

·第2版·

王用源 ◎ 编著

人民邮电出版社

北京

图书在版编目（CIP）数据

写作与沟通 : 慕课版 / 王用源编著. -- 2 版.
北京 : 人民邮电出版社, 2025. --（高等院校通识教育
新形态系列教材). -- ISBN 978-7-115-65459-5

Ⅰ. H152.3；C912.11

中国国家版本馆 CIP 数据核字第 2024V4Z729 号

内 容 提 要

语言表达能力包括书面语表达能力和口语表达能力。本书以项目教学形式设计了不同的学习、生活和工作场景，针对每个场景设定不同的写作任务和沟通任务，通过日常沟通、命题演讲、组织活动、举办会议、开展工作、毕业求职、论文答辩、商务活动、竞聘就职、调查策划等场景对应用文写作和沟通技能进行讲解，旨在提升读者的语言表达能力。

本书可作为高等院校、职业院校写作与沟通等相关课程的教材，也可作为企事业单位从业人员的培训用书或参考用书。

◆ 编　　著　王用源
　　责任编辑　曹可可
　　责任印制　王　郁　彭志环

◆ 人民邮电出版社出版发行　　　北京市丰台区成寿寺路 11 号
　　邮编　100164　　电子邮件　315@ptpress.com.cn
　　网址　https://www.ptpress.com.cn
　　三河市祥达印刷包装有限公司印刷

◆ 开本：787×1092　1/16
　　印张：14.75　　　　　　　　2025 年 1 月第 2 版
　　字数：313 千字　　　　　　 2025 年 2 月河北第 2 次印刷

定价：54.00 元

读者服务热线：(010)81055256　印装质量热线：(010)81055316
反盗版热线：(010)81055315

本书自出版以来，不少院校将其作为教材或参考用书，部分任课教师提出了中肯的修订建议。2021 年年底，本书参评"十四五"首批职业教育国家规划教材时，评审专家提出了很多宝贵的修改意见。借此修订改版之际，我们对原书作了一些修订和补充。

一、融入课程思政元素

将党的二十大精神融入教材中，深入挖掘课程思政元素，充分体现课程思政的育人功能。比如，学习沟通礼仪，可以提升学生的道德观念，增强学生的社会责任感、提高公民意识等；学习团队沟通，可以提高学生的社会责任感、人际交往能力；通过师生共同学习和讨论，学生可以更加深入地理解社会主义核心价值观，增强对国家和民族的认同感和归属感。

二、更新部分内容和案例

项目一部分增加了"写作任务二　撰写常用书信"。写作部分更新了部分案例和范例，将应用文写作的技能与规范融入案例分析，有助于学生将写作理论与实际应用联系起来，加深对应用文写作规范的理解。针对不同的写作任务和沟通场景，补充了适量的应用文写作任务和沟通训练题目。任课教师可根据不同专业的实际需求，有针对性地开展课内外教学实践，指导学生进行写作实训和沟通交流，为学生今后的职场发展奠定基础。

三、利用人工智能辅助教学

随着人工智能技术的迅速发展，写作与沟通能力的培养模式正在发生较大的变化。人工智能时代，教师需要重构教学内容，更新教学方式方法，在知识传授、能力培养、素养养成的过程中，积极利用人

第 2 版前言

工智能技术，拓展课程的广度和深度。比如，如何引导学生正确使用"文心一言"等人工智能工具，这是不能回避的问题。在使用这些工具的过程中，如何更好地体现人的情感等因素，需要在实践中去探索。

人民邮电出版社的工作人员反馈了"十四五"首批职业教育国家规划教材评审专家的修订意见，征集了部分院校任课教师对本书的意见和建议。在此，谨对相关专家、工作人员和教师表示衷心的感谢。由于作者水平有限，书中错漏难免，欢迎广大读者批评指正！

作　者

2024 年 5 月

第 1 版前言

目　录
CONTENTS

目　　录
CONTENTS

目录
CONTENTS

目　录
CONTENTS

写作与沟通概说

党的二十大报告指出："培养造就大批德才兼备的高素质人才，是国家和民族长远发展大计。"我们要深入实施人才强国战略。开设写作与沟通课程，旨在提升大学生的综合素养，为培养高素质人才提供通识教育的支撑，帮助大学生在今后的专业领域及职场中更好地表达自己的观点和想法，更有效地与人沟通交流，实现人生价值。

一、语言表达能力

语言表达能力包括书面语表达能力和口语表达能力。本书所谓的"写作"与"沟通"对应的是应用写作能力和口语表达能力。

何为写作？写作就是写文章，是人们运用文字符号以记述的方式反映事物、表达思想感情、传递知识信息、实现交流沟通的过程。中学阶段，写作教学一般集中训练记叙文、说明文、议论文的写作。大学阶段，写作教学的种类很多，有基础写作、应用写作、创意写作和专用文书写作等，作为通识教育课程，更多的是讲授应用写作或说理写作。本书侧重于应用写作。

何为沟通？本书所谓的沟通可作广义和狭义两种理解。《现代汉语词典》将"沟通"标注为动词，意为"使两方能通连"，这是狭义的沟通。广义的沟通，是指人与人之间、人与群体之间思想与感情的传递和反馈的过程，以求思想达成一致和感情的通畅。根据沟通所使用的媒介，沟通可分为语言沟通和非语言沟通，语言沟通又可分为口语沟通和书面语沟通。

写作只是沟通的一种方式，口语表达也是一种沟通。本书名为《写作与沟通（慕课版 第2版）》，主要是从书面语和口语角度来区分的，将写作理解为书面语表达，将沟通理解为口语表达，同时包括非语言沟通。

二、应用写作的特点

应用文是各类党政机关、企事业单位、社会团体和个人在日常学习、工作和生活中，用以处理各种公私事务、传递交流信息、解决实际问题所使用的具有实用价值、格式规范、语言简约的多种文体的统称。应用文重在应用，是人们相互交往、传递信息、表达思想、解决问题、指导实践的沟通工具。

要学好应用文写作，首先需要掌握应用写作的特点。应用文是一个统称，不同的应用文文种有不同的写作要求、格式规范、表现形式和读者对象，下面介绍应用写作的共同特点，不同文种的特点将在后面的学习内容中讲解。

（一）功能的实用性

相较于文学作品，应用文的实用性更明显、更直接。从写作目的来看，应用文以解决现实工作、生活和学习中存在的实际问题为写作目的，实用性是应用写作最重要、最根本的特点。应用写作必须从客观实际出发，利用真实的材料，揭示事物的本质和发展规律，不允许夸张，更不允许虚构。

（二）语言的准确性

应用写作是运用书面语言来反映现实、传递信息、处理事务的一种信息传播活动。在语言的使用上，应用写作要求语言表达的准确性。应用写作不使用华丽的辞藻，要晓畅地传递信息。在遣词造句时，应该注意辨析词义、准确使用词语、用准修饰词语、力避歧义。应用文以处理公私事务为己任，有特定的行文关系，因此用词用语还要讲究庄严持重、适度得体、朴素平实，做到语言表达规范、通俗易懂。

（三）写作的程式性

应用文经历长期的发展，为了高效、迅速地传递信息，应用写作形成了相同或相似的文章结构、惯用句式和规范化词语。不同文种在产生、发展的过程中，都逐渐形成了程式化的写作特点，并在写作实践中约定俗成。有些文种的写作要求甚至是国家统一规定、统一贯彻执行的，例如，为了提高党政机关公文的规范化、标准化水平，国家制定了《党政机关公文格式》（GB/T 9704—2012）。程式化是文艺创作所应力避的一种倾向，但却是应用写作所不能背离的规律，应用文的写作者不可随心所欲、标新立异。

三、口语表达的特点

应用文不是天天都需要写的，而话却是天天要说的。人人都会说话，把话说好却不易。相对于书面语表达来说，口语表达具有以下一些特点。

（一）信息传递的即时性

口语表达是通过语音即时生成来交流信息，声音转瞬即逝。即时性，就是人们在口语表达时需要边想边说，虽然说话有快慢之分，但不能像书面语表达那样字斟句酌、反复加工。脱口而出的话语不可能像书面语表达那样从容思考、思路清晰，口语表达经常会受到语言环境、沟通对象的实时互动等因素的影响，沟通双方会根据交流的需要进行话题的选择和表达，这使得口语表达具有更大的灵活性。说出的话是不能收回的，虽然现在有录音设备记录说话内容，但对于说话者来说，口语表达应尽量一次性表达到位、准确得当。

（二）沟通语境的依赖性

口语表达如果脱离了沟通的语言环境，听话人就有可能听不懂说话人想要表达的意思。一般来说，语言环境有自然语言环境、局部语言环境和自我营造的人工语言环境等。从人际沟通来看，语言环境主要是指语言活动赖以进行的时间、地点、场合、对象等因素，也包括前言后语。同样一句话，在这个场合由这个人说出，与在另外一个场合由同一个人说出，表达的意思可能不同；同样一个意思，在这个场合对这个对象说，与同样在这个场合对另外一个对象说，使用的语言也可能不同。这就是口语表达对沟通语境的依赖性。

（三）辅助手段的多样性

在人际沟通中，除了利用有声语言传递信息，往往还会使用一些辅助性的非语言手段，如表情、手势、空间距离等，它们对传递信息具有重要作用。语言手段和非语言手段都能发挥沟通功能，而当口语表达不够用时，非语言手段就显得尤为重要。据美国传播学教授杰夫里·菲尔波特（Jeffrey Philpot）的调查，人类有65%的意义成分来自非语言沟通，而只有35%的意义成分来自语言沟通[①]。美国学者朋迪·C.皮尔里（Mindy C. Peary）认为，即使是最保守的看法，在某一沟通过程中，35%的社会信息是通过语言传递的，其余65%的信息是由非语言手段传递的。这些非语言手段具有多样性，人们可以用表情、手势、姿态等来传递信息和表

① 吕行. 言语沟通学概论[M]. 北京：清华大学出版社，2009.

达情感。

四、怎么学好写作与沟通

学习任何课程，都应做到理论联系实际，对于"写作与沟通"这门实用性极强的课程来说，更是如此。下面从三个方面给学习者提供参考建议。

（一）始于模仿

应用文的种类很多，有些文种是我们以前从来没有遇到过的。遇到不熟悉的文种，我们可以模仿范文的行文格式，借鉴其中的一些行文方法；先从形式上模仿，再从文章的结构和内容安排上进行模仿。在学习中，我们要学会识别、模仿、借鉴优秀的应用文，总结其中的写作规律，掌握处理内容和形式、观点和材料的方法。等我们掌握行文规范后，就需要在表达内容上下功夫，全面提高自身的写作能力。本书提供了相关文种的写作模板，供初学者模仿，以便快速掌握相关文种的基本写法。

提高沟通能力，也可以从模仿开始。在与人沟通时，我们可以观察别人是如何表达的。例如，作为观众去参加一场报告会或一场研讨会，我们就可以观察会议组织者是如何布置会场、如何安排会议各环节工作的，观察主持人是怎么上场、怎么开场、怎么串场、怎么结尾的，观察主讲人是如何开场、如何讲述的，观察他们是如何驾驭舞台的，使用了哪些非语言手段来辅助沟通，等等。我们模仿他们的一些沟通方式方法，为我所用。

（二）勤于实践

学习应用写作一定要做到理论联系实际，勤于实践，不怕失败。要把应用写作的相关理论运用到学习、工作实践中，与具体的应用文相结合，发挥理论对实践的指导作用；同时，用具体的应用文写作来印证所学的理论，加深对理论的认识。大学生在课内外学习活动中，应不放过每一次锻炼应用写作能力的实践机会，例如撰写学生社团活动策划、活动通知、新闻稿等。初入职场，多浏览所在岗位以前的各类材料，对相关文献资料有初步的了解，写作时才有材料基础、有方向。

提高沟通能力，不能只停留在观摩阶段，否则就是纸上谈兵。从书中学到相关的沟通方法和技巧后，要勤于实践，不断修正自身的语言表达策略。在沟通实践中，我们要有意识地训练当众讲话的心理素质，锻炼自己在大庭广众之下，无论面对什么情况，都能大胆、从容、自信地表达思想的能力。在与人沟通时，还要有意识地训练优雅的体态，充分利用非语言手段来辅助表情达意。

（三）善于总结

善于总结，有助于快速提高自身能力。如何总结呢？可以从自身的写作与沟通实践中进行总结，也可以从任课老师或部门领导的意见或建议中总结，还可以从别人的写作材料中总结不同文种的写法。例如，我们每天会浏览大量的新闻信息，以前只关注其中的信息内容，可能忽略了这条新闻是怎么写成的。如果我们有意识地留意一下新闻的写法，就可以从中领悟到新闻标题、导语、主体、背景材料、结尾等部分的写法，等到自己撰写新闻稿时，就有用武之地了。另外，可以通过比较进行总结，我们要研读质量较高的相关材料，体会别人的写法，再检查自己的材料，从中发现自己的不足，以便获得启发和教益。

不要奢望每一次沟通都能达到理想的效果。表达内容不周全、说话方式欠妥、说话时机选择不当等，都是常见的问题。在比较重要的沟通活动后，我们要善于总结，进行"复盘"，反思沟通过程，总结得失，以便下次做得更好。例如，在某次电话沟通结束后，我们可以回顾整个通话过程，反思一下，哪些信息传达到位了，哪些信息遗漏了，哪些方面准备不足，沟通的重点是否突出，沟通礼仪是否运用得当，等等。

以上三点只是给学习者的一些建议。培养写作与沟通能力，不能只靠课堂上、书本上学习一些写作与沟通的基本理论知识，还要在理论指导下进行科学的训练，讲求学以致用。

五、如何运用人工智能辅助学习

当前，人工智能技术不断发展，它在教育领域也逐渐得到了广泛的应用。写作与沟通课程可以合理利用用人工智能（Artificial Intelligence，AI）来辅助教学，探索人机互动式教学新模式，使学习更加智能化、个性化。

（一）AI 辅助学习应用写作

利用AI辅助学习应用写作，可以包括但不限于以下几个方面。

（1）语法和格式检查。AI工具可以快速检查语法错误和拼写错误，并提供修正建议。AI工具对文本格式的识别与修改效果较好，例如，可以利用AI对科技文书中参考文献的著录格式进行修正。这些辅助检查的功能有助于学习者提高文本质量，减少写作中的低级错误。

（2）内容生成与编辑。AI可以通过自然语言处理技术帮助学习者生成初稿，然后进行必要的编辑和调整。借助AI生成初稿，可能不利于学习者在写作方面谋篇布局，难以训练写作思维能力。AI辅助学习是一把双刃剑，因此，我们在写作教学实践中需要正确认识AI的优势和劣势。

（3）文本加工与润色。AI可以分析大量的文本数据，以理解不同文种的写作风格和技巧。不同文种有不同的语言风格和语体要求，AI可以帮助学习者判断他们的写作风格，并提供改进建议。比如，根据文种的特点，AI可以按照书面正式语体或口语语体的要求对文本进行加工，提高文本的得体度。

（4）智能对比与借鉴。AI可以将学习者的写作作品与大模型中的众多作品进行对比，帮助学习者理解并学习优秀作品的特点，在比较中完善写作作品，从而提高自己的写作水平。

（5）进行反馈与评估。AI可以为学习者的写作作品提供即时的反馈和评估，指出作品中的优点和需要改进的地方。AI只能发挥辅助作用，其反馈意见和评估结果仅供参考。

总体来说，AI在辅助应用写作学习方面具有巨大的潜力。它可以为学习者提供个性化的学习路径，帮助学习者提高写作技能，提升作品质量。然而，我们也要注意AI的局限性，它无法完全替代人类的智慧和判断力。因此，在使用AI工具时，仍需保持批判性思维和人类的判断力。

（二）AI 辅助学习口语沟通

利用AI辅助学习口语沟通，可以包括但不限于以下几个方面。

（1）语音识别与纠正。AI可以通过识别学习者的语音，帮助他们纠正发音和语调。通过与标准语音进行对比，AI可以指出并纠正学习者的发音问题，提高学习者口语的准确性。

（2）模拟真实对话场景。AI可以为学习者提供真实的对话场景模拟，让他们在模拟环境中进行口语练习。这样可以帮助学习者适应不同情境下的口语沟通环境，提高学习者口语应变能力。

（3）智能问答实时互动。AI可以通过分析问题和答案，帮助学习者在口语沟通中更好地应对问题。它可以根据问题的类型和内容，提供相关的回答和建议，提高学习者的口语表达能力。

（4）语音合成与跟读。AI可以将文本转换为语音，让学习者跟读并进行模仿。通过模仿和跟读，学习者可以提高语音的清晰度和语调的准确性。

（5）智能反馈与评估。AI可以为学习者的口语练习提供反馈和评估。通过分析学习者的语音和表达，AI可以指出他们的优点和需要改进的地方，帮助学习者更好地提高口语表达水平。

综上所述，AI在辅助学习口语沟通方面具有重要的作用。它可以提供个性化的学习体验，帮助学习者提高口语的准确性和流利度，增强学习者的自信心。我们也要注意AI的局限性，不能完全依赖AI来提高人际沟通能力，仍需通过实际交流来提高口语沟通技能。

思考与练习

1. 请谈谈在日常学习和工作中，你遇到了哪些写作任务和沟通任务？在完成这些任务时，你具备哪些能力优势，哪些能力有所欠缺？

2. 你遇到写作任务时，是主动承担，还是消极回避？为什么？

3. 上课时，任课教师预留了师生问答互动的时间。你会主动提问吗？如果你有疑问，是不敢提问，还是不知道如何提问？

4. 请谈谈你在学习中接触的应用文与中学作文有何不同。

5. 有人说"学生写作能力不强，文字表达能力不足，最主要的原因是思维能力不够"，请谈谈你对这个观点的认识。

项目一 完成初次沟通

【项目导入】

党的二十大报告明确提出，必须坚持科技是第一生产力、人才是第一资源、创新是第一动力，深入实施科教兴国战略、人才强国战略、创新驱动发展战略，开辟发展新领域新赛道，不断塑造发展新动能新优势。作为新时代的大学生，我们要深刻认识到党的二十大报告对人才培养的要求、对人才的重视。

步入大学，一切都是新的开始。要适应新环境，我们需要完成很多次与陌生人的初次沟通。如何与新同学相识并成为朋友，就成了大学新生面临的一个问题。

本项目涉及与他人初次接触的一些写作任务和沟通任务。在这个项目中，我们将讲述如何利用信函、电子邮件和即时聊天工具与他人进行沟通交流。学习本项目后，我们要做到以下几点：

（1）规范撰写并发送信件；

（2）掌握常用书信的写法；

（3）掌握自我介绍的方法；

（4）练就优雅得体的体态。

写作任务一　规范发送信件

🔍 任务引入

　　刚入大学，同学们结识了不少来自全国各地的新同学，陆续认识了一些任课老师。也许你已经习惯用发微信或打电话的方式与原来的老同学、老师联系。如何与新同学、新朋友进行微信联系，融入新的朋友圈呢？

　　上大学了，你有没有试过用电子邮件的沟通方式呢？也许你还没有申请正式的电子邮箱，偶尔用用QQ信箱，有没有注意到你给别人发送邮件时，对方的邮箱里会怎么显示你的邮箱名称和来信格式？

　　大一新生小王同学在微信公众号上看到学校的一个学生社团"演讲与口才协会"发布了纳新招募通知，要求有意加入演讲与口才协会的新生发送报名表到指定的电子信箱。

　　小王下载了空白报名表，在填写完毕后，就用QQ信箱粘贴上附件，直接发送过去了。几天后，同班同学小董得到了面试通知，小王却一直没有得到消息。小王很纳闷，不知道哪个环节出了问题。

　　通过学习本节，我们要了解收发信函的礼仪规范，对照检查自己发送电子邮件时是否存在不规范的现象，并及时纠正，掌握规范发送邮件的方法。

🌀 知识串讲

　　日常生活中，大学生经常通过电子邮件的方式与人沟通、提交作业、传递信息、联络感情等。与传统书信相比，电子邮件快捷方便，在格式上也更为简化，但与微信、QQ等聊天工具相比，电子邮件又具有类似书信的特点，有相对正式的格式和要求，内容上也相对严肃一些，经常被用作职场上快捷的书面沟通工具。

　　很多同学是在大学生阶段开始使用电子邮件的，但一开始并未在意发送邮件的规范性，以至于把不良的习惯带到了职场，吃了些苦头还不知道原因何在。因此，在大学期间，养成良好的撰写信函、发送信函的交际习惯是十分重要的。

一、规范撰写纸质信函

　　当今社会，使用纸质信函的场合和机会越来越少了，但不少正式场合中信函还有其重要的作用。在人际交往中适当地使用信函，讲究信函礼仪，并不意味着落伍与守旧，而是一种知书达礼的体现。

　　与他人通信时，发信人应尽可能使自己的信函礼貌、完整、清楚、正确、简洁。礼貌，就是要求发信人要像真正面对收信人一样，以必要的礼貌向对方表达自己的恭敬之意，具体体现在谦辞与敬辞的使用上。完整，就是在写信时，为了避免传递错误信息，必须使书信的基本内容完整无缺。清楚，就是做到层次分明、条理清晰、有头有尾、表意明确。正确，就是不论称谓、叙事，还是遣词造句，都要做到正确无误，信中不要出现错别字。简洁，就是行文要言简意赅，切勿洋洋洒洒、高谈阔论，耽误收信人的时间。

作为收信人，也需要注意一些礼仪。一要守法，任何扣留、私拆、偷阅他人信件的行为，都是违法的。二要注意保管，未经发信人许可，不要随便将对方的来信公开或传阅。三要即复，当收到他人来信时，需要答复的，要尽快回复对方来信，及时复信不仅是对对方的尊重，也是信函往来中应当具备的一种美德。

二、规范发送电子邮件

随着学习任务的增多、工作强度的提高和工作节奏的加快，教师或部门主管没有那么多时间来面对面听取我们的学习汇报或工作汇报，而电子邮件的收发和阅读不受时空的限制，因此电子邮件沟通成了学习和工作中的一种便捷沟通方式。大学生应尽早掌握撰写、发送和回复电子邮件的技能和礼仪，对以后的发展有十分重要的意义。

（一）发送邮件存在的问题

在学习和工作中，有的人发送邮件不注意行文格式，不注意通信礼节。大学生发送电子邮件存在一些不规范现象，现将有代表性的问题梳理如下。

（1）邮箱命名不妥。如不少同学使用QQ信箱来发送邮件时，发件人姓名与QQ昵称是关联的，发件人就成了"对方正在输入""冰红茶""稻草人""风继续吹"等昵称，极不规范。

（2）邮件主题不当。有些同学不知道如何书写邮件的主题，甚至无主题。

（3）邮件中无称谓，或者称谓不当。有些同学使用邮件提交作业时，没有称谓，直接以附件的形式发送作业；有些同学写了称谓，但称谓不当。这些都是很不礼貌的行为。

（4）邮件正文表达不清。有些人发邮件无正文，有些人随意写了几句，如"老师，本人作业见附件""上交作业，见附件"等。

（5）邮件正文不换行、不分段。有些同学用邮件提交作业时，不以附件的形式发送，而是将作业内容全部复制到邮件正文中，收件人很难处理。

（6）邮件格式不规范。没有祝颂语和落款，基本的致信礼节缺失。

（7）附件文件名命名不妥。例如通过邮件发送作业时，有不少同学不会换位思考，将文件名命名为"作业""××课作业"等，给老师下载、归档等带来诸多不便。有些毕业生求职时，发送的个人简历，其文件名为"求职简历""新建Microsoft Word""最新版简历""我的简历"等，这些都是不规范的。

（二）规范发送邮件的方法

（1）选好邮箱域名。如果自己所在学校或所在单位有专用域名的邮箱，建议不要犹豫，立即申请并使用。使用这类专用域名的信箱显得正式和正规。

（2）处理好邮箱用户名（ID）和邮箱名称。邮箱的用户名是自己登录邮箱时经常使用的，也是他人记录你的邮箱名时要用到的，因此建议使用姓名拼音或者姓名拼音缩写等，避免使用毫无规则的字符串。同时，在对邮箱名称进行命名时，发件人姓名显示要规范，帮助收件人尽快了解发件人的身份。

（3）合理设置发送、抄送和暗送（密送）。在学习和工作中，有些邮件可以一对一发送，有些可以在一定范围内群发，有些还可以发送给某人，抄送给其他人，暗送给特定人。因此，我们要根据需要明确邮件的发送、抄送或暗送的范围。

扫码看资料

邮件的抄送
与暗送

抄送给一个人，相当于发件人请抄送人站在邮件收发双方的交流现场旁观，作为知晓人来了解邮件沟通的情况。收件人也知道这位旁观者的存在。例如，你的老师或领导让你发送一份材料给某个人时，你可以在发送邮件给对方的同时，抄送你的老师或领导，就相当于让老师或领导知晓你做了这件事，也好让他们放心。如果有抄送人，在邮件中适当的位置应写明"抄送：×××"，可以消除收件人的疑惑或误解。

暗送给一个人，就是在发送邮件的同时，将邮件内容发送给需要暗送的人，暗送人可以知晓邮件内容，但收件人不知道还有人在旁观邮件沟通情况。在工作上，特别是外商投资企业、民营企业，收件人、抄送人、暗送人的处理是十分讲究的。这是为了让相关的人了解事情的进展，通过特定的方式保持对事情进展的同步掌握。

（4）概括好邮件主题。千万不要忘记填写邮件主题，没有主题的邮件容易让收件人认为是垃圾邮件而被忽略。邮件主题要一目了然，既能方便收件人第一时间了解邮件大致内容，又便于收发双方日后搜索此封邮件。书写邮件主题时，应言简意赅，概括邮件的主要内容或发信目的，但不要过于简略，如"作业""通知""报名表"等。如果是发到某个单位或部门的公共信箱，建议在主题中注明"请××收：××报名表"。学习或工作中，收件人如果对邮件主题有明确要求，那就照办，以方便收件人查收邮件。

（5）邮件称谓要得体。面对面沟通，需要称呼；发送电子邮件，需要称谓。邮件正文的第一行不用写"标题"，直接顶格写称谓，独立成行。问候的语句写在下一行，段前空两格。"王老师好！"这样的写法是不规范的。称谓要得体，要符合对方的身份，可以称职称、职务等。有时准确称呼对方不是一件容易的事情，为了保险起见，可以泛称"××老师"，不管对方是什么职务、职称，称"老师"比较稳妥。当然，应尽量搞清楚对方的身份和职务等信息，有利于准确称呼。

（6）邮件正文要素俱全。不管是长篇幅的邮件，还是简短邮件，都应做到要素俱全。从称呼、问候语、开头、主体、结尾、祝颂语到署名署时，都应规范书写。如果是第一次与收件人联系，在问候语后，应该首先准确、清楚地进行自我介绍，并说明发信目的，让收件人知道你的来意。在撰写邮件正文时，要根据内容多少来决定是直接输入正文内容，还是以附件形式发送。如果正文简短，可直接输入相关文字；如果内容较多，或者有表格、图片等，就需要使用附件形式发送。也就是说，适合写在附件中的内容不要在邮件正文中写，一是不便对方保存，二是文字不易编辑，格式不易设置。如果有附件，建议在正文结尾处写明附件

内容和数量。

　　邮件正文的内容较多，从行文逻辑来看，一般遵循以下逻辑顺序：第一，开篇称呼并问候，以表尊敬。第二，写上简单的引入语。若是初次联系，需先自我介绍。第三，说明发信缘由、目的和具体内容。第四，结尾表达自己的期望。第五，致谢、致敬与祝福。第六，署名署时，在电子邮件中可设置自动签名档。邮件的正文，尽量用简短的段落，可逐条陈述内容，可适当空行，以保证收件人阅读起来不会太吃力。

　　（7）不能忽略祝颂语和落款。要写好祝颂语，需分清行文关系，做到有礼有节。祝颂语是结束语，是对对方表示祝愿的礼貌性语言。祝颂语虽然字数不多，却表示一个相对完整的意思。同时也要署名署时，确保邮件结构的完整性。不要认为在自我介绍中已提及姓名，就忽略落款。落款的下方，建议设置邮箱签名档，包括个人姓名、学校（工作单位）及联系方式，以便对方后续联系。

扫码看资料

常用祝颂语等

　　（8）换位思考进行附件命名。如果邮件中有附件，不仅需要在正文中提及附件内容，还需注意附件中文件的命名。试想，别人发一个附件给你，你下载这个附件后，如何保存这个附件，是否需要重命名？如果收件人对附件的文件名有要求，照做即可；如果没有要求，就需要换位思考来处理附件中的文件名。文件名要易于理解，标题清楚，如"写作课第一次作业-王某某-学号"。如果附件较多，建议采用压缩文件的形式一并发送。如果附件太大，就用超大附件的方式发送链接，请对方从链接中下载附件。

　　写好邮件，在点击发送之前，建议仔细检查。检查收件人邮箱是否正确，主题、称呼、正文等是否正确，消除错别字，少用感叹号，附件是否已上传成功等。要特别注意的是，涉密信息不要以电子邮件发送，一旦泄密，可能造成严重的后果，甚至可能违法。

【发送邮件模板】

收件人	***@sina.com
抄送人	***@163.com
暗送人	***@tju.edu.cn
主　题	××××××××（概括主要内容，控制字数）

顶格写称谓：
第一段：您好！（问候语）
第二段：写上简单的引入语或自我介绍。
第三段：说明发信缘由、目的和具体内容。（内容较多时，可多分段）
第四段：结尾表达自己的期望。
第五段：致谢、致敬与祝福。
最后：分两行署名、署时。

（以下是签名档部分）
王某某　销售经理
——————————————

×××科技有限公司
地　址：××省××市××区××路×号
邮　编：******
电　话：***-********
传　真：***-********
Email：wangmoumou@126.com
——————————————

三、即时通信中的礼仪

目前，很多同学使用QQ、微信等即时聊天工具进行日常沟通。通过网络，两人或多人可以通过文字、音视频等进行网络社交。在网络社交中，我们需要注意以下沟通礼仪。

（一）添加朋友的礼仪

网上交友需谨慎。如果需要添加别人为朋友，在申请信息中需告知对方你是谁，以及添加理由。申请信息中应包括称呼、简短的自我介绍；如果是经人介绍，要予以说明。通过好友申请后，即时致谢。如果是别人添加你为好友，在了解对方情况后，及时审核。如果不了解对方是谁，可以在审核前通过"回复"进行有礼貌的询问。审核通过他人请求后，要记住并备注聊天对象的姓名，方便日后交流。添加好友成功后，一般由申请方主动打招呼，开始首次沟通。

示例

添加好友拟发信息如下。

××先生：您好！我是××（单位）的×××，向您请教。

申请通过后的首次沟通如下。

××先生：您好！我是××（单位）的×××，是×××向我介绍您的，并提供了您的联系方式。我的联系电话是********，谢谢。

（二）网络沟通的礼仪

与他人进行网络沟通时，建议约定好线上交流时间，并提前调试好网络设备，确保在网络通畅的情况下准时沟通。如果采用文字进行沟通，应注意用语的礼貌、简明、易懂，正确使用标点符号，以免引起误解。在必要时可以适当使用表情符号来表情达意。如果采用音视频沟通，需征得对方同意，以免打扰对方。如果需要通过聊天工具发送图片、文档等，应向对方说明相关内容。每次联系前，尽量考虑周全，发送信息时尽量包括完整的内容，减少交流信息的发送次数，提高沟通效率。

及时查看聊天信息，及时回复对方留言。如果未能及时回复，应该在回复时致歉并说明原因。

（三）群体沟通的礼仪

在网络社交中，要做到文明沟通。不群发各类小广告，切勿频繁刷屏。在朋友圈谨慎发布信息，对自己发布的信息真实性负责，尊重、保护他人隐私，未经同意不能转发他人朋友圈中的个人图片、信息等，转发他人原创文章时要注明出处。

在微信群或QQ群里聊天时，要围绕大家讨论的话题进行发言，在发表意见或看法时，要提供有价值的信息，对别人发言可以进行适当点评或点赞，增强群内的互动。不同的群有不同的功能或用途，聊天群是一个公共空间，未经群主同意，不要随便拉人入群。如需引荐他人入群，应向群主或相关人员介绍这个人的身份和入群理由。

⚙ 写作任务

1. 学完以上知识以后，你有什么收获或体会？你在学习中遇到了哪些写作和沟通困惑？你对本课程的教学有何建议或意见？请撰写在Word文档中，并以电子邮件的形式发送给任课教师（教师提供电子信箱）。

2. 尝试添加你身边的同学为微信好友，练习使用申请用语，并进行初次沟通。

写作任务二　撰写常用书信

🔍 任务引入

书信是日常生活、学习和工作中普遍使用的一类应用文，是人们在社会生活中广泛使用的交际工具。

常见的书信类型有申请书、贺信、感谢信、介绍信、证明信、慰问信、表扬信、倡议书、建议书、邀请书、聘请书、捐赠书等。

通过学习本节，我们要掌握常用书信的文章结构、基本写法和写作要求，并且能够根据学习、工作的需要，正确选用书信文种，实现有效沟通的目的。

⬇ 知识串讲

下面介绍几种常用的书信写作。

一、申请书的写作

（一）申请书的含义及用途

申请书是个人或集体向上级组织或有关部门表达愿望、提出请求时所写的一种专用书信。

扫码看资料

其他信函的写作

　　根据内容和用途，申请书大致可以分为以下三类：思想政治类，如《入团申请书》《入党申请书》等；学习工作类，如《奖学金申请书》《缓考申请书》《工作调动申请书》等；日常生活类，如《国家助学金申请书》《助学贷款申请书》《补办学生证申请书》等。

　　（二）申请书的写法

　　从内容上看，申请书内容单一，主题明确，一般一事一书，即一份申请书只提出一个请求。从结构上看，申请书的格式一般比较固定，申请书由标题、称谓、正文、结语、落款五个部分组成。

　　1. 标题

　　申请书的标题位于第一行居中位置，有两种形式：一种是只写"申请书"，另一种则由事由和文种构成，如《入党申请书》。

　　2. 称谓

　　称谓，也称"受文对象""抬头"等，在标题下一行顶格处写出接受申请书的组织、单位、团体的名称或有关负责人的姓名，如"××公司人力资源部负责人"。

　　3. 正文

　　正文一般包括三个部分：一是开头部分，简要介绍申请人的基本信息或情况；二是主体部分，需要真实、充分、有条理地写明申请的依据和理由，然后提出申请的事项；三是结尾部分，围绕所申请的事项写出相应的请求或相关说明。

　　4. 结语

　　书信类文书的结语又可称为"结尾语"，长期以来，形成了一些惯用语。在正文结束后，独立成段，写上表示敬意、感谢或祝颂的话，也可写"特此申请""敬请领导批准""此致敬礼"等语句。

　　5. 落款

　　落款，即署名署时，在结语下一行的后半部分写明申请人姓名或申请单位名称（盖章），然后在署名下方写上成文日期或提交申请的日期。日期要确切，具体到年月日。

　　（三）申请书的案例分析

结构名称		案例	简析
标题		**国家励志奖学金申请**	有些申请书的题目可以不写"书"字。
称谓		尊敬的学校领导：	
正文	开头	您好！我是××专业20××级的学生×××，很荣幸成为我校的一名学生，在激动与兴奋的氛围中，我已不知不觉地开始了大学生活。一年来，我始终保持积极向上的心态，时刻严格要求自己，妥善处理好专业学习和课外活动之间的关系，努力做到全面发展。我现申请国家励志奖学金，现将本人的基本情况汇报如下，以供评审参考。	开头部分概括说明个人基本情况，说明申请事项，然后使用一句过渡句转入正文部分。

结构名称		案例	简析
正文	主体	1. 思想情况 我在思想上积极进取，在严格要求自己的同时，不断鼓励和帮助身边的同学，积极参加团学活动，与同学们一起探索人生的意义，为自己的前途和职业发展奠定基础。 2. 工作情况 我身为班干部，在工作期间始终以服务同学为宗旨，为班级尽心尽力。工作中力求进取，虚心向别人学习，做到有错就改，接受和采纳老师和同学们的建议，同时坚持自己的原则。在利益面前，我坚持以大多数同学的利益为重，绝不以公谋私，赢得了大家的尊重和支持。 3. 学习情况 在学习中取得的成绩并不能使我满足，我知道自己跟优秀生的差距还很大，很多方面还要进一步学习和完善。学生以学习为主，因此为了不影响学习，我在工作之余全身心投入学习中，向老师请教，与同学讨论，努力学习。通过自己的努力，我的学习成绩有了很大进步。 4. 生活情况 在生活中，我节俭朴素，由于我的父母都是农民，无固定收入，还有兄妹两人在上学，家庭条件难以承担我们的上学费用。虽然我是贫困生，但我性格开朗，乐于助人，与同学们沟通良好，很多有困难的同学都愿意寻求我的帮助。我和同学们建立了良好的人际关系，得到了同学们的认可和支持。	主体部分从"思想情况""工作情况""学习情况""生活情况"四个方面总结申请者一年来在校期间的表现。从整体来看，四个部分的小标题只是分类标签，没有概括出申请者各方面的收获或体会，且逻辑关系欠妥。将思想情况放在首位是值得肯定的，但第二方面建议撰写学习情况。 主体各部分的内容较为空洞，建议写明具体的学习成绩，担任班干部的具体职务和开展活动的具体情况。申请"国家励志奖学金"，还需针对申报条件，有重点地突出自身学习和家庭经济情况。 另外，关于如何撰写好总结，本书将在"项目五"中进行讲解。
	结尾	大学是我人生中极为重要的一个阶段，在过去的一年里，我在各个方面都取得了进步，综合素质得到了提高。现我申请国家励志奖学金，我要特别感谢老师的悉心培养和在专业方面的深入指导，以及同学们在生活和工作中给予我的支持和帮助。今后我会更加严格要求自己，力求在以后取得更好的成绩。	结尾部分表达了申请者对师生的感谢，值得肯定。但部分内容与开头部分有重复。
结语		特此申请，敬请各位领导评审。	表达申请意愿。
落款		申请人：××× ×年×月×日	落款右空两格。

【申请书模板】

申请书

称谓（受文对象）：

　　问候语：您好！

　　开头部分：简要介绍申请人的基本信息或申请事项。

　　主体部分：根据申请事项，有条理地写明申请的依据和理由。

　　结尾部分：围绕所申请的事项写出相应的请求或相关说明。

　　结束语："特此申请""敬请领导批准""此致敬礼"等语句。

申请人：×××

×年×月×日

二、感谢信的写作

（一）感谢信的含义及用途

感谢信是党政机关、企事业单位、社会团体或个人在获得有关方面和人员的关心、支持、帮助、慰问、馈赠后，向对方表示感谢的一种书信。

感谢信在公务活动和日常生活中运用广泛，主要用于答谢对方的好意，表达感激之情，并赞扬对方的高尚品格和奉献精神。

（二）感谢信的写法

感谢信一般由标题、称谓、正文、结语和落款等部分组成。

1. 标题

感谢信的标题可以直接以文种"感谢信"为题，也可以由受文对象和文种组成标题，如《致×××的感谢信》，还可以由发文单位、受文对象和文种组成，如《×××致×××的感谢信》。

2. 称谓

在标题下一行顶格处写被感谢的单位名称或个人姓名。

3. 正文

正文部分依次说明写感谢信的原因，简述值得感谢的事项（如是具体事件，可写清楚事件发生的时间、地点、经过和结果），赞扬对方的所作所为及由此产生的社会影响和积极效果，怀着感激之情对对方的好思想、好作风、好品德、好做法作出恰当的评价。感谢的措辞要顾及感谢对象的身份、年龄、性别、学历和修养等情况，以使自己的感谢恰到好处。

4. 结语

结语写致敬语，表达诚挚的谢意和良好的祝愿。

5. 落款

在正文右下方写上写感谢信的单位名称（盖章）或个人姓名、致信时间。

（三）感谢信的案例分析

结构名称	案例	简析
标题	**感谢信**	标题的三种写法，选择其一即可。
称谓	致：中建六局第一建设有限公司	称谓前可以不写"致"字，称谓后使用冒号。
正文	天灾无情，人间有爱！2023年12月18日，甘肃临夏州积石山县发生6.2级地震，造成我镇区域内人员伤亡和经济财产损失。值此危难关头，贵单位主动请缨，迅速驰援，积极参与临夏州石塬镇抗震救灾工作。在你们的热忱关怀和无私奉献下，抗震救灾工作取得实质进展。在抗震救灾的关键时刻，你们与临夏州石塬镇心相连、同担当，第一时间向我们伸出援助之手，给予我镇抗震救灾无限的支持和希望。这充分体现了你们的仁爱之心和爱国热情，体现了你们对灾区人民的深厚情谊，体现了"一方有难，八方支援""天灾无情，人间有爱"的高尚情操。 　　在此，谨代表灾区群众，对你们的一片爱心和仁心表示深深感谢，我们坚信：在这种大无畏的善举中，在你们的帮助下，灾区人民一定能够战胜这次地震带来的灾难，重建美好家园！	正文的开头和主体部分合并为一段，先说明致谢原因，简明扼要，赞扬了被感谢对象的所作所为，并对其进行了恰如其分的评价。 结尾部分表达了石塬镇人民政府对中建六局第一建设有限公司主动参与抗震救灾工作的感激之情。结尾部分与结语合二为一。
落款	积石山保安族东乡族撒拉族自治县石塬镇人民政府 ×年×月×日	署名右空两格。

【感谢信模板】

感谢信

称谓（受文对象）：

　　开头部分：简要说明致谢的原因。（可以用一句话，也可以用一段话）

　　主体部分：概述值得感谢的事项（写明事件发生的时间、地点、经过和结果），赞扬对方的所作所为及由此产生的社会影响和积极效果，并作出评价）。

　　结尾部分：表达诚挚的谢意和良好的祝愿。

×××

×年×月×日

三、建议书的写作

（一）建议书的含义及用途

建议书是单位、集体或个人向有关单位或上级机关和领导，就某项工作提出某种建议时使用的一种书信。

建议书是人民群众发表意见、提供建议的一种常用工具。建议书中的合理化建议和建设性的意见可以帮助有关方面和政府机关更好地开展工作。

（二）建议书的写法

建议书一般由标题、称谓、正文、结尾、落款等部分组成。

1. 标题

建议书的标题位于第一行居中位置，有两种形式：一种是只写"建议书"；另一种则由建议的内容和文种构成，如《关于建设文明校园的建议书》。

2. 称谓

在标题下一行顶格处写接收建议的单位名称或个人姓名。

3. 正文

建议书的正文一般由三部分构成。首先，阐明提出建议的原因、理由及自己的目的、想法。这样往往可以使受文单位或个人从实际出发，考虑建议的合理性，为采纳建议打下基础；其次，列出建议的具体内容。建议的内容应分条列出，这样可以做到醒目。建议应实事求是、切实可行；最后，提出希望采纳的想法，但同时也应谦虚谨慎，不说过头的话，不用命令的语气。

4. 结尾

结尾一般是表示希望建议得到采纳的话。

5. 落款

落款要署上提出建议的单位名称或个人姓名，并署上成文日期。

（三）建议书的案例分析

结构名称	案例	简析
标题	**关于发展××市职业教育的建议书**	标题由事由和文种构成。
称谓	各有关单位：	称谓太笼统，不明确。
正文	当前社会对职业教育的重视程度不够，职业教育软硬件设施缺乏，存在招生乱象频发、学生上升通道过窄等问题。为了促进职业教育的发展，提出如下建议。 　　一、社会要正确看待职业教育。引导社会正确看待职业教育，鼓励用人单位注重培养职工技能，减轻技工工作压力，改善其工作环境，提高其社会地位。	开头部分指出目前某市职业教育存在的问题，阐明提出建议的原因。

续表

结构名称	案例	简析
正文	二、加强职业教育软硬件设施建设。加大资金投入，建设硬件设施，加强师资队伍建设，招聘具有实践经验和技能的教师，与企业合作增加实践机会。 　　三、规范招生，提高办学质量。教育部门应加强管理，避免在招生中出现有偿招生、地方保护主义等乱象。 　　四、拓宽学生上升通道。加强职业技能培训，提高学生的专业水平，提高升本比例，避免招生冷现象。	主体部分对应存在的问题分条陈述自己的建议，针对性较强。可能受限于篇幅，此建议书较为简短。若能展开论述，体现相关建议的合理性和可操作性，就更好！
结尾	以上建议供有关部门参考，望得到采纳。	结尾提出希望建议被采纳的想法。
落款	××× ×年×月×日	署名右空两格。

【建议书模板】

建议书

称谓（受文对象）：

　　开头部分：说明提出建议的原因。

　　主体部分：分条列项式提出具有针对性的建议。（如有调查研究，可以进行充分的论证。）

　　结尾部分：提出希望建议被采纳的想法。（可与结语合并。）

×××

×年×月×日

写作任务

1. 如果你年满18周岁且志愿加入中国共产党，请撰写一份入党申请书。

2. 互联网上有很多公开的感谢信，请搜集一些感谢信，并分析其中的写法。

3. 为丰富学校食堂菜品，请面向全校同学做一次调查，并根据调查结果撰写一份建议书。

沟通任务一　作好自我介绍

任务引入

大学生活开始了，学校的迎新站人头攒动、热闹非凡，等着报到注册的新生排起了长队。

"老师，您好！我是××专业的新生刘××，这是我的录取通知书和证件。"

"××同学，你好！请在这个表格中填写你的信息……这是你的宿舍钥匙和校园卡。"

"老师，请问您贵姓呀？您是我们的辅导员老师吧？"

"免贵姓王。是的，我是你们这个年级的辅导员。你先去宿舍放下行李，其他手续慢慢办。下一个同学……"

"你叫什么名字？""我……我叫张××""哪个专业的？""……"

张××同学在与老师的一问一答中，紧张得不得了，好不容易才办完报到手续。刘××同学来到宿舍，微笑着向先到的室友打起了招呼，很快就和其他同学"见面熟"了。

通过学习本节，我们要掌握不同场合自我介绍的方式方法，根据场合的需要，精心设计自我介绍的内容。恰当的自我介绍会让更多的人了解、认识我们，留下良好的第一印象，从而为以后的沟通交流奠定基础。

知识串讲

一、不同场合的自我介绍

在人际沟通中，介绍是与他人建立联系、增进了解、寻求帮助和获得支持的一种最基本、最常规的方式，是人与人相互沟通的出发点。在很多社交场合，我们需要通过自我介绍来推销自己。例如，新生报到，我们需要自我介绍，给别人留下良好的第一印象；集体住宿，我们需要尽快与室友熟悉起来，也需要自我介绍；在新的班级、加入学生社团、求职应聘等场合，我们都需要有针对性地自我介绍。

怎么作好自我介绍呢？下面根据不同的场合提供自我介绍的一些示例。

1. 应酬式

应酬式介绍适用于一般性的公共场合和社交场合，或者是面对泛泛之交和不愿深交的人，这种自我介绍最为简洁，往往只包括姓名、身份等基本信息。

示例

> ××老师，您好！我是来自××大学的×××，学习××专业，很高兴认识您。

2. 工作式

工作式介绍适用于工作场合，介绍的内容可包括姓名、单位及任职部门、职务或从事的具体工作等。

示例

> ××（称呼），您好！我叫×××，是××公司销售部的区域经理，主要负责华北地区的市场推广。

3. 社交式

社交式介绍适用于日常社交活动，通过自我介绍给人一种信任感，使对方产生接近、结识我们的欲望，并表示希望与对方进一步交流。介绍内容大致包括姓名、工作、籍贯、兴趣及与对方的某些联系。

示例

> 各位同学，大家好！我叫×××，来自天津，很高兴加入××社团。我喜欢××，也想在××方面有所提高，所以加入咱们这个社团，希望能为社团发展贡献一点力量！

4. 礼仪式

礼仪式介绍适用于讲座、报告、演讲、庆典、仪式等活动。介绍内容包括姓名、单位、职务等，同时还应加入适当的谦辞或敬辞。

示例

> 各位领导、老师们、同学们，大家好！我是来自××单位的××，很荣幸能够参加××活动。今天，我将与大家一起分享×××。

5. 问答式

问答式介绍适用于应试、应聘和一些公务交往。问答式的自我介绍，应该是有问必答，问什么答什么。

示例

> 面试老师：同学，你好！请用一两分钟简单作自我介绍。
> 面试同学：各位老师，你们好！我叫×××，是××大学××专业的应届毕业生。很荣幸能有机会参加这次面试，我大学期间……

二、自我介绍的常用方法

自我介绍没有固定的模式，介绍时，要学会换位思考，从沟通对象的角度来安排介绍的内容，并用适当的方式介绍出来。下面讲解两种常用的介绍方法。

1. 五要素法

自我介绍的五要素分别是姓什么、叫什么、字怎么写、有何意义、一句祝福语。这种介绍方式的目的是让对方记住我们的姓名。姓名是父母起的，但我们可以给自己的姓名赋予一定的意义，在解释每个字怎么写的时候，选择恰当的词语来组词，以名言志。在介绍的最后加上一句与沟通场合契合的祝福语。

🔍 示例

> 　　各位同学，大家好！我叫王用源。用，是作用的用；源，是人力资源的源。我来自天津大学，很高兴能与在座各位宝贵、有用的人力资源们聚在一起培训、学习。希望我今天给大家带来的培训讲座，对大家有所帮助，祝大家早日成为国家的栋梁之材。

　　2. 工作关联法

　　介绍的内容包括姓名、单位、特长、与沟通对象的关联等，使用这种介绍方式的目的是与对方产生有益的联系，以便今后持续沟通。跟工作关联的内容较多，自我介绍应简短，建议选取与对方相关度较高的内容。

🔍 示例

> 　　××老师，您好！我叫×××，在××大学××学院从事教学工作，跟您一样，是教写作与沟通课程的，您是这方面的专家，以后还请多多指教。

三、自我介绍的注意事项

　　自我介绍是给对方留下第一印象的关键环节，要在短则几十秒、长则几分钟的自我介绍中给对方留下深刻而良好的印象，就需要注意一些介绍技巧和细节问题。

　　1. 自我介绍的时机和时长

　　要善于把握介绍的时机和控制介绍的时长。在对方有空闲又有兴趣听我们自我介绍时，方可开始自我介绍，对方也能认真听我们的介绍并记住我们。例如，在台上作自我介绍，应先用目光跟观众打个照面，然后再开口讲话。若是一对一介绍，应先向对方点头致意，得到回应后再向对方介绍自己。介绍时要言简意赅，以半分钟左右为佳，不宜超过一分钟（特殊情况除外，如求职面试）。

扫码看视频

自我介绍

　　2. 自我介绍的目的

　　介绍前，应搞清楚自我介绍的目的，根据沟通目的来决定介绍的重点内容。如时间允许，建议打好腹稿，在心中演练一遍，梳理好介绍的层次，突出介绍的重点。

　　3. 自我介绍的内容

　　一个比较好的自我介绍，应包含三方面的内容：一是说清楚我是谁；二是说明我要做什么；三是希望对方做什么（或者祝福对方）。我们还要根据不同的场合组织自我介绍的内容，做到换位思考，让介绍内容具有针对性，顾及对方的需要和感受。

　　4. 自我介绍的方式

　　自我介绍时，介绍方式和介绍内容同等重要。有时候，人们不在意你说了什么，而看重你是怎么说的。因此，自我介绍时，要注意表情、语气、语调等，以获得对方的好感。介绍完毕，可互相握手致意。如果辅以名片进行介绍，还需注意递名片的方式，双手递送，名片文字应正对对方；接收他人名片时，双手接过后最好浏览一遍，还可略加赞许，记下职务，以便称呼。看过名片后要小心放好，可放在名片夹里或上衣口袋里，不要在手里摆弄或随手往桌上一放。

沟通任务

1. 假如今天班级召开第一次班会，每位同学需要轮流进行自我介绍。请三位同学上台进行模拟自我介绍。
2. 请同学上台分享自己通过微信与好友进行沟通的经验及注意事项。

沟通任务二　训练优雅体态

任务引入

成功的秘诀

一男子失业后，生活的压力使他总是板着脸，一脸愁苦相。不久，他做起了小买卖，可是无论卖什么都赔钱，越是赔钱脸上越是臭臭的，见人爱搭不理，客人就越来越少了，最后只能关门。正当男子一筹莫展时，他听说有位成功的商人来他们小镇定居，男子心里一动，决定去找这位商人"取取经"，求他指点一二。

商人倒没什么架子，很客气地把男子迎进家里，微笑着对他说："呵呵，取经吗？我可不是'如来佛'，不过呢，我倒想请你帮我一个忙。"男子听了纳闷地问："我能帮您什么忙呢？"商人说："我这里有50双袜子，你帮我在一个星期之内卖出去。要记住，不管别人买不买，都要面带热情的微笑。如果你能做到，我再告诉你成功的秘诀。"

男子听完后觉得很困惑，但还是拿着袜子，挨家挨户上门去推销。他谨记商人的话，脸上始终带着微笑，不管人们怎么挑剔他的袜子，他都会很热心地拿着袜子一遍一遍试验，证明他的袜子多么结实。

就这样，男子只用了5天就卖出了所有的袜子。他很高兴，急忙来到商人家里，商人的妻子说："他有事出远门了，走的时候告诉我，让你把这100双袜子在一个星期之内卖出去，然后再来。"男子像被浇了一盆冷水，但他一心想得到商人成功的秘诀，只好咬咬牙去照做。

为了能更快地卖出这100双袜子，他脸上的微笑更浓了，对顾客也更加客气。这一次，他感觉自己笑起来毫不费力，袜子卖得也比上一次顺利多了，挑剔的人越来越少。这100双袜子也只用了5天就卖完了，还有不少人跟他预订袜子，他急忙跑到商人家里，商人正在家中，男子问："还……还有没有袜子了？我又预订出去100双了。"商人听了哈哈大笑："不错嘛！我看你已经找到成功的秘诀了。"男子恍然大悟，脸上不由地荡起了微笑，这时他脸上的微笑再也不是僵硬的，而是发自内心的。

通过学习本节，我们要了解表情语、手势语、身势语和空间语等体态语的沟通功能，并掌握体态语的运用方法，在平时的学习和工作中有意识地训练自己的体态语，塑造优雅的体态。

知识串讲

与人沟通时，我们需要展现优雅的体态，这就是通常所说的体态语言。体态语言，又叫"肢体语言""动作语言""无声语言""行为语言"等，我们把面部表情、手势、身体姿势，以及沟通者之间的空间位置关系等一系列与沟通双方的身体姿态有直接关系的伴随语言手段，称为"体态语"。它是用表情、手势、身体姿势、空间位置等来传递信息和表达情感的辅助工具，是一种伴随语言。下面介绍体态语中表情语、手势语、身势语、空间语的意义和运用方法。

一、表情语及其运用

表情语是通过面部表情来传递信息、交流情感的语言，是体态语中的重要组成部分，其中使用最广泛、表现力最丰富的是目光语和微笑语。

（一）目光语及其运用

1. 目光语的含义和功能

目光语是运用眼睛的动作和眼神来传递信息和感情以实现沟通的语言。目光语能表达最细微、最精妙的情感，显示出人类最明显、最准确的交际信号，在沟通中具有很强的传情达意功能。

第一，给人留下印象。目光语在给人留下印象方面起着关键作用。目光能塑造自我形象，能给人以鲜明的"第一印象"。通过控制目光的接触时间、频率和强度等因素，可以向对方传达自己自信、真诚、友善等不同的形象特征，从而影响对方对自己的认知和评价。

第二，表明专注、感兴趣或兴奋的程度。通过目光的接触和凝视，可以向对方传达对当前话题或情境的关注程度，以及对对方的兴趣。这种目光交流有助于增强双方之间的互动和联系。

第三，传递情感。眼睛是心灵的窗户，能够传递丰富的情感信息。通过目光的温柔、热情、冷漠等不同的表达方式，可以向对方传达自己的情感状态，从而增进双方的情感交流和理解。

第四，调节人际互动。目光接触和回避可以作为一种调节人际互动的手段。例如，过长时间的凝视可能会被视为挑衅或威胁，而适时的目光回避则可以缓解紧张气氛，避免冲突。

第五，影响态度的变化与说服力。目光语可以作为一种非言语手段，影响他人的态度和看法。通过直视对方的眼睛，可以传达自信和坚定的态度，进而增强自己的说服力。这种目光交流在商务谈判、演讲和辩论等场合尤为重要。

第六，确定权力和身份关系。在一些文化中，目光的高低和直视与否可以传达出权力和身份关系的信息。

因此，在与他人交流时，我们应该注重运用目光语来增强自己的沟通效果和表达能力。

人物描写

鲁迅曾说过："要极省俭地画出一个人的特点，最好是画他的眼睛。"他笔下的祥林嫂初到鲁镇做工时，对她的描写是"只是顺着眼"，表现出其善良的性格。但是，经过夫死子亡的变故后，她已经完全麻木、绝望，并且濒临死亡，这时对她的描写是"只有那眼珠间或一轮，还可以表示她是一个活物"。从这里可以看出目光对表现人物性格及深层心态所起的重要作用。

2. 目光语的运用

与陌生人打交道，你是否有过不知道把目光投向何处而感到窘迫不安的情况？与人说话时，不知道该看对方哪里，聊天时表情不自然。凡是富有经验的语言沟通者，总是能够恰如其分、巧妙地运用目光语，并与有声语言协调、配合，表达千变万化的思想感情，调整沟通现场的氛围。

（1）注视的部位。目光注视的部位不同，表明双方关系的不同，传递的信息也不同。注视一般可分为三种：亲密注视（亲人、恋人之间），社交注视（茶话会、酒会、舞会等友谊聚会）和公事注视（洽谈业务、贸易谈判、对外交往等）。沟通时，应根据双方的具体情况而定，因为目光语的运用不是单方面的，有时对视会使双方感到尴尬。为了避免对视，你可以看着对方的眉毛以上到发际之间的区域，除非对方离你很近，否则对方不会察觉到你不愿和他对视。

（2）注视的时间和频率。注视对方的时间长短和频率，也是有讲究的。有研究表明，人们在沟通中，视线接触对方脸部的时间约占全部沟通时间的30%～60%，超过这一范围，可以认为对谈话者本人比谈话内容更感兴趣，低于这一范围，则表示对谈话内容和谈话者都不怎么感兴趣。从自身来说，如果不喜欢对方，看对方的频率就会较低。当我们希望得到对方的赞同和关注时，看对方的频率就会较高。

（3）注视的方式。注视的方式有环顾、专注、虚视等。环顾，即视线向前做有意识的自然流转，以照顾全视野内的沟通对象的注视方式。这种方式适用于有较多观众的场合，如学术报告、讲课、演讲等。专注，即目光注视着对方，适用于启发、引导、赞许、鼓励等感情类话题的交谈；如果是在交谈者较多的场合，则指的是把目光较长时间地停留在某一个人身上的方式。在两个人的交流中，注视可以完成感情和情绪的微妙交流。虚视，即目光似视非视的方法，适用于与众人进行沟通的场合，如大型课堂、演讲等。虚视不是目光漂浮不定，虚视也有中心区，中心区一般应为观众席的中部或后部。对于怯场的人，虚视是最好的视线投射方式，因为"视而不见"是减轻说话人心理压力的最好的应急办法之一。

扫码看视频 目光语的运用

（二）微笑语及其运用

1. 微笑语的含义和功能

微笑语是指通过略带笑容而不发出声音的笑来传递信息的体态语言，它是一种具有强烈感染力的体态语，也是一种跨文化的通用体态语。微笑是沟通的润滑剂，对人际关系的良好发展、人际交往的愉快和谐有非常重要的作用。

微笑着面对一切

美国著名的心理学家和人际关系学家戴尔·卡耐基（Dale Carnegie）在谈到"处理人际关系的艺术"时提到这样一件事。卡耐基要求几千名工作人员做这样一件事——对他们周围每天遇见的人都报以微笑，并将结果反馈回来。不久卡耐基收到了纽约场外交易所斯坦哈特的来信，上面说："现在，当我出门上班时，我微笑着向公寓电梯司机打招呼，我微笑着向门卫打招呼；在地铁票台要求换零钱时，我向出纳员微笑；当我来到场外交易所时，我向同事们微笑。我发现人们很快也对我微笑。我以愉快的态度对待前来找我发牢骚、诉苦的人，我微笑着倾听他们的诉说。这样一来，我发现工作变得更加容易了。微笑给我带来财富。"斯坦哈特就是这样改变了所处的工作环境，与自己的同事友善融洽，和睦相处；微笑给他带来了愉快的工作氛围，微笑也给他带来了经济效益。

微笑的功能是多方面的。首先，微笑有助于身心健康，可以美化人们的外形，陶冶人们的情操。其次，微笑能改善沟通环境。在改善沟通氛围中，微笑语比有声语言更方便、更直观、更得体、更有效。最后，微笑能增强沟通的亲和力。"相逢一笑"是常用的见面体态语。最好在你和听话人交融的笑声中结束一次次的沟通，使你的笑貌在对方的脑海里留下良好的印记。

微笑语在人际沟通中的功能主要体现在以下几个方面：

（1）传递友好与善意。微笑是人类最基本、最自然的表达情感的方式之一。通过微笑，可以向他人传递出友好、善意和关爱的信息，有助于拉近彼此之间的距离，建立良好的人际关系。

（2）增强魅力与亲和力。微笑具有极强的感染力，能够让他人感受到你的温暖和亲切。一个真诚的微笑可以让你更具魅力，增强你的亲和力，使你在人际交往中更受欢迎。

（3）表示尊重与认可。在人际交往中，微笑也可以作为一种尊重与认可的表达方式。当你对他人微笑时，通常表示你赞同或支持对方的言行或观点，这有助于增强对方的自信心和自尊心。

（4）传递鼓励与支持。在他人面临困难或挑战时，一个鼓励的微笑可以给予对方力量和支持，让对方感受到你的关心和鼓励，从而更加勇敢地面对困难。

（5）缓解紧张与尴尬。在沟通中遇到紧张或尴尬的情境时，微笑可以起到缓解尴尬气氛的作用。一个适时的微笑可以转移注意力、化解尴尬，使沟通得以顺利进行。

（6）建立信任与合作关系。在商业谈判、团队合作等场合中，微笑可以作为一种建立信任与合作关系的手段。通过微笑展示自己的诚意和合作意愿，有助于促进双方之间的信任和合作。

2. 微笑语的运用

在运用微笑语传情达意时，要做到以下几点。

（1）笑得自然。微笑是发自内心的，是美好心灵的外现。心里阳光一点，发自内心地笑，才能笑得自然、笑得亲切、笑得美好。

（2）笑得真诚。真诚的微笑能为对方带去温暖，有时还可能引起双方的共鸣，共同陶醉在欢乐之中，加深双方的友情。

（3）笑得合适。微笑并不是不讲条件的，也并不是可以用于一切交际环境的。微笑要符合场景的需要，笑也需要把握好度。

二、手势语及其运用

（一）手势语的含义

手势语是人体上肢所传递的交际信息，也是一种表现力很强的体态语。它包括手指、手掌、手臂及双手发出的能够承载交际信息的各种动作，其中手指语、握手语、鼓掌语和挥手语的沟通功能尤其强。手势语是多种多样的，它主要由做出手势的位置、手掌、拳头、手指与手型构成。

扫码看资料

手势语的
交际信息

（二）手势语的运用

手势语的运用范围很广，使用频率也相当高。手势语十分丰富，能表示多种意义，它常常被用来弥补有声语言的不足，起到辅助或强化作用。在特殊情况下，手势语可以代替语言而独立存在，例如，交警的手势语可以代替语言来传递信息。

根据功能来看，手势语可分为情感性手势语、指示性手势语、象征性手势语、摹状性手势语和习惯性手势语等。手势语是人们内心活动的外化表现，恰当的手势语可以体现交际者的风度、仪表和文明程度。因此，运用手势语要遵循文雅、得体、一致的原则，避免指手画脚，避免养成不文明的手势语习惯。

三、身势语及其运用

（一）身势语的含义

身势语是通过静态和动态的身体姿势传递交际信息的一种手段。静态的身势语包括坐、立、俯、蹲、卧；动态的身势语只有步姿。身势语不仅是修身养性的基本要求，还是沟通活动中用来展现仪表、传递信息的重要体态语言。

（二）身势语的运用

1. 坐姿语的运用

坐姿语是通过各种坐的姿势来传递信息的体态语言。坐姿的一般要求是入座时，应当轻而稳，不要给人毛手毛脚、不稳重的印象；坐的姿势要端正、大方、自然；无论什么坐具，都不要坐得太满；上身要挺直，不要左右摇晃；腿的姿势要配合得当，一般不能跷二郎腿；

交谈时，上身要稍许前倾，表示对对方的尊重和自己的专注。上身需后仰时，幅度不能太大，否则会给人困扰、无聊、想休息的印象。

坐姿有三种基本类型。

（1）正襟坐姿。这种坐姿即人们常说的"正襟危坐"，多用于外事谈判、严肃会议或主席台就座等场合。这种姿势的要求是精神集中、上身挺直、两手平放膝上或手按着手，双脚并拢或略微分开。女性可采用双膝并拢或脚踝交叉的姿势。这种坐姿传达的信息是庄重，尊重对方和公众。

（2）半正襟坐姿。这种坐姿介于正襟坐姿和轻松坐姿之间，适用于交谈、接待、座谈会、联谊会等场合。这种坐姿较轻松，如头部稍稍后仰，背靠椅背，手自然放在扶手上，一条腿可架在另一条腿上等。采取这种坐姿显得轻松、自在、不拘谨，可以营造和谐融洽的气氛，缩短交际双方的心理距离。

（3）轻松坐姿。这种坐姿即非常自由自在、随便的坐姿。身子可以斜着，手可以交叉放在胸前或两手抱着后脑，可以跷二郎腿。这种坐姿一般只适用于非正式交际场合，而且交际双方或是老朋友、同学，或是常在一起的邻居、亲戚等，彼此非常熟悉，并且不是正式交谈，只是在家中或宿舍闲聊。

2. 立姿语的运用

立姿语是通过站立的姿态传递信息的体态语言。性别不同，立姿的要求也有所不同。男士应尽量体现刚毅，立姿为两脚平行分开，大体与肩同宽，两手交叉，放于前胸，或自然下垂。女士应尽量体现优雅，立姿为脚跟并拢，脚尖分开呈小八字形，双手交叉放于腹部。

立姿大致可分为以下四种类型。

（1）庄重严肃型。腰板挺直，全身直立，精神振作，给人以庄重、严肃的印象，一般用于就职演说、大会讲话、被人介绍、接受奖励等场合。

（2）恭谨谦虚型。略微低头，垂手含胸站立，给人以谦虚、诚恳、恭谨的印象。一般用于与上级、长辈沟通或向人求教等场合。

（3）傲慢自负型。两手交叉在胸前，两脚向外分开，斜倚式站着，目光睥睨，给人以傲慢、自负、骄矜的印象。

（4）无礼粗鄙型。歪斜着身子，一腿在前，一腿在后，或交叠着双膝站立，抖动着脚尖，给人以无礼、粗鄙的印象。

用立姿语彰显恭敬

在三顾茅庐中，刘备见孔明草堂春睡，关羽、张飞都急不可耐了，他也不让叫醒孔明，自己就这样在旁边站立许久。恭谨的立姿语表现了刘备求贤若渴的态度，也让他赢得了孔明的忠心，直到"鞠躬尽瘁，死而后已"。

"程门立雪"，是出自《宋史•杨时传》的典故。杨时40岁时，去洛阳拜程颐为师。一天，杨时前往程颐家求教，见程颐正在椅子上坐着打盹，杨时便一直恭谨地在门外站着。等到程颐醒来时，门外已经下了一尺深的雪。程颐是当时的大学者，这种立姿表现了杨时尊重师长、诚心求学的态度。

3. 步姿语的运用

步姿语是通过行走的步态传递信息的体态语言。根据人们行走时的步态，步姿大致可分为庄重礼仪型、轻松自如型、稳健自得型、沉思踱步型。

（1）庄重礼仪型。行走时，上身挺直，步伐矫健，双膝弯曲度小，步子幅度、速度都适中，步伐和手的摆动有强烈的节奏感，眼睛正视前方。这种步姿适用于登台作报告、颁奖、领奖，以及被领导接见等重要场合。

（2）轻松自如型。行走时，心情轻松，步子幅度不大不小，速度不快不慢，上身直立，两眼平视，两手自然摆动，或一手提包或托着大衣。这种步姿适用于一般会面、前去访问、出席会议、走进社交场合等。

（3）稳健自得型。行走时，步履稳健，昂首挺胸，步伐较缓，步幅较大。这种步姿常见于表现愉悦、自得、自豪感时的步态。

（4）沉思踱步型。行走时，迈步速度时快时慢，快的时候，步子急促；慢的时候，俯视地面，步伐缓慢，或偶尔抬头回顾，或不时停下搓手。这种步姿常见于焦虑、心事重重、集中思考时的步态。

四、空间语及其运用

（一）空间语的含义

空间语，又称"空间距离""人际空间""近体度"等，是沟通者运用空间距离传递的一种沟通信息。沟通者对空间语的运用可表明双方关系、各自地位、态度、情绪等。

（二）空间语的运用

怎么识别和把握空间距离呢？美国人类学家爱德华•特威切尔•霍尔（Edward Twitchell Hall）认为每个人都有自己的空间需要，并分出四种距离：亲密距离、个人距离、社交距离和公众距离，每种距离都与双方的关系相称。

1. 亲密距离

亲密距离为0～45厘米。亲密距离的近范围在15厘米之内，是人际交往的最小距离，此时沟通双方可能肌肤相触，互相感受到对方的体温、气味、气息。亲密距离的远范围是15～45厘米。双方的接触可能表现为挽臂执手或促膝谈心，体现出相互之间亲密友好的人际关系。亲密距离适用于情感上高度亲密的人之间。

2. 个人距离

个人距离为46～122厘米。个人距离的近范围是46～75厘米，正好能亲切握手，友好交谈，这是与熟人交往的空间距离。陌生人进入这个空间会对对方构成侵犯。个人距离的远范围是76～122厘米，任何朋友和熟人都可以自由地进入这个空间。

3. 社交距离

社交距离为1.23～3.70米。社交距离体现出一种社交性或礼节上的正式关系。社交距离的近范围是1.23～2.10米，在工作环境和社交聚会中，人们一般保持这种距离。社交距离的远范围是2.11～3.70米，体现了一种更加正式的社交关系，多用于商业谈判、求职面试、论文答辩、走访座谈等场合。

4. 公众距离

公众距离一般在3.70米以上。公众距离的近范围是3.80～7.60米，远范围为7.60米以上，这是一个几乎能容纳所有人的距离。公众距离适用于公众演讲、大会报告等。

在人际沟通中，空间距离的远近是沟通双方是否亲近、是否友好的重要标志，也是区别不同类型交际的重要依据。

沟通任务

1. 目光语情景模拟训练。

情景描述：你是一名销售人员，在一次重要的商务谈判中，你需要与潜在客户建立信任并展示你的产品。

（1）练习要求

与一名伙伴模拟上述情景，其中你扮演销售人员，伙伴扮演潜在客户。在模拟过程中，特别关注你如何使用目光语来传递自信、专业和对产品的热情。观察伙伴的反应，并在模拟结束后讨论你的目光语是否有助于建立信任和展示产品。

（2）反馈与讨论

模拟结束后，与伙伴讨论你的表现，特别关注目光语的运用是否得当。询问伙伴对你的目光语有何感受，是否有助于增强他们对你和产品的信任。根据反馈调整你的目光语使用策略，以便在未来的商务谈判中更加有效地运用目光语。

2. 微笑语训练。

请三位同学先后从教室门外走进教室，用目光、微笑和点头与讲台上的老师自然地打招呼。

思考与练习

1. 你个人计算机中的文件是如何命名的？如何对不同文档进行归类的？

2. 自我介绍的目的是什么？你觉得应该如何根据交谈目的进行有针对性的自我介绍？

3. 请查阅文献资料，了解体态语在人际沟通中的重要性。

扫码做练习

项目一试题

项目二 发表一次演讲

【项目导入】

演讲在学习和生活中具有重要的作用。在大学期间，很多场合都要用到演讲。例如，开学典礼需要新生代表和老生代表讲话；毕业典礼需要学生代表讲话；参与评奖评优，需要竞选演讲；参与社会实践成果展示，需要主题演讲；学习了党的二十大报告后，需要分享学习体会。工作以后，很多场合也需要用演讲去发表我们的想法、观点，去展示工作中的业绩等。

演讲的重要性可以从方方面面来论述。如果不作狭义的理解，我们每天都在演讲。我们每天跟不同的人说各种各样的话，不停地表达自己的想法，与别人交流我们的思想，用语言去完成相关任务。

我们在很多场合都需要表达自己的观点、想法。在表达的过程中有的人思路清晰，见解独到，有的人却语无伦次，不知所云；有的人表达意见言简意赅，有的人啰里啰唆。有的人因表达能力强获得了成功，有的人并非工作能力不强，却原地踏步。

　　本项目涉及与演讲有关的一些写作任务和沟通任务。在这个项目中，我们将讲述如何撰写演讲稿和事迹材料，讲解命题演讲的有声语言表达技巧和无声语言表达技巧，以及如何制作辅助演讲的 PPT 演示文稿。学习本项目后，我们需要做到以下几点：

　　（1）了解演讲稿的特点并掌握撰写演讲稿的方法；

　　（2）掌握撰写事迹材料的技巧；

　　（3）训练并掌握"演"和"讲"的技巧；

　　（4）具备制作PPT的能力。

写作任务一　撰写演讲稿

🔍 任务引入

　　你所在的学校组织各班级学习党的二十大精神，为此学校专门组织了一场以"强国有我 请党放心"为主题的演讲比赛。首先由各班级组织报名，每班报名人数不少于五人，然后以各学院（系）为单位进行院（系）级选拔，各学院（系）前三名的参赛选手进入校级总决赛。本次演讲比赛设个人单项奖和优秀组织奖。快来报名吧！

　　通过学习本节，我们要了解演讲稿的含义和特点，并能根据演讲场合撰写有针对性的演讲稿。

🖋 知识串讲

　　命题演讲是指根据指定的题目或限定的主题，事先做好充分准备的演讲，一般提前拟定演讲稿，并经过精心设计和反复演练。因此，写好演讲稿是保证演讲获得成功的重要一步。

扫码看案例

命题演讲——
我的大学生活

一、演讲稿的含义和特点

　　演讲稿是演讲者事先准备的，在公开场合发表观点、见解和主张的文稿，是演讲活动的文字底稿。演讲稿的范围很广，除了指定主题的演讲稿，还包括各类致词，如开幕词、闭幕词、欢迎词、欢送词、答谢词、学术报告、大会发言等。

　　演讲稿有很多特点，其中针对性、鼓动性和口语化是其显著特点。演讲要以思想、主张、情感或事例来晓谕观众、打动观众、感染观众，要求演讲内容具有针对性。演讲要使观众信服，就需要综合运用各种技巧来激发观众的情绪，使观众热情高涨，具有鼓动性和感染力。演讲者主要通过"讲"来传递演讲的内容，观众主要通过"听"来获知演讲的内容，因此演讲稿要上口入耳，要口语化。

二、演讲稿的写作

撰写演讲稿前，要对演讲主题进行审题，根据自身情况和观众情况来选择切入点和角度。根据演讲的主题进行选材，根据演讲时长来控制演讲稿的篇幅，一般来说，可按每分钟230～250字来准备演讲稿。

演讲稿的结构包括称呼、问候语、开场白、主体、结尾等部分。

（一）称呼和问候语

了解观众的构成情况，使用能涵盖现场所有人的称呼语，然后加上一句问候语。例如"尊敬的老师，亲爱的同学们：大家好！""女士们、先生们、朋友们：大家晚上好！"等。

（二）开场白

演讲稿的开场白用于点明主题、交代背景、提出问题、说明缘由等，需要精心设计，做到简洁明了。一个好的开场白，可以与观众建立良好的信任关系，吸引观众的注意力，为后面的演讲打开场面。开场白的方式多种多样，下面介绍常用的开场方式。

（1）开门见山，直陈主题。这种开场，就是一开讲就直奔主题。

🔍 **示例**

> 大家晚上好！我是×××，来自××学院20××级××专业×班。下面我将以"追梦人"为主题，向大家展示我们班的班风建设情况。

（2）设置悬念，激发兴趣。提出问题，引导观众积极思考，激起观众的好奇心。设计问题时，需要从观众的角度来考虑，以观众感兴趣的问题来引起关注。

🔍 **示例**

> 各位毕业生，从今天开始，你们就要离开母校了，作为师长、作为校长，本来是要给大家送上各种良好的祝福和寄语的，应该祝大家一帆风顺的。但是仔细一想，这样的祝福没有意义，起不到寄语的作用——
>
> 人的一生，不可能一帆风顺……

（3）介绍情况，说明缘由。这种开场可以快速缩短与观众的距离，让观众明白演讲的意图，以便引起观众的重视和配合。

🔍 **示例**

> 大家好！我是×××，也是咱们学院×届毕业生，很高兴受到×××的邀请，能回到母校跟大家一起分享创业的心路历程，感到十分荣幸！

（4）引入故事，创设情境。在时间稍长的演讲中，可以先讲个故事，将观众带入我们要演讲的特定情境中，让观众设身处地思考一些问题，从而引出主体内容。

🔍 示例

> 从前有两兄弟，他们酷爱旅游。有一次他们旅游回来时恰好大厦停电，可是他们住在80楼，无奈之下两人决定爬楼。开始的时候两人兴高采烈，走到20楼的时候二人感觉有点累，于是他们决定把沉重的背包先放在20楼，等来电了再坐电梯来取。两人继续走，当走到40楼的时候，两人累得不想走了，开始相互抱怨，但不得已他们又开始往上走了。走到60楼的时候，他们已经没有力气再抱怨，低着头继续走。终于到达了80楼，走到自己家门前，他们才发现钥匙被他们放在了20楼的背包里。这个故事说明什么呢？人在很多时候面对选择却不知自己该去做什么。今天我们就来谈谈人生规划的问题。

演讲稿的开场方式，应因人因事因地而不同，结合演讲内容和自己的演讲风格，选择适合自己的开场方式。

（三）主体

演讲稿的主体部分内容较多，需要合理安排主体的结构和节奏。在构思环节，想好要讲几个问题或一个问题的几个方面，合理安排内容的逻辑结构。

演讲稿的逻辑清晰，观众才能获得层次感。在结构层次上，可以按时间顺序、空间顺序、并列结构、递进结构、因果关系等事理逻辑进行安排。要让观众听出层次，可以通过文字表达来揭示层次性，例如，"下面我谈三点想法：一是……二是……三是……"或"首先……其次……最后……"等，也就是使用一些序次语来帮助区分层次。

有层次，才能体现节奏。在演讲的节奏上，要做到张弛有度。平铺直叙地讲述，读稿念稿，会使观众昏昏欲睡；处处激情高昂，时间长了，会使观众高度紧张。需要通过演讲技巧来把控节奏，做到轻重缓急有度。

为了便于观众理解，要注意各个自然段的过渡和照应，做到承接自然。在起承转合的环节，使用过渡句，让整个演讲环环相扣，层层深入，浑然一体。具体语言手段可选用反复设问、承接词语、分述总括性语句等来实现演讲稿的自然承接，例如"刚才讲了……接下来……""明白了……之后，我们再来……""从另一方面来说"等过渡段或过渡句。

扫码看案例

命题演讲——
毕业生代表讲话

（四）结尾

演讲稿的结尾方式很多，例如通过归纳法，总结陈述自己的观点、见解和主张等，强化中心内容，给观众再次加深印象；或者采用启发式结尾，抛出与演讲主题有关的其他问题，启发观众，留下思考的余地；还可以在具体说理、叙事后，提出希望并发出号召，促使观众有所行动。

总之，结尾要干净利落，又不能太突兀，还要达到预期的效果，例如令人回味无穷、获得启发、陷入深思、有所行动等。

三、演讲稿的案例分析

结构名称	案例	简析
题目	**江河浩荡　逐光前行** ——**本科新生代表×××在2023年开学典礼上的发言**	正副标题均居中编排。
称呼	尊敬的各位老师、亲爱的同学们：	称呼涵盖在场所有人。
问候语	大家好！我是来自××学院的20××级新生×××。很荣幸能作为本科新生代表在这里发言。今天我发言的题目是《江河浩荡 逐光前行》。	问候语不能缺少。
开场白	时光的年轮转动三圈，匆匆的步履迈过三年，昨日的我们似乎仍在高中教室里奋笔疾书，今日的我们已身登点将台，踏上新的征程。从温暖真诚的迎新日，到欢声笑语的班级团建，再到磨砺心性的军训，以及热烈灿烂的军训路演，我对学校的印象从朦胧转向清晰，由神往变得愈亲切。无论是老师们的谆谆教诲，抑或是班主任、辅导员们的热切关怀，还是学长学姐们的热情帮忙，都如点点光芒，指引着我们迎难而上，笃行不怠。面对广阔未知的新世界，我们难免手足无措，可能失去把控定位的能力。如何迎接诸多的困难和挑战，如何面对理想与现实的错位，我想，录取通知书上的校歌歌谱中那句"我们高擎人文之光"已经给出了答案。今天，我将以"追随光、成为光、散发光"这九个字向大家分享我的入学感悟。	开头部分首先介绍了自己的身份和发言的主题，然后通过描绘时光流转，将观众带入了新学期的场景中。这种开场方式既自然流畅，又能够引起观众的共鸣。
主体	**树立远大理想，追随"信念"之光。**入学时，一位学姐曾告诉我，在社会学领域，随着学习的深入和成长，你所面临的问题不会减少，对世界的疑问可能会更多，但是不要怕，只要勇敢地追寻自己的目标，就会到达看上去遥不可及的明天。青年要立大志、明大德、成大才、担大任，努力成为堪当民族复兴重任的时代新人。 **练就过硬本领，成为"实干"之光。**大学是以青春为底色，与梦想相携手的地方。唯有结得千层茧，方能练就冲天翅。我们要做智勇双全、情理兼修、德才兼备的先行者，执笔为剑，集思成刀，斩道途之荆棘，耀人文之光芒。 **肩负使命担当，散发"奉献"之光。**正如校长所言，社科大所培养的人才，必须富有家国情怀，必须具有历史担当，当好社科后备军，争做强国新青年。我们今日相聚于此，无论我们来自历史学院、法学院、文学院，还是民族学与社会学学院、	主体部分围绕"追随光、成为光、散发光"，用"信念""实干""奉献"三个关键词进行阐述。强调树立远大理想的重要性，激励同学们勇敢追寻自己的梦想；强调练就过硬本领的重要性，鼓励同学们在大学期间努力学习、锻炼自己；强调肩负使命担当的重要性，激励同学们为家国情怀和民族复兴贡献自己的力量。 这三个方面层层递进、逻辑清晰，既体现了演讲的深度和广度，又能够激发观众的思考和共鸣。

续表

结构名称	案例	简析
主体	政治与公共管理学院等等，都怀揣一份梦想在前的勇气，肩负一份植根家国热土的担当。少年有梦，不应止于心动，更要付诸行动。灯火已亮，待我去掌；未来已来，等我去裁。我辈当走好"复兴之路"，传千年薪火，扛起属于我们的责任，绽放社科大这座神圣殿堂的人文之光。	在遣词造句方面，短句多，简洁有力，适合演讲。
结尾	梁启超先生曾写道："纵有千古，横有八荒。前途似海，来日方长。"我辈青年，将牢牢扎根学院发展沃土，稳握时代接力棒，把"笃学 慎思 明辨 尚行"的校训薪火相传！愿我们在追梦路上，携手奋进，江河浩荡，逐光前行！ 　　谢谢大家！	结尾部分采用了号召式的写法，简短有力！ 最后致谢。

　　下面以这篇案例为例，介绍撰写演讲稿的一些技巧。

　　（1）凝练主题，突出重点。在写法上，将每部分的分主题用中心句或小标题的形式呈现出来，给观众留下深刻的印象。这篇发言稿中的三个中心句就很好地揭示了主题。

　　（2）选好素材，事实胜于雄辩。如果演讲稿通篇在讲道理，就可能空洞乏味。材料是观点、看法、主张等最有力的支撑。一般根据能否恰当地表现主题和主旨，能否满足观众的预期，是否真实、典型，是否具体、新颖等几个方面来对材料进行筛选和组合。案例中，这位学生代表利用自己的亲身经历、学姐的鼓励、校长的勉励来表达树立远大理想、练就过硬本领、肩负使命担当的重要性，素材真实典型、生动形象，很有说服力。

　　（3）遣词造句要简短有力。演讲稿要符合演讲的语言特点，就要做到口语化，简短有力，观众才能听得懂、记得住。这篇案例的句子简短，句式灵活多变，使用排比句，节奏感强。

　　（4）反复修改，直到顺口。写好演讲稿初稿后，要反复修改。修改演讲稿最直接、最方便的方法就是朗读，边朗读边修改。朗读时，容易发现条理不清晰、不通顺或拗口的地方，这些地方就是需要认真修改的地方，应修改到顺口为止。

【演讲稿模板】

演讲题目

称呼语（涵盖全场所有人）：

　　问候语：大家好！

　　开场白：围绕主题，设计切入点，引出主体部分。篇幅简短，不宜超过全文的10%。

　　主体部分：可设置三四个层次，层次之间构成并列或递进关系。各层次的篇幅尽量均衡。

　　层次一：小标题

支撑材料。可摆事实或讲故事，蕴含道理。

层次二：小标题

支撑材料。可列数字、引经据典等，变换论说方法。

层次三：小标题

支撑材料。多用短句，讲究一定的语言修辞。

结尾部分：总结全文，或呼应主题，或发出号召等。篇幅简短，不宜超过全文的10%。

谢谢大家！

写作任务

1. 你所在的学校正在组织申报某项奖学金，要求提交申报表，并进行公开展示、竞选。请结合自身实际，撰写一篇参评奖学金的演讲稿。

2. 请以"家乡美"为主题，撰写一篇演讲稿。

3. 你将作为毕业生代表在毕业典礼上发言，请撰写一篇演讲稿。

写作任务二　撰写事迹材料

任务引入

××学院团委认真落实学院党委、校团委关于组织开展大学生暑期社会实践活动的要求，引导学院青年学生在社会实践中受教育、长才干、作贡献，培养社会责任感、创新精神和实践能力。为了总结经验、宣传典型，学院决定评选20××年社会实践先进个人，现将有关事宜通知如下。

一、评选条件

1. 在社会实践项目或社会实践组织工作中积极投入、表现突出，体现出良好的精神风貌和团结奉献精神，得到实践单位、服务地区好评。

2. 实践主题内容鲜明，凸显时代特色；着重开展弘扬时代精神、彰显青年责任的社会实践活动。

3. 有典型事迹，在实践活动的开展过程中起到了先锋模范作用，具有良好的社会影响。

二、评选数量（略）

三、评选流程

此次评选坚持公平、公正、公开的原则，实行自愿申报、统一评选的方式，请参选学生认真做好准备。

对照评选条件提供相应的书面支撑材料（可包含相应的图片、音视频资料），在×年×月×日前将评优申报表、相关支撑材料（纸质版和电子版）一并交到学院团委。电子版材料发送至***@***.com。

学院团委将对参评人员的实践报告、事迹材料等组织评比，并对评比结果进行公示。（以下内容略）

通过学习本节，我们要了解事迹材料的含义和种类，掌握先进事迹材料的撰写方法。

知识串讲

一、事迹材料的含义和种类

事迹材料，是记录某个人或集体在特定领域或事件中表现出的优秀行为、突出贡献的文字材料。事迹材料通常用于评选表彰、宣传教育等目的，通过具体事例来展现人物的品质、能力和精神风貌。一般所说的事迹材料多是指先进事迹材料，包括先进个人和先进集体的材料；典型经验材料主要是指先进集体的经验材料。

扫码看案例

先进集体事迹
材料

用于评选先进个人或集体的事迹材料，是有关单位或部门为引导良好风气、推动工作、激励后进等原因，组织相关先进典型的评选，有关个人根据评选要求撰写事迹材料，以便评选活动的组织单位考评。用于宣传教育的事迹材料是党政机关、企事业单位用于表扬先进、树立典型，使广大干部群众见贤思齐，有所效仿，从而尽心竭力地做好本职工作而如实记载和反映工作、学习中涌现出来的先进集体、先进人物的优秀事迹的书面材料。

从记录载体来看，事迹材料有多种呈现形式。文字事迹材料是以文字为主要形式，通过叙述、描写等手法来展现人物的事迹，如新闻报道、传记、回忆录等。图文事迹材料是结合文字和图片来展现人物的事迹，如宣传海报、画册、展览等。音像事迹材料是通过音频、视频等多媒体形式来展现人物的事迹，如纪录片、访谈节目、演讲视频等。

二、先进事迹材料的写作

先进事迹材料的文字呈现形式有两种：一种是表格式的，一种是文本式的。推荐参评先进事迹的材料，大多数需要填写申报表，在表格的表头部分填写个人或集体的相关信息，然后在主要事迹栏内填写简要的事迹说明。有时，评选部门要求另附详细事迹材料，这就是通常所说的文本式事迹材料。

文本式事迹材料由标题和正文两部分组成。

（一）标题

事迹材料标题的拟制很灵活，常用的写法有以下三种。

（1）公文式标题。由集体或个人的名称、内容、文种构成，如《×××参评社会实践先进个人事迹材料》。

（2）文章式标题。有人也称其为新闻式标题，就是以一个短语或多个短语来概括事迹材料的主要内容，如《一个天大人的意志与脚步》《深耕职教培沃土　不待扬鞭自奋蹄》。

（3）正副标题。分别以文章式标题和公文式标题为正副标题，如《承担责任　放飞思想——申请国家奖学金事迹材料》《坚守初心 做职教路上的追梦人——××市职业教育先进个人××同志事迹材料》。

（二）正文

1. 开头

不同类型的事迹材料可采用不同的开头方式。实际写作中，还可以综合使用多种方式。

（1）基本信息呈现式开头。首段交代先进个人的姓名、性别、学校（工作单位）、现状等信息，然后用一两句话自我评价。这种写法适用于撰写申报材料。

扫码看视频

事迹材料的
写法 1

（2）理想信念式开头。首段以理想信念开头，引出正文的相关事迹。这种写法适用于先进共产党员、道德类的先进个人、教书育人先进工作者等。

（3）他人角度式开头。就是以第三人称的角度来撰写。这种写法多用于介绍成功经验、宣传先进事迹。

（4）落差悬念式开头。写一个人从平凡平庸到优秀，把不可能变成可能，写出有种出人意料而又在情理之中的感觉。这种开头比较适合自强之星、道德模范等类型的事迹材料。

2. 主体

主体部分用来具体、准确、完整地介绍先进者的典型事迹或成功的做法。在结构安排上，主要有两种写法。

扫码看视频

事迹材料的
写法 2

（1）总分式。在开头部分总体概括、评述，正文部分逐一展开。在"分"的部分，可以按事迹的主次、递进、因果等内在关系来安排顺序。

（2）并列式。将先进事迹按逻辑关系分为若干部分。每部分可采用小标题进行概括，每个小标题代表一个方面的典型。每方面事迹的篇幅要尽量均衡、协调。

具体内容的撰写应寓先进事迹或典型经验于具有代表性的事例之中。主体部分不宜追求"大而全"，一般选取三个或四个角度来塑造典型、体现先进。

3. 结尾

结尾部分可以阐明先进事迹的意义，或展望未来，或自我激励等。用于宣传教育的事迹材料，可以提出向先进个人或先进集体学习的倡议或号召。

事迹材料的结尾部分不是必需的内容，大多数事迹材料有结尾部分。不同性质的事迹材料可采用不同的结尾方式。

（1）总结陈述式。用一段话对先进事迹进行概括，指出事迹的先进性和典型性。在写法上，可以再次点题，与文章标题相呼应。

（2）展望未来式。主体部分提到的事迹是以往所取得的成绩或典型的做法，面对未来，可以提出初步设想，以便今后做得更好。

（3）自我激励式。在结尾处表示信心、决心等，把以往的成绩作为今后学习、工作的动力，并把受到相关表彰视为对今后工作的一种激励。

（4）人生思考式。对一些问题提出看法或思考，启发自己和读者进一步思考。

三、事迹材料的案例分析

结构名称		案例	简析
标题		**甘为"老黄牛" 平凡岗位显初心**	采用文章式标题形式，主题突出。
正文	开头	××轻工业学校培训处教师×××，以"老黄牛"般的奉献精神，勤勤恳恳、忠诚实干，展现了可贵的敬业精神。他的辛勤付出在学校培训处得到了广泛认可，并先后荣获省市职业教育先进个人荣誉称号。他以实际行动诠释了职业教育工作者的责任与担当。	开头部分采用他人角度式开头，用一个自然段来概括先进个人的基本情况，并进行总体评价。
	主体	**一、从"高"处立意，精心工作重奉献** "我做"，已成为他工作的座右铭。学历培训工作经常需要在节假日加班，有一年春节期间，为配合有关部门会计审核工作，他提前返岗。工作中，不论谁遇到任何困难，只要向他求助，他总是毫不犹豫地帮忙。他秉持一个信念：身为中共党员，肩上担有责任。他将工作视为生活的一部分，不去过多计较个人得失。认识的高度决定行动的高度，他以务实的精神，默默履行自己的岗位职责。 **二、在"真"上用功，专心学习重业务** 人贵有恒，他每天都会投入时间来提升自己的文化素养，包括练习书法半小时和阅读三小时。他坚信终身学习的价值。在机电部担任语文教师时，他能够灵活地引入各种最新的信息材料，激发学生对知识的兴趣，显著提高课堂效率。为了讲授"基础写作"等课程，并为××单位讲解敬业讲座，他利用业余时间学习《职场态度》《职业规划》等书籍，并做了详细的笔记，真正做到了心中有底，讲课精彩。 **三、由"新"处着笔，用心突破重创新** 他遵循灵活、实用的培训原则，重点在"新"上下功夫，做到次次有"新"招，"新"中有实效。他充分利用多媒体网络技术，建立一系列开放教育的微信群、QQ群和直播课程等，便于学员随时随地学习。在与其他机构的合作中，他采用创新的方式开展工作，以满足对方的需求，实现双赢。他全身心地投入职业培训工作中，从细节入手，不遗余力地宣传和	主体部分把先进事迹分为四个部分，分别围绕"高""真""新""实"这四个关键词来塑造先进典型的形象。每个部分主题鲜明，用"精心""专心""用心""倾心"来凸显先进个人的敬业精神和业务能力。四个方面的顺序逻辑得当，篇幅均衡。

续表

结构名称		案例	简析
正文	主体	推广，职业培训已成了他的本能和使命。 **四、做"实"字文章，倾心服务重细节** 　　他注重工作的落实，确保每一步都到位，各个环节紧密相扣。对于参与的每项培训任务，他都会制订全面且严格的执行计划，并关注细节，确保所有任务得到妥善落实。在日常管理服务中，他注重与学员建立感情，时刻保持与学员的密切联系。他不仅关注学员的学习进步，还关心他们的生活状况。为了帮助那些家境困难的学员，他积极主动地协助他们申请助学金，以减轻经济负担。他的工作态度和热情使得他在培训工作中取得了显著的成绩，赢得了学员和合作方的赞誉和信任。	
	结尾	他以生命的激情去做好职教工作，发扬"老黄牛"精神，展现职教人风采。	结尾部分采用了总结陈述式的写法。稍显简略。

　　这篇案例是以书面形式提交的事迹材料。下面简单讲解事迹材料与演讲稿的关系。事迹材料多以书面形式呈现，因此事迹材料的用词用语具有书面语体的特点，而演讲稿需要具备口语化的特点。在参与竞选先进个人时，如需提交书面材料，建议在语言表达方面尽量书面化；如果还需要参评者采用口头演讲的形式去竞选，这时就需要对书面材料进行口语化处理，事迹材料可以作为撰写演讲稿的基础，改变其中的语体风格，不要直接宣读书面事迹材料。

　　如何在书面语体材料和口语语体材料之间转换、如何在第一人称和第三人称之间转换等，可以尝试采用AI工具辅助撰写，然后进行加工整理。

【事迹材料模板】

× × × × ×　× × × × ×

—— × × × × × × ×

（标题：建议采用正副标题形式）

　　开头：多采用基本信息呈现式的方式来概括先进个人或先进集体的基本情况，写一个自然段即可。

　　主体：建议从3～4个角度来塑造先进典型的形象。

　　角度一：归纳概括出小标题（加粗）

　　角度的选取：作为学生，可从思想、学习、科研、社团活动（社会实践）等角度来分类。作为职场人士，可从担任的不同角色来撰写不同方面的事迹，让先进个人的形象更丰满。

　　角度二：归纳概括出小标题（加粗）

　　讲究小标题的拟定，增强可读性。每个角度讲述一方面的事迹或工作经验，各个角度的篇幅尽量均衡。

角度三：归纳概括出小标题（加粗）

每个小标题下，要精选材料，对事迹的陈述要简洁、说服力强。

结尾：多采用总结陈述式或展望未来式的结尾，写一个自然段即可。

写作任务

1. 学院团委正在组织优秀共青团员评选，请撰写一份参评优秀团员的事迹材料。

2. 请采访一位优秀教师，并将他的事迹以第三人称角度撰写一篇事迹材料。

3. 在网络上查找一篇书面语色彩较浓的事迹材料，然后使用AI工具，辅助转写为适合口头演讲的事迹材料汇报稿。

4. 在网络上查找一篇口语色彩较浓的事迹材料汇报稿，然后使用AI工具，辅助转写为具有书面正式语体的事迹材料。请观察不同语体的事迹材料在选词用词、遣词造句、文章结构等方面有何差异，并对AI工具生成文本的质量进行评价。

5. 在网络上查找一篇以第三人称角度撰写的事迹材料，然后使用AI工具，辅助转写为以第一人称角度撰写的事迹材料，并观察人称角度变化后，事迹材料在选词用词、遣词造句等方面有何变化。

沟通任务一　进行命题演讲

任务引入

为进一步活跃校园文化氛围，丰富课余文化生活，给同学们一个展示自我的舞台，进一步营造良好的学习氛围，锻炼同学们的口才，陶冶同学们高尚的道德情操，促进同学之间的友谊和交流，激发同学们的学习意识，培养同学们的良好思想品德和行为习惯，学校团委特举办"我的大学生活"演讲比赛。

比赛要求：

1. 演讲内容必须积极向上、乐观、进取，符合比赛主题。

2. 能用较标准的普通话进行演讲，表达清晰、语言流畅。

3. 每位参赛选手的演讲时长为5分钟。

奖项设置：（略）

评分标准：（略）

通过学习本节，我们要了解命题演讲的特点，掌握有声语言和无声语言的表达技巧，全方位向观众展示自己的演讲能力。

知识串讲

时长较短的命题演讲，一般应能做到脱稿演讲；时长较长的命题演讲，可采用半脱稿式的演讲。不管是哪种演讲，都应该包含"演"和"讲"两个层面，以"讲"为主，以"演"为辅。如何做好演讲呢？可从"讲"和"演"两个方面进行训练。

一、有声语言表达训练

演讲之"讲"就是用有声语言进行表达，有声语言包括常规语言和副语言。常规语言是指平时说话时运用的分音节语言，副语言则是重音、语调、笑声等语言形式。演讲时需要综合使用常规语言和副语言。

（一）发音准确，吐字清晰

演讲者需尽量做到说普通话，发音准确、吐字清晰。发音准确是指不念错字；吐字清晰是指把词语准确地念出来，让观众听得清清楚楚。语速不能过快或过慢，不能结结巴巴；停顿恰当，表达流畅，不能破坏语句的内在结构和语义联系。

（二）语速得当，语气适宜

演讲不同于一般交谈，它既有讲又有演，声情并茂。要使准备好的演讲稿得到生动有力的表达，从而吸引观众，就需要语速得当，恰当地运用重音、停顿、语调、语气，增强口语的美感。

（1）语速，即说话的速度。一般来说，语速控制在每分钟200～250字有利于演讲者进行表达，也有利于观众理解。要处理好语速，需要注意两点：一是以观众的理解来控制语速，二是以内容为转移来把控语速。

语速练习

提前准备好200字（包括标点符号）的演讲稿。先读熟，再练习，然后达到脱稿演讲的程度（但不要背诵），表现要轻松自然。

课堂上登台演讲，限时60秒，时间控制在55秒到65秒之间算合格。在第50秒的时候，可作时间提示。在这个阶段，就要求充满感情的演讲，让真情自然地表露。

200字演讲词如下：

海尔集团的总裁张瑞敏曾经说过："企业好比一条大河，每一个员工都是这条大河的源头。只有激发源头的活力，企业才能有效运转，才能增强企业的凝聚力。"前面我所讲的都是自己的设想，但我更希望自己的设想能得到大家、特别是制药厂每名职工的认同。只有我们大家心往一处想，劲往一处使，聚精会神搞建设，一心一意谋发展，制药厂才能释放潜力、焕发活力，从而不断地发展壮大，真正实现"创百年乐业，助万众健康"的远大理想！

（2）重音，是指说话或朗读时把句子里的某些词语念得比较重的语言现象。重音所在的地方需要重读。从句子语法结构来看，有的成分需要读得重一些，有的需要读得轻一些。重音可以起到强调重点、加重语气、突出感情的作用。语言学中的重音有语法重音和强调重音两种。在不表示特殊的思想和感情的情况下，根据语法结构的特点把句子中的某些成分重读的，就称为语法重音。在实际口语沟通中，为了表现某种特殊感情，可以对语句的重读做临时的处理，目的是强调、突出，这种处理就是强调重音或逻辑重音。强调重音的位置受说话的环境、演讲者的特殊要求和表达需要所支配。

重音练习

请朗读下面两段话，突出重音。

（1）是啊，当祖国贫穷时，她的人民就挨饿受冻；当祖国弱小时，她的人民就备受凌辱；当祖国富裕时，她的人民就快乐幸福；当祖国强大时，她的人民就昂首挺胸！

（2）人民养育了我，人民呼唤着我，滴水之恩，当以涌泉相报。我是小草，就要为大地吐出新绿；我是儿女，就要向母亲献出忠诚。生我是这块土地，养我是这块土地，我热爱这块土地，这里，是我们理想扎根的土地，这里是我们施展才华的地方，青春在这里闪光，财富在这里创造，希望在这里孕育，幸福在这里增长！

（3）停顿，是指朗读或说话过程中声音的断和连，在演讲中也至关重要。停顿分为常规停顿和超常规停顿。恰当的停顿可以使讲话的内容得到清楚的表达，并赋予语言鲜明的节奏感。停顿的作用有三：一是为了提示话题，二是为了呼吸换气，三是为了增强语言表达效果。

如何停顿、何时停顿，对大多数演讲新手来说，都是很大的挑战。等到在演讲时更加镇定、自信、游刃有余后，你会发现停顿非常有用。你可以用它来提示某个意群的结束，给观众一点时间理解你的观点，或给你的表述带来戏剧性的效果。

停顿练习

（1）始终微笑的和蔼的刘和珍君／确是／死掉了。（鲁迅《记念刘和珍君》）

（2）在建设工作中，犯一些错误，有一些缺点，是难免的。问题在于／对待错误、缺点的态度。（吴晗《说谦虚》）

（3）我为／少男少女们／歌唱。我／歌唱／早晨，我／歌唱／希望，我／歌唱那些／属于未来的／事物，我／歌唱那些／正在生长的／力量。（何其芳《我为少男少女们歌唱》）

（4）没有人比我更钦佩／刚刚在会议上发言的先生们的／爱国精神与见识才能。但是，人们常常／从不同的角度／来观察同一事物。因此，尽管我的观点／与他们截然不同，我还是要毫无顾忌、毫无保留地／讲出自己的观点，并希望／不要因此而被认为／是对先生们的不敬。（《演讲学十讲》，严家栋主编）

（三）用好副语言，增强表现力

演讲时，我们要合理使用副语言，充分发挥声音的表现力。副语言涉及声音的音量、音调、语速，以及发音的清晰度和连贯性等。

（1）**控制好音量**。音量是声音的大小或强弱。我们可以调整音量用来强调演讲中的某部分内容，有时声音故意减弱也是为了吸引听众的注意力。

（2）**处理好音调**。音调是指声音的高低。演讲者要根据演讲内容适当调节自己的音调，尤其是在表达情感时，高音调能吸引听众。如果我们的音调没有高低起伏，演讲就会显得平淡，甚至枯燥。

（3）**把握好语速**。把控语速也会给演讲带来不同的效果。有时演讲者可能故意加快或减慢语速，以此来强调演讲的内容。要在适当的时候使用停顿，如果问观众一个不需要他们回答，但需要他们思考一下的问题，我们就可使用停顿给他们时间思考。

（4）**做到发音清晰连贯**。除了做到发音清晰、字正腔圆，还要克服"口头禅"，确保发音的连贯性。我们可以对自己平时的讲话进行录音，看看是否有与内容无关的语气词、口头禅等。

二、无声语言表达训练

演讲的"演"含有表演的意思，就是在演讲中通过无声语言来表演。无声语言包括肢体动作、眼神、表情、着装等。

扫码看视频

演讲之"演"

（一）肢体动作训练

肢体动作包括手势、身体姿势等。演讲中，经常使用的是手势。手势要多样化，不能总是使用同一种手势，以免显得单调、乏味。手势又不能太多，太多的手势会干扰观众获取信息。

开放式手势训练

开放式体态语会让我们看上去更加精力充沛，更具信任感。

开放式体态语：面带微笑、舒展双臂、手心朝上。

一起练习开放式手势：让手掌自然打开，把手掌保持在身体的两侧，要做手势时，略微抬起，手心向上（也可朝向侧面），从胸前向外舒展开去，随着讲话的节奏感来使用手势。

不要把手插在口袋里，不要把手臂交叉在胸前，也不要紧握拳头。如果你无意识地用手去触摸自己的脸、耳朵、眼睛、眼镜，或抓耳挠腮，这会显示出你的不安和焦虑。

除了手势，还要合理使用身体姿势和空间位置。在演讲时，有时你要决定是站在话筒后面讲，还是手持话筒，是走到观众中间讲，还是在台上来回走动，这要看观众的文化习惯，了解他们是属于身体接触多、接触少还是不接触的文化群体，也要看场地的大小和观众的人数，在学术会议上来回走动是很不合适的。观众人数很多，场地很大时，也不适合走动，但观众少和场地小时，走动会缩小与观众的心理距离，加强互动，效果会很好。

（二）眼触训练

眼触是演讲中非常重要的无声语言。有研究表明，如果演讲者在演讲过程中面对观众的时间不足50%，观众会认为演讲者不友好，没有经验，知识浅薄，甚至不够诚实。

演讲虽然是单向的语言表达，但是思想的沟通是双向的，因此，我们在演讲中要尽可能所有的时间都面对观众，眼触多多益善。通过眼触，你能观察观众的反应，看能否抓住观众的注意力。观众也会根据你的眼触行为判断你是否可信，是否有能力和水平。就好比上课时学生的抬头率一样，老师讲得好，利用眼触多跟同学交流，学生的抬头率自然就高。

怎么做呢？在演讲正式开始前，就要通过眼触与观众建立联系，表示对观众的兴趣和尊重。在开场白部分，不要看稿子，继续保持你与观众的眼触，打好开场。面对观众，要接触观众的目光，从一个人转向另一个人而不是从他们的头上望去，让在座的每一个观众都得到你的眼触，都感觉到你在与他们对话。

眼神交流训练

教师随机点名，请两位同学上台练习。做眼神交流练习时，同学之间先不要商量做什么，只指定眼神交流的先后顺序即可。注意：不要挤眉弄眼地说明自己的意图。

例如：午后，两位同学坐在一起看书。突然，甲同学注视着对方的嘴角，当乙同学发现自己被人盯视后，抬起头看着甲同学，对视了一下。这时甲同学不好意思地把目光移开。乙同学用目光表现出对甲同学注视自己的疑问和不满，正巧甲同学又注视了一下乙同学，发现乙同学用目光表达疑问和不满后，又不自觉地把目光移向了乙同学的嘴角。这时，乙同学从对方的注视中感觉到自己的嘴角大概有什么问题，下意识伸手一摸，发现嘴角边原来沾上了饭粒，一边用手把饭粒擦掉，一边用目光表示出一种带有歉意的感激之情，甲同学则报以友善的目光和微笑，然后两人又都低下头各自看书去了。

（三）表情训练

面部表情是十分丰富的，是实现表情达意、感染他人的一种非语言手段。面部表情能以最灵敏的形式，把具有各种复杂变化的内心世界，如喜悦、快乐、坚定、愤怒、悲伤、惊讶、痛苦、恐惧、失望、焦虑、疑惑、不满等思想感情充分表现出来。

相信大家都观看过很多演讲，有的演讲者一上台，大家就感到很亲切，很期待听听他要讲什么；而有的演讲者一上台，大家就感到有点压抑，他在整个演讲中面无表情，大家巴不得他赶快下去。这就是有无亲和力的差别，亲和力往往通过一个人的面部表情展示出来。

在演讲中，面部表情要与演讲的内容相符，喜怒哀乐应随着内容的变化而变化。讲述一个严肃的话题，面部表情要严肃；表达幽默或正面信息时，要面带微笑。你的面部表情能显示出你是否对你的观众感兴趣，是否尊重他们，是否对你自己演讲的题目重视和投入，是否友好和精力充沛。

表情训练

一起来练习几个面部表情。

喜悦：面部肌肉放松，嘴角向上，眼神明亮。

快乐：面部肌肉放松，嘴唇打开，双眼眯缝。

坚定：面部肌肉收缩，嘴唇微闭，目光炯炯。

愤怒：面部肌肉收缩，嘴角向下，怒目圆睁。

悲伤：面部肌肉放松，嘴唇微开，双眉紧锁。

惊讶：面部肌肉收缩，嘴唇打开，眉目骤张。

（四）讲究着装

演讲者的服饰、发型、妆容等也是重要的体态语言。"人靠衣装马靠鞍"不是没有道理的，特别是关键场合的得体着装，很有可能就是我们成功的第一步。演讲时，人们不仅要听我们的声音，还会看我们的体态，也会注意我们的着装，只有形象先过关才更能调动观众的积极性，来为我们的演讲捧场。

服装的颜色要与演讲者的思想感情和演讲的内容协调一致。例如，深色给人深沉、庄重之感，浅色让人觉得清爽舒服，白色使人感到纯洁，蓝色使人感到恬静，红色、黄色使人感到喜庆、愉快。

扫码看资料

不同场合的着装

着装要与自身体态相协调。例如体形微胖的人，适合穿深色服装，这样看上去会显得匀称些；体形瘦小的人，适合穿浅色服装，看上去会显得丰满些；皮肤白皙的人，穿深色、浅色的服装都可以；皮肤较黑的人，最好穿稍浅颜色的服装。

在不同的演讲场合，着装的要求也不一样。在正式场合中，着装要正式，以表示对观众和场合的尊重和重视，也展现自己的专业性。在其他场合中，着装也要以美观大方、贴近生活为原则。服饰应该同身份相称，即与演讲者的年龄、性别及演讲的场合相符。

沟通任务

1. 你所在的班级拟申报"好班风"先进集体，任课教师将全班同学分成若干小组，由各小组分别完成申报事迹材料的撰写和修改，并在课堂上进行展示。

2. 结合自身实际，自选主题，综合运用有声语言和无声语言的表达技巧，在班级中进行一次演讲。

3. 命题演讲练习题。

演讲题目：技能成就未来

演讲要求：

（1）演讲者需分析当前职场对高等院校学生的技能要求。

（2）针对高等院校学生应如何提升自我技能以适应职场需求，提出至少三点建议。

（3）结合个人经历或案例，说明技能提升对未来职业发展的重要性。

（4）演讲时间不超过5分钟，要求语言流畅、逻辑清晰、具有说服力。

沟通任务二　设计演示文稿

任务引入

在大学期间，你学习过很多课程，不同的课程，不同的教师，会使用不同风格的演示文稿（Powerpoint，PPT）。你对老师们的课件有什么看法？

在学习和工作中，很多场合都需要制作PPT，如课堂教学、学术报告、工作汇报、成果展示等。使用PPT进行辅助展示，也就是利用听觉和视觉两个途径同时传递沟通信息，可取得更好的效果。

如何设计美观大方、功能实用的PPT呢？

通过学习本节，我们要掌握PPT的制作技巧，兼顾PPT的内容美和形式美，向观众清晰、简明地展现相关内容，增强表达的效果。

知识串讲

撰写好演讲稿和事迹材料后，如果要去公开演讲、宣传展示，一般需要制作PPT。在PPT中，我们可以利用图片、图形、数据或小视频等，展示语言难以表达的内容，让抽象的内容变得具体、生动。例如，大学生社会实践队在汇报实践成果时，只是口头上说去哪个地方进行了支教活动，没有图片展示，观众很难想象支教地区的现实状况，但如果用照片、小视频等来辅助展示，这次汇报就能让观众有画面感。具体、准确的描述容易让人信任你所做的事情，也容易让你表达的内容有画面感，引导观众进入特定的情境中。

一份精美的PPT，可以从视觉上弥补展示演讲的"空洞感"。PPT主要从视觉角度来展现演讲内容，制作时，要思路清晰、逻辑明确、重点突出，兼顾内容美和形式美。

扫码看视频

PPT 的制作

一、PPT的内容美

（一）清晰呈现主要内容

PPT仅仅是一种辅助表达的工具，其目的是让观众能够快速地抓住表达的要点和重点。根据演讲稿文档制作PPT时，我们需要将内容可视化、条理化，呈现整体逻辑，展现讲述思路，厘清结构层次。

（1）呈现整体逻辑。完整的PPT，好似一本完整的宣传册，要有封面页和封底页，建议在第二页设置目录页，告知观众整体内容的框架，并呈现内容之间的逻辑关系。

（2）展现讲述思路。利用语言表达时，演讲的思路难以直观呈现，这时就可以借助PPT来揭示不同内容之间的衔接关系，体现出思路来。在PPT中，除了前后页之间的逻辑关系要清晰，还可以用箭头、连线等组成流程图，也可以利用上下、左右的动画显示来体现先后顺序。

（3）厘清结构层次。在制作PPT时，建议使用"一、""（一）""1.""（1）"等层级序号来体现各级标题的逻辑关系。在字体和字号的选择上，每个层级的字体、字号要统一，让PPT中的纲目清晰明了。让观众看见当前展示的PPT，就能知道现在讲的是第几方面的第几个问题。

（二）善于提取关键内容

在制作PPT时，不是把文档中的内容逐一复制到PPT中，而是需要加工。怎么加工呢？可以根据展示目的来提取关键词，呈现关键词和重点内容即可。

（1）提取关键词。关键词可以用来提示演讲者，演讲者看着一个个的关键词，就可以把整个演讲逻辑地串联起来，还可以根据关键词来讲故事。关键词也可以用来拟定各级标题，反映观点和认识，有利于观众的记忆。在排版上，要想办法突出关键词，如加粗、加下画线、改变颜色等。PPT主要是给观众看的，观众一边听演讲，一边观看PPT，PPT不是演讲者的演讲稿，不要为了提示自己而呈现太多文字，尽量让PPT看起来简洁。

（2）选取重点内容。如果是用于演讲展示，PPT上面的重点内容可以是演讲主题、关键词、音视频资料、数据图表等。如果是用于授课的课件，要重点呈现目录、概念、关系等，一般文字较多、信息较全。如果是用于科研汇报、学术讲座等，可以采用问题、观点、图表等来呈现重点信息。如果是用于工作汇报，数据图表、趋势图则是制作的重点。

二、PPT的形式美

一份精美的PPT会给观众带来视觉的享受。下面从六个方面谈谈PPT排版设计的原则。

（1）选准版式。在版式的选择上，我们需要提前了解投影仪和投影幕的比例，以便确定PPT的页面设置比例选择4∶3还是16∶9。

（2）字体字号。PPT上的中文字体，建议选用"黑体"或"微软雅黑"，西文选用"Times New Roman"；字号一般要大于20号，不同层次内容的字号要有所区别，不同层级的字号不宜超过三种。

（3）颜色搭配。PPT本身可以设置背景颜色，所以要处理好"主色""辅色""点缀色"之间的搭配。在主色调的选取上，要符合内容的整体风格。利用好不同颜色的象征意义，如用绿色代表健康、用红色凸显喜庆、用蓝色表示科技等。

（4）排列美观。PPT上的文字、图片、数据等，排列要美观。一般来说，可根据内容采用对齐分布、居中分布、平均分布等方式，做到美观大方。

（5）适当留白。不要在一张PPT上呈现过多内容，不能编排得太满，要适当留白。留白有多种作用，它可以让观众的视线聚焦，可以让观众的大脑有时间思考，可以让观众的眼睛适度休息。如何留白呢？可以通过设置左右边距、上下边距、使用小段落、调整行距等方式来留白。

（6）对比凸显。PPT上的内容是从文档中挑选出来的重点内容，在这些内容中还有重点，即重中之重，我们可以通过更改字体或字号、变换文字颜色等手段来突出不同重点，引起观众的注意。

三、AI工具辅助制作PPT

随着人工智能技术的不断发展，AI工具已经成为我们日常生活中的得力助手。在制作PPT的过程中，AI工具同样可以发挥巨大的作用。下面介绍如何使用AI工具辅助制作PPT，提高PPT的质量和效率。

（1）选择合适的AI工具。在制作PPT前，选择一个合适的AI工具至关重要。市面上有很多AI工具可以帮助你快速创建高质量的PPT，如AI PPT、讯飞智文、WPS AI、秒出App，这些工具通常具备智能排版、图片识别、语音转文字等功能，能够大大提高制作效率。

（2）准备好输入内容。在制作PPT前，首先需要整理好PPT的内容。将内容按照逻辑顺序排列，并划分为不同的幻灯片。然后，将这些内容输入AI工具中。一些AI工具支持语音识别功能，也可以直接通过语音输入内容，省去了手动输入的烦琐过程。

（3）智能排版与设计。AI工具通常具备智能排版功能，可以根据输入的内容自动生成美观的幻灯片，我们可以根据需要调整字体、颜色、背景等设计元素，使PPT更加专业。此外，一些AI工具还支持智能图片识别功能，可以根据需求自动调整图片的大小和位置。

（4）语音转文字与实时翻译。在制作PPT的过程中，我们可能需要添加语音注释或实时翻译。一些AI工具支持语音转文字功能，可以将语音注释转换为文字并添加到相应的幻灯片中。此外，实时翻译功能可以帮助我们将演示文稿中的内容翻译成不同语言，方便与国际观众交流。

（5）自动生成演讲稿。完成PPT的内容和设计后，AI工具还可以自动生成演讲稿。一些高级的AI工具还支持实时演示功能，可以在制作过程中随时展示演讲稿，以便我们及时发现和修正问题。

其实，制作PPT也是一种思维训练，我们不能完全依赖AI工具。

四、PPT展示的注意事项

在进行PPT展示时，有一些细节需要注意。

（1）检查PPT播放效果。在做好PPT排版设计的同时，尽量做到图文并茂，适当使用动画效果，但不宜使用声音效果。设计完成后，有时间再进行精雕细琢，综合考虑字体、字号、颜色、页面等整体效果，消除错别字和标点误用等问题。PPT在不同计算机中的显示效果可能不一致，因此在展示演讲前，最好检查一遍放映效果。

（2）做好演练，熟悉内容。演讲或展示前，要将相关内容熟记于心，不要照本宣科。播放PPT时，要流畅地表达出相关内容，而不是现场组织语言来解释PPT上的内容。要熟知每张PPT的内容，这样才能做到前后衔接、流畅自然。

（3）多与观众进行眼神交流。在操作PPT时，不宜使用鼠标去指示相关字词，以免分散观众的注意力，建议使用激光笔来指示。演讲或展示时，注意与观众的眼神交流，不要只盯着PPT。

（4）展示结束，表达致谢。利用PPT的封底页来表明展示完毕，封底页的内容可根据不同的场合灵活设置，如"谢谢大家""敬请批评指正"等。有些人写"谢谢聆听"，这是错误的说法。"聆听"指自己很恭敬、很认真地倾听别人的讲话，带有尊敬的感情色彩，多用于晚辈对长辈、下级对上级。

沟通任务

1. 请以"我的大学，我的梦"为主题，撰写一篇演讲稿，制作PPT，并在课下演练，任课教师组织部分学生进行课堂展示。（限时4分钟）

2. 结合自身情况，阅读一本书后，制作PPT，向同学们介绍这本书，并讲述自己的阅读体会。（限时5分钟）

3. 围绕"自我介绍"主题，制作一份PPT，内容包括标题页、过渡页、主要内容介绍页及封底页。在整个PPT中，确保使用的字体、颜色和布局美观大方，使用适当的动画和过渡效果，但避免过度使用，以保持PPT的清晰和简洁。完成PPT后，将你的PPT分享给你的朋友或家人，并听取他们的反馈。此外，你也可以选择在公共场合展示你的PPT。

思考与练习

1. 作为观众，观看演讲比赛时，你更愿意通过听觉获取信息，还是通过视觉获取信息，为什么？

2. 目前，很多先进个人评选采用了网上投票方式，请在微信中以"先进个人评选投票"为关键词搜索相关评选活动，浏览几篇先进事迹材料后，总结其中的写作方法。

扫码做练习

项目二试题

3. 平时上课时，请你留意不同任课老师的PPT课件，观察其逻辑是否清晰、重点是否突出、版式是否美观，取众家之长，为自己制作PPT积累经验。

4. 请准备一篇演讲或报告材料，利用AI工具辅助制作PPT，并评价其制作质量。

项目三 组织一次活动

【项目导入】

你所在的团支部拟开展一次主题党日活动。作为活动的组织者，你将如何撰写活动通知、发布通知，如何做好活动前期和活动后期的宣传工作；在举办活动的过程中，筹备组如何沟通协调，共同完成这次学习活动。这是举办活动经常会遇到的写作与沟通问题。

本项目涉及组织活动需要完成的一些写作任务和沟通任务。在这个项目中，我们将讲述如何撰写通知和活动新闻，讲解团队沟通交流的方式方法，以及在人际沟通中需要注意的沟通礼仪。学习本项目后，我们需要做到以下几点：

（1）掌握通知的写法和行文规范；

（2）掌握撰写新闻的一般方法；

（3）提升团队沟通交流的能力；

（4）掌握人际沟通的基本礼仪。

写作任务一　撰写活动通知

任务引入

为学习宣传贯彻党的二十大精神，弘扬中华优秀传统文化，激发全校学生从事文学创作的热情，提高学生的语言表达能力，增强文化自信，学校学生会和文学社共同举办××大学第×届文学作品征文大赛。作为学生会宣传部的一名成员，你需要起草一份征稿通知。

通过学习本节，我们要了解通知的含义和特点，掌握各类通知的写法，做到行文规范，为将来的职场写作奠定基础。

知识串讲

一、通知的含义和特点

《党政机关公文处理工作条例》规定，通知适用于发布、传达要求下级机关执行和有关单位周知或者执行的事项，批转、转发公文。

具体来说，通知主要用于发布规章、传达要求下级机关执行及需要有关单位周知或共同执行的事项；批转下级机关的公文、转发上级机关和不相隶属机关的公文；还可用于任免和聘用干部。

通知是各级党政机关、企事业单位、社会团体使用最普遍的一种文种，具有广泛性、常用性、时效性等特点。

二、通知的写法

从内容和性质上看，通知可以分为发布性通知，批转、转发性通知，指示性通知，告知性通知，会议性通知，任免或聘用性通知。

通知的文章结构由标题、主送机关、正文、落款等部分构成。在所有的公文中，通知的写法最灵活，涉及内容最广泛。不同类型的通知有不同的写法，各类通知的主送机关和落款部分没有太大区别，下面就标题和正文的写法作简要介绍。

扫码看视频

通知的写法

（一）发布性通知

发布性通知主要用于发布规章制度和其他重要文件。

（1）标题。这类通知的标题一般使用完全式标题，由"发文机关名称+关于印发（发布、颁布）+被印发的文件名称+通知"构成。如果被发布的是法规性文件，应加上书名号，把发布的法规性文件作为附件处理。

（2）正文。依次写清被发布的规章制度名称、发布的目的、执行的要求和实施的日期即可，篇幅一般很简短。有的通知还需要简要说明被发布规章制度的适用范围和执行过程中的有关事宜。

扫码看视频

公文落款和用印规范

（二）批转、转发性通知

批转、转发性通知用于批转下级机关的公文，转发上级机关、平级机关和不相隶属机关的公文。被批转、转发的公文作为通知的附件。

（1）标题。批转、转发性通知的标题制作比较特殊，通常由"转发机关名称+批转或转发+被转发文件全称+通知"组成，如《××转发〈××关于××的意见〉的通知》。这类标题中会涉及两个或两个以上的文种，拟定标题时应注意以下问题：

除了发布或转发行政法规、规章性公文加书名号，标题中一般不加其他标点符号，如《国务院办公厅关于转发教育部等部门教育部直属师范大学师范生公费教育实施办法的通知》。"转发"二字之前也可不用"关于"二字，如《国务院办公厅转发国家发展改革委等部门关于加快推进城镇环境基础设施建设指导意见的通知》。

关于层层转发的通知，标题可能会形成如下形式：《××市政府办公室转发××省政府转发省××厅关于××的通知的通知的通知》，为避免重复，可采取省略中转层次直接取原文件标题的方法，即《××市政府办公室转发省××厅关于××的通知》。

（2）正文。简要写明批转（转发）的文件名称、目的和要求，这类通知称为照批照转式通知。有些批转、转发性通知除了写清楚上述内容，还扼要阐述被批转或转发公文的重要性、必要性及执行过程中的具体要求，或补充完善有关内容，这类通知称为按语式通知。

（三）指示性通知

指示性通知用于上级机关向下级机关传达领导或职能部门的指示、意见，阐述政策措施，部署工作，阐明工作的指导原则，要求下级机关办理或共同执行等。

（1）标题。一般使用完全式标题，如遇特殊情况，还可在"通知"前加"联合""紧急""补充"等字样，如《国务院办公厅关于保障近期蔬菜市场供应和价格基本稳定的紧急通知》。

（2）正文。指示性通知的正文由发文缘由、具体事项和结尾构成。

发文缘由主要阐述行文的依据、目的和意义，提高受文机关对通知事项的必要性和重要性的认识，提高受文机关执行的自觉性和积极性。

具体事项是指示性通知的主体部分，应写明指示的具体内容，并阐述执行的具体方法。具体事项多采用条款方式，应注意条与条、项与项之间的逻辑关系。

结尾部分一般用于提出希望或要求。

（四）告知性通知

告知性通知是将新近决定的有关事项告知受文机关时使用的通知，用于传达需要有关单位周知的事项。

（1）标题。一般由"发文机关名称+事由+通知"构成。

（2）正文。告知性通知的正文无固定的写法，写清告知事项的依据、目的和具体告知内容即可。

（五）会议性通知

会议性通知用于通知召开会议的有关事项。

（1）标题。一般由"发文机关名称+关于召开××会议+通知"构成。

（2）正文。会议性通知在写作上具有要素化的特点，写明会议名称、发文目的、中心议题、开会时间、开会地点、参加人员、会前准备及其他事项等。

（六）任免或聘用性通知

任免或聘用性通知是党政机关任免、聘用干部时使用的通知，也包括设立和撤销机构的通知。

（1）标题。一般为《×××关于××等职务任免的通知》。

（2）正文。写明任免事项或设立和撤销的事项即可。有的也交代任免依据、工作程序等。在行文时，一般需遵循先任后免或先设后撤的原则。

三、通知的案例分析

结构名称		案例	简析
标题		**××大学关于举办第×届文学作品征文大赛的通知**	标题规范。
主送机关		各学院学生会：	
正文	开头	为弘扬中华优秀传统文化，激发全校学生从事文学创作的热情，提高学生的语言表达能力，学校学生会和文学社共同举办××大学第×届文学作品征文大赛。现将有关事宜通知如下。	这篇通知的主送机关为"各学院学生会"，这是可以的，意在让各学院学生会再去通知本学院的学生积极投稿，这样通知的覆盖面可能更广，让更多学生知晓。在党政机关公文中，通知的主送机关应该写单位的名称或相关单位的统称。在事务文书中，通知可以发送给个人，所以这篇通知的主送对象也可以写成"各位同学"之类的。
	主体	一、参赛对象 　　××大学各年级各专业在读学生。各学院学生会组织本学院的学生积极投稿。 二、参赛要求 　　1.参赛文学作品体裁不限（小说、散文、诗歌、剧本、报告文学等均可），题材自定，要求内容活泼、健康、积极向上。 　　2.参赛作品须用中文写作，并用实名投稿。每位参赛者可提交文学作品1篇。 　　3.参赛作品必须为参赛者本人独立完成，有关作品著作权和名誉权等法律责任由作者自负。 　　4.参赛者需提交电子版稿件。电子版稿件需在首页注明学生所在学院、系、年级、专业、班级、姓名、学号、联系方式；电子邮件投稿时须在主题中注明参赛者姓名、学院、专业、班级；稿件使用Word文档，文件名为"学院-年级-姓名-作品名"。电子版稿件发送至***@***.com。 　　5.已获得过其他文学比赛奖项的作品不能参加本次比赛。	

扫码看案例

各类通知案例分析

续表

结构名称		案例	简析
正文	主体	**三、截稿时间** 20××年×月×日 **四、稿件版权** 1. 主办方对参赛作品拥有发表权、出版权，以及对细节错误或格式的修改权。 2. 参赛者对其作品的出版和发表拥有署名权。 **五、评审方法及时间安排** 征文比赛主办方将邀请相关专家对参赛作品进行评选，将于20××年×月在××公众号公布评选结果并进行表彰。本次大赛设一、二、三等奖和优秀奖（名额根据参赛作品数量决定）。对所有获奖者颁发获奖证书、奖品，并赠送获奖作品集。	这篇征文比赛的通知，要素俱全，各部分格式规范。
结尾		其他未尽事宜另行通知，活动最终解释权归主办方。	结尾得当。
落款		××大学学生会 ××大学文学社 ×年×月×日	署名署时，参照《党政机关公文格式》执行。

【通知模板】

××关于××的通知

主送机关：

　　开头：为了×××，根据×××，现将相关事宜通知如下。

　　（第一段写明发文缘由，主要阐述行文的依据、目的和意义。指示性通知开头部分的常用写法：1. 目的+过渡句；2. 现状+目的+过渡句；3. 现状+不足+目的+过渡句；4. 名词解释+现状+不足+目的+过渡句；5. 依据+目的+过渡句；6. 依据+现状+目的+过渡句；7. 定性+依据+目的+过渡句；8. 定性+目的+过渡句。）

　　主体：

　　一、××××××

　　1. ××××××

　　2. ××××××

　　二、××××××

　　1. ××××××

　　2. ××××××

（主体部分，写明通知的具体事项。具体事项多采用条款方式，应注意条与条、项与项之间的逻辑关系。）

结尾：××××××

（不同类型的通知，结尾的写法不同。如果是告知性通知，可以使用"特此通知"结尾。如果是指示性通知，可提出希望或要求。）

附件：××××

（如有附件，需在正文下空一行注明附件名称。）

发文机关（盖章）

×年×月×日

写作任务

1. 20××年国庆节放假在即，放假时间为10月1日—7日，9月30日上班、上课（按周四上课），10月8日上班、上课（按周五上课）。请你以学校校长办公室的名义，拟写一份面向全校的国庆节放假通知。要求格式规范、要素俱全。

2. 学校党委将于近期召集各院系党组织负责人召开学习宣传贯彻党的二十大精神的经验交流会，会议将总结前段时间的学习情况，讨论深入推进学习活动的实施方案。在通知中，需要求各院系党组织准备发言。请你以学校党委办公室的名义撰写一份会议通知。

3. 假设你是××大学学生会的成员，请你以学生会的名义撰写一篇关于举办××学校第×届文化艺术节的通知。该艺术节旨在促进校园文化交流，提高同学们的人文艺术修养。活动将包括画展、音乐会、戏剧表演和诗歌朗诵等多个模块。请结合这些信息，撰写一篇活动通知。

写作任务二　撰写活动新闻

任务引入

在上一任务中，我们介绍了如何撰写××大学第×届文学作品征文大赛活动的通知。活动结束后，需要对此次征文的赛事情况进行宣传报道。你作为学生会宣传部的一名成员，需要拟写一篇新闻稿，并在学生会的微信公众号上发布。

通过学习本节，我们要了解新闻的含义、特点、新闻要素和新闻文章结构，掌握新闻稿的写法，助力宣传工作。

知识串讲

一、新闻的含义和特点

（一）新闻的含义

新闻，是迅速及时地报道国内外新近发生或正在发生、有报道价值、群众最关心的事件的一种文体。它是社会的镜子，通过文字、图片、音频和视频等多种形式，传播世界各地发生的重要事件和观点。新闻不仅报道事实，还传递社会的价值观、道德观和人们的思想情感。

新闻有广义和狭义之分。广义的新闻，是指报纸、电台、电视台、互联网等媒体上经常使用的记录与传播信息的一种文体，主要包括消息、通讯、特写、新闻评论、新闻图片等。狭义的新闻专指消息。

（二）新闻的特点

1. 真实性

真实性是新闻的"生命线"。新闻报道必须基于事实，确保信息的准确无误。新闻工作者需要通过采访、调查等方式获取第一手资料，避免夸大、歪曲事实，保证信息的真实性。

2. 时效性

新闻的价值往往与其报道的时间紧密相关。随着时间的推移，新闻的价值会逐渐降低。

3. 公开性

新闻是公开的，是面向公众的信息传播。它不受特定个体或团体的限制，而是广泛传播，使更多的人了解和理解社会现象和事件。

4. 社会性

新闻涉及社会的各个领域和层面，是社会生活的反映。它关注人们的生存状态、社会问题、政策法规等，对人们的生活产生深远影响。

5. 多样性

新闻的形式和内容多样，包括文字报道、图片新闻、音频新闻、视频新闻等多种类型。新闻的内容涵盖了政治、经济、文化、体育、科技等各个领域。

二、新闻的要素和结构

（一）新闻六要素

新闻要素是构成新闻的基本组成部分，新闻六要素共同构成了一个完整、清晰的新闻报道。一般来说，新闻六要素包括谁（Who）、何时（When）、何地（Where）、何事（What）、为何（Why）、过程如何（How），即"5W+1H"。撰写一般性的消息，导语部分建议包括六要素，有利于读者迅速把握新闻的主要内容，提高阅读的效率。

（二）新闻的基本结构

新闻的基本结构有很多种，常用结构有以下三种。

（1）倒金字塔结构。这是以事实的重要程度或受众关心程度依次递减的次序来安排段落，把最重要的内容写在前面，把次要的内容写在后面。这种结构的优点：新闻六要素集中呈现；便于快速排版、压缩篇幅；便于尽快呈现重要信息；可以较快吸引受众的关注。缺点：写作模式化，缺少新意；标题、导语、主体的内容容易重复；重点在前面，显得虎头蛇尾。

（2）金字塔结构。也叫时间顺序结构，按照时间顺序来安排材料，事实如何发生就如何写。这种结构的优点：构思方便，容易下笔；行文流畅，脉络清晰；娓娓道来，故事性强。缺点：篇幅较长，容易写成流水账；开头平淡，不容易吸引人；不容易凸显重点和亮点。

（3）平行结构。也叫并列结构，是对同一个主题从不同的侧面来反映，有利于读者从多角度来了解新闻事实。这种结构的优点：比较适合多主题的内容；便于呈现并列、递进等逻辑关系。缺点：篇幅可能较长；主次关系不易处理。

三、新闻的写法

一则新闻一般由标题、导语、主体、背景材料和结尾等部分组成。

（1）标题。新闻标题是对新闻内容的高度概括。各大纸质媒体采用的新闻标题类型多样，有正题、引题和副题等，而网络媒体以单标题居多。采用单标题还是双标题，可根据发布新闻的载体来决定。例如，目前发布在校园网、微信公众平台上的校园新闻，多采用单标题形式。

（2）导语。导语是开头的第一句话或者第一段话，用最简明的语言将最重要、最核心的事实概括地反映出来，给读者以强烈的印象，并吸引读者读完全文。常见的导语类型有概述式导语、评论式导语、描写式导语、结论式导语、对比式导语等。

（3）主体。这部分是新闻的主干部分，用于对导语进一步深化和解释，可以补充导语没有涉及的新闻事实。主体部分的内容要充实，事实要典型，材料取舍要得当。

（4）背景材料。主要用来交代新闻人物、活动背景，以及历史情况等，帮助烘托和深化主题，丰富报道内容，加深读者的理解。背景材料包括说明性、对比性、注释性背景材料等。恰当使用背景材料可增强新闻的知识性和趣味性。不是每一则新闻都需要写背景材料，背景材料在新闻中的位置也比较灵活。

（5）结尾。结尾部分不是新闻必需的内容。可采用自然结尾、概括结尾、议论结尾、背景结尾等形式。校园新闻的结尾一般用来阐述活动的意义和效果。

另外，新媒体新闻还可以有附加信息，包含新闻来源、相关链接等。

扫码看视频

新闻的案例分析

四、新闻的案例分析

结构名称	案例	简析
标题	**××大学第×届文学作品征文大赛颁奖典礼顺利举行**	标题规范。
导语	20××年×月×日，由校学生会和文学社共同举办的××大学第×届文学作品征文大赛颁奖典礼在××大学××报告厅举行。教务处处长×××、校团委书记×××和大赛评审组委员等嘉宾出席颁奖典礼。颁奖典礼由×××主持。	导语包括新闻六要素。

续表

结构名称	案例	简析
主体	本届征文大赛自启动以来，全校同学积极参与，共收到参赛作品×篇，经大赛评审组专家评阅，共评出一等奖×名、二等奖×名、三等奖×名、优秀奖×名。评审组长×××对参赛作品进行了点评。 　　×××表示……（概括陈述评审专家的点评要点）。 　　×××宣读获奖者名单，出席颁奖典礼的领导和嘉宾为获奖学生颁奖。 　　获奖代表×××发言，他认为……（略）	主体部分按照时间顺序陈述征文大赛的组织和评审情况。对相关人员的发言采用了概括式写法。
背景材料	据悉，文学作品征文大赛已举办了×届，今年的特点是……（在这部分可以交代相关背景材料，如征文大赛的历史、以后的规划等。）	这则新闻的结尾是背景材料，用于提供更多的新闻背景信息。
署名	（供稿人：×××）	注明供稿人姓名。

　　这是一篇常见的校园活动新闻，注明了供稿人信息，这相当于通讯员。目前，在一些微信公众号上发布的校园新闻，一般注明了文字来源、图片来源和责任编辑等，这是规范的做法。

【新闻模板】

新闻标题

一、导语

某人某时在某地由于某种原因做了某事，出现了某种结果。（以简练生动的语言概括新闻主要内容，可用包括新闻六要素的一段话来概括新闻事实。）

二、主体

（展开说明，建议按先主要后次要的顺序书写。）

（一）会议新闻

会议指出，×××××。

会议强调，×××××。

××认为，×××××。

（部门、领导、会议名称等重要信息不得有误。概述相关领导的讲话即可。）

（二）活动新闻

活动过程：简要描述，建议图文结合，在图片下方注明图片名称。

活动效果：可用参与者的话来表达活动效果，撰写者不作主观评价。

三、结尾

××××××××××。

（可以号召、分析、展望等。结尾部分还可提供更多的背景材料。）

（供稿人：×××）

写作任务

1. 你所在的学校正在举行运动会，请你对运动会的相关项目比赛撰写一篇新闻稿，要选准新闻"镜头"，图文并茂地进行报道。

2. 你所在的团支部举办了一场党的二十大报告学习活动，请就学习活动撰写一篇新闻稿。

3. 请以"大学生社会实践活动：职业体验"为主题，撰写一篇新闻报道，报道你所在学校在暑期开展的社会实践活动。要求：（1）简要介绍活动的背景和目的；（2）详细描述活动的内容和过程，包括学生们的具体行动和所取得的成果；（3）引用学生、教师或活动组织者的观点和感受，反映活动的意义和价值；（4）结合社会现实，分析活动对于大学生成长和社会发展的积极影响。

沟通任务一　团队沟通交流

任务引入

学生社团给大学生提供了人际沟通、团队沟通的平台。在社团工作中，我们可以学会与人相处，提高不同学生团队内部和团队之间的沟通意识和沟通能力。

在团队内部的沟通中，不同的人有不同的兴趣和价值取向，即使是同一个兴趣类社团的成员，在价值判断、思想观点等方面也存在差异，要想共事，就需要加强团队成员之间的沟通与合作。例如，社团活动的主题、内容、形式、安排等，都需要成员之间通过沟通来达成共识。

通过学习本节，我们要了解团队协作能力的重要性，增强团队沟通与合作的意识；在与团队成员沟通时，还需提升自己说服队友的能力，从而更好地完成团队工作。

知识串讲

团队沟通是团队成员为了实现共同的目标，明确各自职责、分工协作、相互交流与解决问题的交流过程。根据权力、岗位级别与承担的任务，团队沟通的参与者可分为团队领导、团队核心成员和团队普通成员。作为团队成员，要想在团队中发挥应有的作用，就需要增强团队意识，增强自身的团队协作能力，有时还需要增强说服团队成员的能力。

一、增强团队意识

团队成员之间的沟通是双向或多向的互动交流，交流时，需要树立团队意识，着眼于团队的共同目标。我们可以通过以下几个方面来增强团队意识。

（一）保持谦虚，欣赏他人

天外有天，人上有人。可能我们在某个方面比其他人强，但我们更应该将自己的注意力放在他人的强项上，学会欣赏他人。因为团队中的任何一位成员，都有自己的专长，所以我们必须保持足够的谦虚。适度的谦虚并不会让我们失去自信，反而会让我们正视自己的短处，看到他人的长处，从而赢得众人的喜爱。

（二）互相包容，坦诚相待

团队成员之间要配合、合作，因此，对待团队中其他成员时一定要抱着宽容的态度，讨论问题时对事不对人，即使他人犯了错误，也要本着大家共同进步的目的去帮对方改正，而不是一味斥责。同时也要经常检查自己的缺点，如果意识到了自己的缺点，不妨将它坦诚地讲出来，承认自己的缺点，让大家共同帮助自己改进。宽容是团队合作中最好的润滑剂，它能消除分歧和矛盾，使团队成员能够互敬互重、彼此包容、和谐相处，从而安心工作，体会到合作的快乐。

（三）互相尊重，平等待人

团队有自身的组织架构，既有团队领导，也有普通成员，但在人格上人人平等，因此团队成员之间的交流要建立在相互尊重，平等待人的基础上。团队中的每一个人都有在一定的成长环境、教育环境、工作环境中逐渐形成的与他人不同的价值观，但每一个人都有被尊重的需要，而不论其资历深浅、能力强弱。尊重包括很多方面，例如尊重他人的个性和人格，尊重他人的兴趣和爱好，尊重他人的态度和意见，尊重他人的权利和义务，尊重他人的成就和发展等。

（四）增进信任，资源共享

高效团队的一个重要特征是团队成员之间相互信任。信任是合作的基石，没有信任，就没有合作。信任是一种激励，更是一种力量。团队成员在面临危机与挑战时，需要相互信任，不存私心，共同行动。资源不能独占，为了团队的利益，一定要做到资源共享，效益才能最大化。资源共享作为团队工作中不可缺少的一部分，可以很好地体现团队的凝聚力和团队的协作能力。

（五）着眼大局，共同奋斗

皮之不存，毛将焉附。团队精神不反对个性张扬，但个性必须与团队的行动一致，团队成员要有集体意识、大局观念，要考虑到整个团队的需要，并不遗余力地为整个团队的目标而努力。只有当团队成员自觉思考到团队的整体利益时，他才会在遇到让人不知所措的难题时，以让团队利益达到最大化为根本目标，义无反顾地去做，自然不会因为工作中跟相关部门的摩擦而耿耿于怀，也不会为同事之间意见的分歧而斤斤计较。对上级的决定需要保持高度的认同感，这也是大局意识的体现。

二、提高团队协作能力

当今社会，团队协作能力已成为用人单位对人才通用能力的一项指标。所谓团队协作能力，是指建立在团队的基础之上，发挥团队精神、互补互助以达到团队最大工作效率的能力。团队的成员不仅要有个人能力，更需要有在不同的岗位上各尽所能、与其他成员沟通协作的能力。

要协调合作，就离不开沟通。沟通是一个双向或多向的互动过程，要想在某些问题或意见上达成共识，使人理解，使人行动，需要加强沟通。团队沟通时，团队成员免不了进行思想交锋，这就需要增强团队意识，以团队利益为重；需要成员集思广益，达成共识。

提高团队协作能力是一个持续的过程，涉及多个方面的改进和发展。以下是一些关键策略和建议，旨在提高团队协作能力。

（1）建立团队目标和愿景。确保团队所有成员对共同的目标和愿景有清晰、一致的理解。目标应该具有明确性、可衡量性、可达成性、相关性和时效性。

（2）明确角色和责任。确保每个团队成员都清楚自己在团队中的职责和期望。分配任务时，充分考虑个人能力和兴趣，以最大化个人和团队的潜力。

（3）促进团队有效沟通。鼓励开放、诚实和尊重的沟通氛围，尊重每个团队成员的观点和贡献。定期举行团队会议，分享信息、讨论问题和解决方案。使用多种沟通工具，如电子邮件、微信群、视频会议等，以满足不同团队成员的沟通偏好。

（4）建立良好的工作关系。促进团队成员之间个人关系的良好发展，如通过社交活动、团队建设活动等，创建一个积极、包容和多元的工作环境。

（5）培养团队精神。强调团队的整体成就，而不仅仅是关注个人成就。鼓励团队成员互相支持、协作，以实现共同目标。庆祝团队的成就，增强团队凝聚力；认可团队成员的贡献，激励成员继续努力。

（6）鼓励创新和持续改进。创造一个鼓励创新和持续改进的环境，鼓励团队成员提出新想法和解决方案，以应对挑战和抓住机会。

（7）提供培训和发展机会。提供团队协作、沟通技巧和领导力等方面的培训，鼓励团队成员参加行业会议和研讨会，以拓宽视野和增加知识。

（8）定期评估和反馈。定期评估团队的协作能力，识别需要改进的方面。提供建设性的反馈，鼓励团队成员持续改进。

三、说服团队成员

在校园生活和未来职场中，有很多工作需要经常与他人沟通，甚至需要你和你的团队成员一起合作才能更好地完成工作。我们在和队友共同完成任务时，可能会因为各种原因与队友发生分歧，甚至有时候意见不合，最终可能影响团队整体意见的统一。解决分歧，就是一个说服和被说服的过程。要说服团队成员，需要掌握团队成员之间的说服方式和沟通技巧。

（一）确定目标，结伴而行

一个团队，要想发展快、走得远，就得结伴而行。如何让团队成员结伴而行呢？答案很简单，就是让团队拥有共同的目标或价值追求，并专注于这个共同目标。在职场上，很多工作都需要一个团队拧成一股绳，群策群力，一起贡献智慧和力量。大家向着同一个目标去努力，只有这样才能更好地把工作做好。

（二）持续沟通，凝聚共识

为了实现某个共同目标组建起来的团队，要想持续发展，就需要持续的沟通。持续沟通能力是团队成员能够更好地发扬团队精神的最重要的能力。团队成员唯有秉持协商和对话的精神，有方法、有层次地跟队友探讨问题、发表意见、汇集经验和知识，才能凝聚共识，形成团队默契，激发团队潜力。

（三）沟通协商，共同行动

在沟通时，要讲究一定的说话方式，体现沟通与协商的态度，团队成员才能乐意接受，并采取共同行动。下面列出沟通时一些重要的语句，多使用这些语句，能让我们的团队意识明显增强。

> 常说一个字：您。
>
> 使用两个字：我们。
>
> 不忘三个字：谢谢您！
>
> 建议四个字：不妨试试！
>
> 动员五个字：咱们一起干！
>
> 询问六个字：您的看法如何？
>
> 赞扬七个字：您干了一件好事！
>
> 敢说八个字：我承认我犯过错误！

除了这些常用语句，在沟通协商时，多说"您怎么看待这个问题""接下来，我们该怎么做比较合适""现在做了这些，我们如何在此基础上继续……"这些带有商量语气的话，会使成员之间沟通的效果更好。

沟通任务

1. 你所在班级正在组织全班同学设计"班徽"，如果由你来组织完成此项工作，为了尽快达成共识，你将如何与同学们进行沟通？

2. 假如你正在策划组建一支由10名同学组成的社会实践队，你打算如何动员并说服相关同学参加实践队？

沟通任务二　掌握沟通礼仪

任务引入

　　公元前521年春，孔子得知他的学生宫敬叔奉鲁国国君之命，要前往周朝京都洛阳去朝拜天子，觉得这是个向周朝守藏史老子请教"礼制"学识的好机会，于是征得鲁昭公的同意后，与宫敬叔同行。到达京都的第二天，孔子便徒步前往守藏史府拜望老子。正在书写《道德经》的老子听说誉满天下的孔丘前来求教，赶忙放下手中刀笔，整顿衣冠出迎。孔子见大门里出来一位年逾古稀、精神矍铄的老人，料想便是老子，急趋向前，恭恭敬敬地向老子行了弟子礼。进入大厅后，孔子再拜后才坐下来。老子问孔子为何事而来，孔子离座回答："我学识浅薄，对古代的'礼制'一无所知，特地向老师请教。"老子见孔子这样诚恳，便详细地抒发了自己的见解。

　　通过学习本节，我们要增强对礼仪的认识，了解个人礼仪包括的主要内容，并掌握人际沟通中的基本礼仪规范。

知识串讲

一、礼仪概说

（一）礼仪的含义

　　礼仪，是指人们在社交活动中所遵循的行为规范与准则，体现了个人修养、社会风尚和民族传统。礼仪不仅关乎个人形象和气质，更是一个国家、一个民族文化底蕴的体现。中国是礼仪之邦，礼仪文化历史悠久。

（二）礼貌、礼节和礼仪

　　人际沟通，礼貌当先。在人际沟通中，我们要知书达礼，做一个懂礼仪、彬彬有礼的人。当然，这里的"礼"不仅仅是礼仪。与"礼"相关的常用概念有礼貌、礼节、礼仪等。

　　礼貌，是指在人际沟通中通过语言、动作向沟通对象所表示的谦虚和恭敬。它侧重于表现人的品质与素养，这是做人的一种基本要求。

　　礼节，通常是指人们在交际场合相互表示尊重、友好的惯用形式，是礼貌的具体表现方式。

　　礼仪，是对礼节、仪式的统称，是指在社会交往中自始至终地以一定、约定俗成的程序和方式来表现的律己、敬人的具体行为。

　　可以说，礼貌是礼仪的基础，礼节则是礼仪的基本组成部分。礼仪是人际交往中很有效的沟通技巧。

（三）礼仪的作用

　　礼仪在沟通中发挥着重要的作用。

（1）塑造个人形象。得体的礼仪能够展现个人的修养与素质，提升个人魅力。

（2）促进社会和谐。良好的礼仪习惯有助于建立良好的人际关系，促进社会和谐稳定。

（3）传承民族文化。礼仪是民族文化的重要组成部分，通过礼仪的传承，可以弘扬民族文化，增强民族认同感。

扫码看资料

礼仪常识

在现代社会，礼仪体现着一个人对他人和社会的认知水平、尊重程度，是一个人学识、修养和价值的外在表现。礼仪的内涵十分丰富。随着社会的发展和进步，礼仪也在不断地发展和变化。我们应关注礼仪的最新动态和发展趋势，不断学习和掌握新的礼仪知识，以适应时代的需求和发展。下面介绍一些基本的礼仪规范，其他的礼仪常识可扫码阅读。

二、个人礼仪

首因效应

首因效应是由美国心理学家洛钦斯（A. S. Lochins）首先提出的，又叫首次效应、优先效应或第一印象效应，是指交往双方形成的第一次印象对今后交往关系的影响，也即是"先入为主"带来的交际效果。虽然这些第一印象并非总是正确的，但却是最鲜明、最牢固的，并且决定着以后双方交往的进程。如果一个人在初次见面时给人留下良好的印象，那么人们就愿意和他接近，彼此也能较快地取得相互了解，并会影响人们对他以后一系列行为和表现的解释。反之，对于一个初次见面就引起对方反感的人，即使由于各种原因难以避免与他接触，人们也会对他很冷淡，在极端的情况下，甚至会在心理上和实际行为中与他产生对抗。

人与人在第一次交往时都会给对方留下印象，这就是所谓的第一印象。第一印象主要是根据沟通对象的表情、姿态、身体、仪表和着装等形成的印象。我们创造的每一个印象都有可能成为永远的深刻印象，没有第二次机会去重新创造第一印象。

在现实生活中，人们常常依据先入为主的第一印象来决定自己第二次以至接下来的交往行为。初次交往，至多在 7 秒之内，交往的双方已开始留下彼此的印象，并下意识地为接下来的沟通定下方向。那么，我们该从哪里入手，打造出自己给人的良好第一印象呢？可以从个人礼仪开始。

（一）仪容仪表

仪容仪表是指一个人的外貌、容貌及整体形象，包括面部、发型、穿着、体态等多个方面。

（1）面部清洁与修饰。保持面部清洁，经常修剪胡须、鼻毛等，保持整洁的面部形象。同时，适当地化妆和修饰也是必要的，如使用合适的粉底液、口红等，可以使人看起来更加精神和自信。

（2）发型选择与维护。发型是仪容仪表中非常重要的一部分，应根据个人的脸型、气质和场合选择合适的发型，并保持头发的清洁和整齐。勤洗头，确保头发不粘连、不板结，无发屑、无汗馊气味。在出门前、换装后、摘帽后要有意识地梳理头发，但不宜当众梳理。

（3）穿着打扮得体。穿着打扮是仪容仪表中最为重要的部分，应根据场合、气温、个人身材等因素选择合适的服装和配饰。在正式场合，应穿着正式、得体的服装，避免过于花哨或暴露的款式。在休闲场合，可以选择轻松、舒适的服装，但也要注意不要过于随意或不得体。

（4）体态与姿势。体态和姿势也是仪容仪表中不可忽视的一部分。应保持优雅的姿势，避免驼背、耸肩或斜眼等不良姿势。同时，也要注意自己的行走、坐姿和站姿，保持自然、大方、自信的姿态。

仪容通常是指人的外观、外貌，通过容貌散发出来的气质则需要内在美。我们要通过努力学习，不断提高自身的文化素养和思想道德水准，培养出自己高雅的气质与美好的心灵，使自己秀外慧中、表里如一。

（二）言行举止

风度不是装出来的

一个40多岁的女人领着她的儿子走进某著名企业总部大厦楼下的花园，并在一张长椅上坐下来吃东西。

不一会儿女人往地上扔了一片废纸屑，不远处有个老人在修剪花木，他什么话也没有说，走过去捡起那片纸屑，把它扔进了一旁的垃圾箱里。

过了一会儿，女人又扔了一些。老人再次走过去把那些纸屑捡起扔到了垃圾箱里……就这样，老人一连捡了三次。

女人指着老人，向儿子说："看见了吧，你如果现在不好好上学，将来就跟他一样没出息，只能做这些卑微低贱的工作！"

老人听见后放下剪刀过来说："你好，这里是集团的私家花园，你是怎么进来的？"中年女人高傲地说："我是刚上任的部门经理。"

这时一名男子匆匆走过来，恭恭敬敬地站在老人面前。

对老人说："总裁，会议马上就要开始了。"老人说："我现在提议免去这位女士的职务！""是，我立刻按您的指示去办！"那人连声应道。

老人吩咐完后径直朝小男孩走去，他伸手抚摸了一下男孩的头，意味深长地说："我希望你明白，在这世界上最重要的是要学会尊重每一个人和每个人的劳动成果……"

中年女人惊呆了，瘫坐在长椅上。她如果知道是总裁就一定不会做这无理的事。

可是她做了，只不过是在园丁身份的总裁面前做的。为什么？是因为身份的高低？

尊重每个人，不以身份而区分：这是你的风度，风度是装不出来的，总会暴露出你真实的一面。

财富不是一辈子的朋友，学会尊重才是一辈子的财富。只有这样才是人生的最高境界。

一个人的言行举止是其品性素养的表现。 文明的言行、端庄的举止，体现在日常沟通的方方面面。公共场合大声喧哗，当众挖鼻孔、掏耳朵、搔痒、嚼口香糖、随地吐痰等行为都是不文明、不文雅的。可以说，举手投足间彰显着一个人的修养和礼仪素养。

在沟通交流中，我们需注意以下行为举止的礼仪。

（1）就座的顺序。跟他人一起入座时，一般应该等别人坐下后再坐。特别是有尊者在场时，一定要等到尊者入座后再坐下，并且一般不坐满整个座位，落座与离席尽量不弄出声响。

扫码看资料

员工礼仪
规范细则

（2）上身的姿势。头部端正、上身挺直，目视沟通对象。上身勿靠座位靠背，否则会给人以拒之千里之外的感觉，而上身太前倾或左歪右斜也不雅，稍稍倾向交谈对象即可。双手一般掌心向下，放在大腿上。双手放在屁股下或夹在大腿中间都是不雅观的姿态。

（3）双腿的姿势。双腿并拢，一条腿紧靠着另一条腿，双膝并拢，这是优雅的坐姿，既节制又端庄，表现出礼貌、顺从，而且有利于随时站起来向对方致敬，这种坐姿会显得拘谨，所以男士两腿可以稍稍张开，但不要宽过双肩，女士双腿要并拢。双腿交叉是一种无拘无束、不拘小节的姿势，带有非正式的性质。切忌高跷二郎腿，也不能反复抖腿。

（4）站立的姿势。抬头、平视、正颈、舒肩、挺胸、收腹、提臀、腿直、脚与肩齐。

（5）行走的姿势。抬头、挺胸、闭口、双目前视、步履稳重、精神饱满、仪态端详、不东张西望、不吃东西、不嬉戏、不勾肩搭背。多人同行，前面和右面为尊。

三、社交礼仪

个人礼仪主要是社会个体的生活行为规范与待人处世的准则，在人际沟通中，还需要与他人进行社交互动，所以还需注意社交礼仪。

（一）见面时的礼仪

1. 握手礼

在各种场合轻松自如地与陌生人握手，是每个人都应该学会的一种礼节。

一般在见面、道别、感谢、祝贺、慰问等情况下都是用握手礼。

握手礼的要领：右臂自然向前伸出，大臂与身体呈五六十度的角度；手掌朝左，掌心微向下，拇指与掌分开并前指，其余四指并拢微向内曲；以手指稍稍用力握对方的手掌，手掌应与地面垂直；双目注视对方，面带微笑，上身略微前倾，头微低。握手时应注意以下几点。

（1）伸手的先后。迎客时，主人先伸手，客人再伸手；告辞时则客人先伸手；上下级、长幼之间，上级、长辈先伸手；下级、晚辈先问候，然后趋前握手，态度要谦敬。如果上下级之间是主宾关系，而下级是主人，则不受此限。男女之间，女士先伸手，如果女士无握手之意，男士点头致意即可。若一个人与许多人握手，最有礼节的顺序是先上级后下级，先长辈后晚辈，先主人后客人，先女士后男士。祝贺、安慰、谅解对方应主动伸手。朋友间握手也应争取主动。同级、平辈见面时双方伸手不分先后。

（2）握手力度。初识应轻，熟人用力可稍大，以示亲切和尊重。

（3）握手时间。以3秒左右为宜，但老友重逢或会见嘉宾，握手时间可稍长。男士与女士握手，用力更轻些，一般应握女士的手指，长久握异性的手是不礼貌的。

（4）握手三忌。一忌男士戴帽子（军人除外）、戴手套同其他人握手；二忌握手时目光他顾；三忌坐着与人握手。

2. 招手礼

招手礼是人们在迎送、路遇时常见的一种社交行为。

招手礼的要领：右手臂向上举起，手掌稍微超过头部，掌心向外，五指微微并拢。上身微微向前，呈自然状态。距离适宜时，可辅以"您好""再见"等问候语、告别语。

（1）远距离招呼对方，右臂应伸直过头，掌心朝向对方，轻轻摆动几下，同时以目光示意，被招呼者依样相答。

（2）送别时，右手应高举过头，掌心向前，左右摇动，配以目光，答礼者手势相同。

（3）老友相遇且与对方有段距离，右手应举过肩，但不过头，掌心朝向对方，面带微笑，以目光示意。

3. 点头礼

熟人见面，常用"点头致意"的方式打招呼，是常用的一种礼节。

点头礼的运用场景有以下几个。

（1）常用于同级或同辈之间。例如，在见面问候或握手的同时，要点头致意；在路上相遇，又未戴帽，则不妨边行走边点头致意。

（2）对于在同一场合已多次见面的相识者或有一面之交的朋友等，也可用点头微笑致意，俗谓"点头之交"。

（3）长辈、上级、客人对晚辈、下级、服务员的鞠躬等礼的回礼，也可用点头微笑致意。

（4）旅游服务接待人员遇到宾客，既不可视而不见，毫无反应，也不必逐一鞠躬问候，以免宾客逐一还礼，应接不暇，所以一般只需微笑点头致意即可。

4. 鞠躬礼

鞠躬礼是表示对他人敬重的礼节，适用于下级对上级、晚辈对长辈、服务员对客人及同级之间。

鞠躬礼的要领：立正，面带微笑，目光注视受礼者。鞠躬时，以腰部为轴，上身向前弯，同时问候。不同场合，鞠躬的幅度是不同的。一般来说，表示谢意时弯15°；表示歉意弯30°；表示悔过、谢罪、追悼等弯90°。行此礼要注意：戴帽者要脱帽，用右手拿着；鞠躬时目光下看，礼节完毕双目注视对方。

演讲者上台演讲或演讲结束后，为了对观众的支持表示感谢，常以鞠躬致谢。开场前的鞠躬幅度可小一点，谢幕的鞠躬幅度可大一点。参加悼念活动，向遗体告别、赠送花圈、祭奠逝者等，都要向遗像、遗体和骨灰盒行深深的鞠躬礼。

5. 拱手礼

拱手礼，又称作揖，是古代汉民族的相见礼，现在已不常用。在团拜活动、宴会、晚会见面或亲朋好友相聚时，彼此祝贺、问候时可使用这一礼节。

拱手礼的要领：双腿站直，上身直立或略微前倾，左手在前、右手握拳在后，两手合抱于胸前，有节奏地晃动两三下，并微笑着问候。拱手礼男女有别。标准的男子姿势是右手成拳，左手包住，因为右手是攻击手，包住以示善意；女子则相反，但不抱拳，只压手。

6. 拥抱礼

拥抱礼主要是欧美各国熟人、朋友之间表示亲密感情的一种礼节，也是一种外交礼节。见面或告别时互相拥抱，表示亲密无间、感情深厚。

拥抱礼的要领：两人相对而立，右臂偏上，左臂偏下，右手搭在对方的左肩后面，左手扶着对方的右后腰，按各自的方位，两人头部及上身都先向左相互拥抱，再向右相互拥抱，最后再向左拥抱，礼毕。

拥抱礼的适用范围较小。在欧美国家的商务交流中，第一次见面多行握手礼，第二次见面时可能使用拥抱礼。在我国，除了外事活动，普通的社交场合一般不拥抱。涉外交往中应注意尊重对方的民族传统和风俗习惯。

7. 亲吻礼

亲吻礼是以唇或面颊接触他人以致意的礼节，这主要是欧美国家的习俗。上级对下级、长辈对晚辈、朋友间或夫妇间行亲吻礼，表示亲昵、爱抚。

亲吻礼的要领：视不同的对象采用亲额头、贴面颊、接吻、吻脸、吻手背等形式。在公共场合见面时，为了表示亲近，妇女之间可以亲脸，男子之间一般抱肩拥抱，男女之间可以贴脸颊，长辈可以亲晚辈的脸或额头，男子对尊敬的女宾则只吻其手背等。

在我国传统礼节中，没有亲吻、拥抱的习惯。如遇外宾亲吻致礼时，可主动伸出右手行握手礼。对国外宾客、外籍华人中的长者，出于对我们工作的尊重而吻手背等，我们应落落大方以礼相待。

（二）行进中的礼仪

1. 遵守交通规则

在道路上行走时，要选择走人行道。若没有明显的人行道，则要尽量靠路边行走。不论行人还是车辆，在道路上一律靠右侧行进。根据红绿灯指示过马路，不横穿马路、不跨越隔离护栏，自觉服从交警的指挥和管理。

2. 明确行进方位

单行行走时，通常以前排为上。当与领导、长辈、贵宾一起单行行走时，应自觉地随行其后。唯有当对方初次到访时，方可在前方为其引导带路。

并排行走时，两人并行，以右为尊。三人及以上并排行走，中间为上。

出入房间时，进门前须敲门，这是除在商业和服务行业营业房间的门之外必须做到的。

开关门须轻缓，与长辈或女士一同进门，如果门朝外开，打开后应请他们先进；如果门朝里开，自己应先进去，开门后扶住门再请长辈或女士进门。

上下楼梯时，包括乘坐自动扶梯时，按"单行右行"行进或站位，即不能并行。下楼梯，为了安全，应主动行走在前。

进出升降式电梯时，陪同他人一同乘电梯时，若无人控制，则陪同者通常先进后出，以便操控电梯；若有人控制，则应后进后出。

乘坐四座小轿车时，司机侧后为上座，司机后为中座（客右主左），司机旁为陪员座。如果同行者有长辈或女士，应先打开右边后排车门，待其上车后关门，自己再从车后绕到左边上车。进坐小车，应先将一只脚伸进车里，侧身坐在车座上，然后把另一只脚收好。

沟通任务

1. 请谈谈如何才能给别人留下良好的第一印象。

2. 握手礼训练。请几组同学上台进行握手练习，练习时，注意握手部位和握手力度，同时运用好目光语。

3. 社交礼仪训练。假设你受邀参加一个正式的晚宴活动，该活动是一个商业协会组织的年度盛会，邀请了业界的精英。晚宴将在一家五星级酒店的宴会厅举行，预计有200多位来宾。你作为一名年轻的职业人士，希望借此机会展现自己的职业素养和社交能力。

训练任务：（1）请你准备一套得体的晚宴着装，并解释选择这套着装的理由。（2）在晚宴开始前，你需要在门口迎接一些来宾。请你设计一个合适的问候语，并说明为什么要使用这样的问候语。（3）在晚宴期间，你发现一位来宾的酒杯空了，而服务生正忙于其他事务。你会如何礼貌地帮助这位来宾？（4）晚宴结束时，你如何得体地与主人和其他来宾告别？

思考与练习

1. 通知可分为哪些种类，不同种类的通知在写法上有何不同？

2. 请搜索3篇本校的校园新闻和3篇主流媒体的教育类新闻，观察它们在写法上的异同，并进行评价。

3. 在班级或社团工作中，你经常充当活动的组织者还是参与者？请举例说明团队沟通能力在集体工作中的重要性。

4. 在校园道路上偶遇本专业教师，你将如何向老师打招呼？

扫码做练习

项目三试题

项目四 举办一次会议

【项目导入】

在校期间，同学们会参加各种会议，有时也会作为学生志愿者参与会议的组织工作。要举办一次大中型会议，会议筹备组需要进行多方准备，以保障会议的顺利召开。假如你所在的学校将要举办一次党的二十大精神进课堂的教学研讨会，由你来承担会务的组织工作。你该如何组织？

本项目涉及举办会议所需的一些写作任务和沟通任务。本项目将讲述会议文书的写作，如会议日程、会议记录、纪要等，讲解主持会议的一些方法，以及如何在会议上进行即兴发言。学习本项目后，我们需要做到以下几点：

（1）掌握相关会议文书的写法；

（2）掌握会议主持的通用技巧；

（3）掌握即兴发言的常用模式。

写作任务一　　撰写会议文书

任务引入

　　××大学××学院第×次团员代表大会将于20××年×月×日召开，召开团员代表大会的请示已获上级团组织批复，现在需要筹备具体的会务工作。学院团委指派小王来筹备会议，并负责会议相关文书的起草工作，以便会议顺利召开。

　　小王需要准备相关表格等材料，设计一份会议日程安排表，撰写会议主持词、开幕词和闭幕词等。

　　通过学习本节，我们要了解会议相关文书的特点，掌握不同会议文书的撰写方法，确保会议材料准备充分。

知识串讲

　　召开会议，是各级各类机关、社会团体、企事业单位经常性的活动之一。会议文书是保障会议如期举行、成功举办的书面材料。

一、准备会务材料

（一）准备相关表格等材料

　　（1）拟定会议方案。召开会议之前，需要拟定会议方案，供相关领导审阅。会议方案包括多方面的内容，如会议主题、时间、地点、规模、拟邀请的领导或专家、会议初步流程，以及会议场地的选择和设计（圆桌会议、课桌式会议、剧场式会议，是否搭建主席台等）。起草会议方案时，可以提供两三套方案，供领导定夺。

　　（2）完成会议审批。如果相关会议需要审批后方可召开，则需按要求填写会议审批表，逐级履行审批程序。如有经费支出，还需填写经费预算表，供有关部门及领导审批。

　　（3）准备会务资料。会议申请获批后，成立会务组，商定会务分工，准备各类会务资料。在会议材料方面，需编制并印刷会议文件资料。如果会议规模较大，在条件具备的前提下，可将参会人员的资料按每人一次准备好，注意区分参会人员的角色（如参会领导、嘉宾、普通人员），资料可按照人员角色分别准备。会议资料较多时，需要按照会议议程将会议资料按次序排放，最好装订成册，编好页码，方便参会人员阅读。根据需要准备会议前期宣传材料、主持词、讲话稿、座次表、桌签等。其他物资的准备包括会议手提袋、会议手册、笔、记录本、参会证（代表证）、背景板、易拉宝等。

　　（4）会议前期宣传。会议召开前的宣传材料主要是为了营造良好的会议氛围。不同的会议，前期宣传的方式和力度不同。如果是内部会议，可以制发会议通知、发布会议预告等；如果是外部会议，可以寻求外部媒体进行宣传，有的还可以寻求赞助商进行冠名。

（二）制作会议日程安排

根据会议的时长，合理安排会议日程（议程）。制作会议日程安排的前提是确认每个环节的所需时长。如果会议议程较少，可以采用按顺序分条列项式的写法；如果会议议程较多、时长较长，可以采用分时段进行安排，多以表格形式呈现。对于时长较长的会议，会议中间可以安排休息时间（茶歇）。如果是一天及以上的会议，还需要确认是否需安排食宿。

【会议议程模板】

××会议议程

时间：20××年×月×日（周×）上午9：00

地点：××大学××楼××会议室

主持人：×××

一、介绍出席会议的领导、嘉宾

二、×××致开幕词

三、×××向大会致贺词

四、×××（领导）讲话

五、×××、×××作大会报告

六、×××致闭幕词

主办单位：×××

20××年×月×日

【研讨会日程模板】

××研讨会日程

时间		活动内容	活动地点
7月6日（周六）	14：00—18：00	会议注册、报到	××酒店大厅
	18：00—20：00	晚餐	××酒店××餐厅
7月7日（周日）	8：30—9：00	××研讨会开幕式	××大学××报告厅
	9：00—10：30	大会主题报告	××大学××报告厅
	10：30—10：45	茶歇	××大学××报告厅走廊
	10：45—12：00	大会主题报告	××大学××报告厅
	12：00—13：00	午餐（工作餐）	××大学××餐厅
	14：00—15：30	分组讨论	××大学××会议室（1组） ××大学××会议室（2组） ××大学××会议室（3组）
	15：30—15：50	茶歇	会议室走廊
	15：50—17：20	分组讨论	××大学××会议室（1组） ××大学××会议室（2组） ××大学××会议室（3组）
	17：30—18：00	闭幕式	××大学××报告厅
	18：30	离会	

二、撰写会议发言类材料

（一）主持词的写作

1. 主持词的含义

主持词是主持人在主持活动或会议时，用于引导、串联和控制活动的进程，向参会人员传达活动主题、议程、要求等信息的讲话。它既是主持人进行活动组织、协调和控制的重要工具，也是主持人同参会人员沟通、交流、互动的重要桥梁。大中型会议一般需要拟定主持词，小型会议可以由主持人即席主持。

2. 主持词的写法

主持词是会议的串场词，一般不对外公开。主持词虽然不是一篇完整的发言稿，但是也有其自身的构成要素。主持词一般由标题、称谓、正文和结束语等部分组成。

（1）标题。标题可用"会议名称+主持词"，也可直接用"主持词"。

（2）称谓。主持词的称谓需根据主持人与参会人员之间的关系来确定。根据会议的性质和出席会议的人员来使用称谓，一般用泛称，如"尊敬的各位老师、亲爱的同学们""各位代表、各位来宾"等。如果是党的会议，就用"同志们"三字；如果是国际会议，要按国际惯例来排序，较常见的是"各位嘉宾、女士们、先生们"。称呼的选用要涵盖全体人员，不能遗漏。在称谓后面再加上礼节性的问候，如"大家好""晚上好"等。

（3）正文。正文一般包括开头、主体和结尾三部分。

开头部分，主持人应先介绍会议的主办单位、承办单位和协办单位，然后介绍出席会议的人员。介绍出席人员时，要注意介绍的顺序，先上级后下级，先来宾后本部，先专称后泛称。如果会议有专门的"开幕词"环节，则由致开幕词的人宣布会议开幕；如果没有"开幕词"环节，主持人可以在开场部分宣布会议开幕。

主体部分，主要是为了灵活掌控会议议程、确保会议顺利召开而提前准备的串场词，可以根据会议议程或议题逐项撰写，对上一项内容作出精练的概括，对下一项内容进行自然的过渡和有效的提示。对于有多个议题的会议，需要熟悉每项议题的内容，做好项与项之间的衔接和过渡，做到承前启后。

结尾部分，需要对会议进行简明扼要的总结，归纳概括会议主要议题的完成情况，阐明会议的成效和价值，可再次指明会议的意义等。如果是工作会议，还可以作出下一步工作安排，并提出执行要求。

扫码看案例

主持词案例分析

（4）结束语。用于宣布会议结束，并致谢。

3. 主持词的写作要求

主持词的写法应根据不同的活动类型和场合有所不同，但总体来说，可以遵循以下写作要求。

（1）了解活动。在撰写主持词之前，充分了解活动的背景、目的、主题、参会人员等信息。了解活动的性质、规模和参会人员的特点，这有助于确定主持词的风格、语气和内容。

（2）明确结构。主持词通常包括开场白、议程介绍、内容串联、结束语等内容。在撰写主持词时，需要明确各个部分的内容和作用，确保主持词结构清晰、逻辑严谨。

（3）简洁明了。主持词要用简短明了的语言传达清晰的信息，避免冗长和啰嗦。在介绍议程、内容时，可以简明扼要地概括要点，突出重点内容。

（4）把控节奏。主持人应依托主持词，但不必拘泥于主持词，可根据活动的进程和参会人员的反应，适时调整语速、语调和语气。在串联内容时，可适时加入一些过渡语，使活动更加连贯和流畅。

（5）注重互动。主持词需要注重与参会人员的互动，通过提问、引导和总结等方式，激发参会人员的兴趣和参与度。在适当的时候，可以邀请参会人员发言或参与讨论，以增强活动的互动性和趣味性。

【主持词模板】

××会议主持词

称谓：

问候语：大家好！

开头：×××××。

（设计开场白，宣布会议开始，介绍与会领导和来宾。）

主体：

一、×××××

（说明会议召开的背景、目的、主题、意义、参会人员范围等。）

二、×××××

（根据会议议程串联每个议题。）

结尾：×××××。

（简明扼要地总结会议，归纳概括会议主要议题的完成情况等。）

结束语：宣布会议结束，致谢。

（二）开幕词的写作

1. 开幕词的含义

开幕词是党政机关、企事业单位、社会团体的领导或工作人员在比较庄重的大中型会议开始时所作的致辞，用于宣告会议开始，交代会议议程，阐述会议指导思想、宗旨、重要意义等，向参会人员提出开好会议的中心任务和要求，对会议有着重要的指导作用，具有宣告性、指导性和标志性的特点。开幕词也可用于在大型活动的开幕式上致辞，宣布活动开幕。

开幕词适用于较为隆重的会议，一般性会议可以不致开幕词，多由会议主持人直接宣布会议开始即可。开幕词用于会议宣读，因此，开幕词要短小精悍、简洁明了、通俗易懂、生动活泼，要适合口头表达。

2．开幕词的写法

开幕词一般由标题、称谓、正文和结束语四部分组成。

（1）标题。一般有四种写法：由"会议或活动名称+文种"组成，如《××大学第×届大学生文化艺术节开幕词》；由"致辞人姓名+会议或活动名称+文种"组成，如《×××同志在×××大会上的致辞》；采用正副标题形式，正标题揭示会议的宗旨、中心内容，副标题与前两种标题的构成形式相同；也可以只写文种"开幕词"三字。

（2）称谓。根据会议的性质和出席会议的人员来使用称谓，与主持词的称谓相同。

（3）正文。正文包括开头、主体和结尾三部分。

开头部分，主要用于宣布会议开幕。一般的写法是开门见山地宣布会议开幕，会议名称要写全称，以示庄重。也可以对会议召开的背景、规模、意义、出席会议人员情况和会议筹备情况作简要的介绍，并对会议的召开表示热烈的祝贺，对参会人员的到来表示热情的欢迎，以渲染会议气氛，激发参会人员的热情。写作时，应单列为一个自然段，与主体部分区分开来。

主体部分，是开幕词的核心部分，通常包括以下三方面内容：首先，阐述会议召开的背景、意义，阐明会议的指导思想，提出会议的任务；其次，通过对以往工作情况的概括、总结和对当前形势的分析，说明本次会议是为解决什么问题或达到什么目的而召开的；最后，对会议的议程、要求、希望等进行说明。如果开头部分已经对会议的规模、意义、召开的背景、出席会议人员情况和会议筹备情况作了简要介绍，主体部分就不再阐述。

结尾部分，通常是发出号召和希望，以便鼓舞人心。

（4）结束语。开幕词的结束语一般独立成段，采用"预祝本次大会取得圆满成功""谢谢大家"等作为结束语。

3．开幕词的写作要求

开幕词对会议或活动起到定调的作用，一般遵循以下写作要求。

（1）结构清晰。开幕词需要具备清晰的结构和逻辑，通常包括开场白、主题说明、期望和要求、结束语等部分。各部分之间要衔接自然，逻辑严谨，使整个开幕词条理清晰、易于理解。

（2）突出主题。开幕词要紧扣活动主题，突出活动的核心内容和意义。明确活动的目的、宗旨和期望达到的效果，让参会人员对活动有清晰的认识和预期。

（3）简洁明了。开幕词要简洁明了，开门见山，直接点明活动的主题和目的。避免使用冗长和复杂的句子，而应用简短有力的语言传达清晰的信息。

（4）适应场合。开幕词需要根据不同的场合进行撰写，以适应不同的活动氛围和参与者群体。例如，正式场合的开幕词应该庄重严肃，而轻松场合的开幕词则可以幽默风趣。

（5）热情洋溢。开幕词要充满热情和活力，能够激发参会人员的兴趣和热情。使用积极向上的措辞和语气，表达对活动的热切期待和美好祝愿。

【开幕词模板】

××大会开幕词

称谓：

　　问候语：大家好！

　　开头：×××××。

　　（开门见山宣布会议开幕。可对会议的背景、意义、出席会议人员和会议筹备情况作简要介绍，并对会议的召开表示热烈的祝贺，对参会人员的到来表示热情的欢迎等。）

　　主体：×××××。

　　（阐明会议的指导思想，提出会议的任务；对会议的议程、要求、希望等进行说明。不同会议，开幕词的侧重点有所不同。）

　　结尾：×××××。

　　（说一些鼓舞人心的话语。）

　　结束语：使用预祝大会圆满成功之类的话语作为结束语，致谢。

（三）闭幕词的写作

1. 闭幕词的含义

闭幕词是党政机关、企事业单位、社会团体的有关领导或工作人员在比较庄重的大中型会议或活动结束时所作的总结性讲话。闭幕词的目的在于总结会议召开情况或活动举办情况，评价会议（活动）的成果、意义及影响，并向参会人员提出落实大会精神的要求、奋斗目标和希望等。

2. 闭幕词的写法

闭幕词一般由标题、称谓、正文和结束语四部分组成。

（1）标题。闭幕词的标题撰写和开幕词大体相似，但也有不同。开幕词的标题可采用双标题的形式，而闭幕词的标题一般不采用双标题的形式。

（2）称谓。与开幕词的称谓写法类似，要涵盖所有参会人员。

（3）正文。正文包括开头、主体和结尾三部分。

开头部分，先用概括性的话语对会议作一个总体评价，然后简要说明大会的经过，指出是否完成了预定的任务。

主体部分，通常包括三方面内容：第一，对大会进行概括、总结，概述会议的进展和完成情况以及会议通过的主要事项和基本精神；第二，恰当地评价会议的收获、意义以及会议的影响；第三，指出本次会议对今后工作的指导意义，并向参会人员提出贯彻会议精神的基本要求等。闭幕词主体部分的总结应与开幕词中提到的会议任务前后呼应，以显示按要求完成了大会既定的任务。

结尾部分，一般以坚定的语气向参会人员发出号召、提出希望、表示祝愿等，还可以向保障大会顺利进行的有关单位及工作人员表示衷心的感谢。

（4）结束语。郑重宣布会议闭幕。

3. 闭幕词的写作要求

（1）总结概括。闭幕词需要对整个会议或活动进行全面的总结，包括对会议或活动的主要议题、讨论的内容、取得的成果等进行概括性的回顾，以突出会议或活动的重点。

（2）肯定成果。闭幕词应对会议或活动取得的成果给予充分的肯定和赞扬。这可以激励参与者的积极性，也为今后的工作提供动力。

（3）语言简练。闭幕词的语言应简练明了，避免冗长和烦琐。要用简洁的语言传达出清晰的信息，使参与者易于理解和接受。

（4）感情真挚。闭幕词应体现出真挚的感情，对参与者表示感谢和敬意。同时，也要表达对未来的信心和期待。

（5）展望未来。闭幕词不仅要总结过去，还要展望未来。这包括对今后的工作提出期望和建议，以及对参会人员的鼓舞和激励。

【闭幕词模板】

××大会闭幕词

称谓：

　　开头：×××××。

　　（用概括性的话语直接指出是否圆满地完成了预定的任务。）

　　主体：×××××。

　　（概述会议的进展和完成情况，以及会议通过的主要事项和基本精神，恰当地评价会议的成果、意义及会议的影响，指出本次会议对今后工作的指导意义，并向与会者提出贯彻会议精神的基本要求等。）

　　结尾：×××××。

　　（发出号召、提出希望等，也可向有关单位及工作人员致谢。）

　　结束语：×××××。

　　（郑重宣布会议闭幕。）

🔍 写作任务

1. 你所在班级将举办一次学习经验交流会，会上将邀请毕业班已就业和已升学的学长分享经验。班主任请你策划、组织并主持此次交流会，请模拟整个会议组织及召开过程。

2. 学校即将举办一场名为"人工智能　创新未来"的科技展览会。假设你是该活动的组织者，请撰写开幕式和闭幕式的讲话稿。

写作任务二　做好会议总结

任务引入

会议结束后，小王本以为就可以轻松了，没想到领导又布置了后续工作，很多总结性材料要写，说要发布会议新闻稿，要撰写会议的纪要，这可怎么办？

"咱们不是已经录音、录像了吗？并且已经转录为文字了。"

"幸好有录音转录的文字，不然谁记得全呀。"

"但这么长时间的会议，内容太多了，怎么整理成纪要？"

通过学习本节，我们要了解会议记录和纪要的含义和区别，掌握会议记录和纪要的不同写法。

知识串讲

为了便于施行和日后查考，重要会议不仅需要做会议记录，而且要形成纪要。

一、会议记录的写作

会议记录是由会务秘书或文秘人员把会议的基本情况、会议报告和发言的内容、议定的事项等如实地记录下来作为书面材料的一种文书。会议记录是客观反映会议情况的第一手资料，既可信又鲜活，是撰写其他相关文稿的基础性材料。下面介绍会议记录各部分的基本写法。

1. 标题

会议记录的标题一般由"主办单位+会议事由+文种"构成，如《×××第×次×××会议记录》。

2. 会议组织信息

（1）时间。可写会议具体日期，也可写起止时刻，如20××年×月×日9：00—10：30，也可模糊写成"20××年×月×日上午"。

（2）地点。可写会议所在会议室的名称或办公室房间号码等。

（3）主持人。写清楚会议主持人的姓名、职务等。

（4）出席人。如果出席人员不多，可以逐一列出参会人员姓名（可按一定的顺序排序）；如果人数众多，可列出不同级别的人数。有时为了统计和查考，召开重要会议时，建议参会人员在签到表上签名。

（5）列席人。如果有些会议有列席人员，需记录列席人员名单。

（6）记录人。写清姓名，注明职务。

（7）缺席人。如有缺席的，写清姓名、单位、职务和事由。

有些会议对参会人数有明确要求时，需注明应到人数和实到人数。

3. 会议内容

会议内容是会议记录的主体和重点所在，基本要求是记准、记清、记全。一般有两种记录方式：一是详细记录；二是摘要记录。

（1）详细记录。凡属内容重要、讨论议决事项比较复杂，涉及方针、政策的会议，均须详细记录。不加取舍，有言必录，尤其是如实记录不同的观点和意见。

建议分条列项记录会议研究讨论的问题。记录口头发言时，做到如实记言，客观公正，力求全而无漏。如果担心有遗漏，建议同时录音。掌握发言的书面材料，特别要记好结论性意见和安排部署，如有表决，还需记录投票统计情况。

（2）摘要记录。对于一般事务性会议，若不涉及重大事项，可采用摘要记录方式。记录每个人的发言要点、议决事项和会议结论即可。当发生争议时，则必须翔实记录不同的观点、意见。采用摘要记录，允许记录人对发言内容予以适当的分析、判断、归纳，但不得歪曲发言人的原意，遗漏其主要观点。

4. 结尾

会议记录的结尾需认真对待。结尾另起一行空两格写上"散会"或"会议结束"，再由主持人和记录人分别在此页右下方签名，以示负责。严格来说，没有签名的会议记录是不能作为凭证和依据的。

会议记录必须注意保密。会议记录一般不得公开，确需公开，则必须经会议主持人批准、发言人复核。

【会议记录模板】

×××20××年第×次支部党员大会记录

时间：×年×月×日上午

地点：××党建工作活动室

主持人：张××（职务）

出席人：王××（职务）、刘××（职务）、李××（职务）……

缺席人：杨××（职务，生病请假）（共1人）

列席人：×××、×××（或概括说明）

记录人：×××（职务）

讨论议题：

1. 传达学习……

2. 讨论如何对××问题进行进一步的整改落实工作。

发言记录：

1. ×××传达……报告……

2. 讨论发言（按发言顺序记录）

（1）×××××

（2）×××××（尽量有言必录）

与会党员经过充分讨论、研究，一致议定：

（1）×××××

（2）×××××（措辞要准确）

散会。

主持人：×××（签名）

记录人：×××（签名）

×年×月×日

二、纪要的写作

《党政机关公文处理工作条例》指出，纪要适用于记载会议主要情况和议定事项。纪要是根据会议记录、会议文件或者其他有关材料加工整理而成的，它是反映会议的基本情况和会议精神的纪实性公文，记录会议议决事项和重要精神，并要求有关单位执行的一种文种。纪要，既可上呈，又可下达，还可以被批转或者被转发到有关单位去执行。纪要一般不能单独作为文件下发，需要下发执行的纪要，可用"通知"进行转发，纪要作为通知的附件。

纪要由标题、成文日期和正文组成。在结构格式上与其他公文不同的是，纪要不用写明主送机关和落款，成文时间多写在标题下方，纪要不加盖印章。

1. 标题

纪要的标题有单标题和双标题两种形式。

（1）单标题。由"会议名称+文种"构成，如《共青团××大学第×次代表大会纪要》；由"事由+文种"构成或由"发文机关+事由+文种"构成，如《××大学20××年收费工作会议纪要》。

（2）双标题。由"正标题+副标题"构成，正标题揭示会议主旨，反映会议的主要精神和内容；副标题标示会议名称和文种。

扫码看视频

纪要的写法

2. 成文日期

纪要的成文日期不同于其他党政机关公文，有的是纪要形成的时间，有的是会议结束的时间。成文日期标注的位置有两种：一种是写于标题下；一种是写于正文右下方。成文日期多置于标题正下方，且加圆括号。

扫码看案例

纪要案例分析

3. 正文

纪要的正文一般由导言、主体和结尾三部分组成。

（1）导言。导言一般用于概括会议的基本情况，交代会议的名称、目的、议程、时间、地点、规模、与会人员、主要议题和会议成果等。

（2）主体。主体部分根据会议的中心议题，按主次、有重点地写出会议的情况和成果，包括对工作的评价、对问题的分析、会议议定的事项、提出的要求等。主体部分一般有分项式、综述式、发言式三种写法。

（3）结尾。结尾一般写对与会者的希望和要求，也有的纪要不写专门的结尾用语。用于指导下一步工作的纪要，还可在结尾部分对相关单位及有关人员提出要求。

【工作会纪要模板】

×××工作会纪要

（×年×月×日）

×年×月×日，×××工作会在××召开。××、××、××等部门的负责人参加了会议，会议由×××主持。会议主要讨论了××、××等问题，对××、××提出了下一步工作方案，×××（领导）提出了相关工作要求，现纪要如下。

一、关于××工作，会议认为×××。

二、关于××工作，会议强调×××。

三、关于××工作，会议指出×××。

会议要求，各部门要×××××。

【决议性会议纪要模板】

×××会议纪要

（×年×月×日）

时　间：×年×月×日

地　点：×××会议室

主持人：×××

出席者：×××　×××　×××　×××　×　×

　　　　×××　×××　×××　×××　×

列席者：×××　×××　×××　×××　×

（建议按姓氏笔画排序）

×年×月×日，×××会议在××召开，会议由×××主持。×××、×××等（领导）出席会议，×××（相关人员）列席会议。相关部门汇报了××、××等工作，出席人员分别讨论并审议了××、××等，×××提出了相关要求，现纪要如下。

一、会议讨论并通过了×××。

二、会议审议并通过了×××。

三、会议听取了×××对×××的汇报。

四、会议强调×××××。

五、会议还研究了其他事项。

写作任务

1. 你所在团支部组织了一次党史学习交流会，请根据交流会的情况撰写会议记录。尝试利用AI工具，基于会议记录撰写一份纪要，并对AI工具生成的纪要进行分析，指出其优缺点。

2. 你所在的学院团委即将召开换届大会，学院团委请你协助做好会议的相关工作，请设计一套会议方案，起草一份会议日程，做好会议记录，形成一份纪要。

沟通任务一　组织并主持会议

任务引入

组织并主持会议是一项经常性工作。作为大学生或初入职场人士，我们需从会议筹备等最基本的工作做起，了解组织会议的基本程序，知道如何做好会前准备、会中实施和会后总结。日后，需要负责组织并主持会议时，我们要学会利用语言表达来完成会议的任务。

不管是会议的组织者，还是会议的参与者，都需要注意会议的一些礼仪。

通过学习本节，我们要了解组织召开会议的一般性程序，能从多方面考虑并周密准备会议相关事务，具备组织并主持会议的基本能力。

知识串讲

从党政机关、企事业单位、社会团体到项目团队、学生社团、班级、党支部、团支部等，召开会议都是一项重要的工作。会议沟通是运用得非常频繁的一种群体沟通手段。在学习、生活和工作中，我们常常会参加会议，也可能组织并主持很多会议，如组织所在单位、所在部门的办公会议，组织专题座谈会，组织各类学生比赛活动，组织颁奖典礼或表彰大会，组织文艺联欢晚会，组织科研项目组会议，组织学术报告会、研讨会，参加科研项目评审会、答辩会等，这些活动都涉及会议组织和会议主持。

一、会议组织

会议组织工作是指围绕会议所进行的各项组织、管理和服务工作，包括从会议的准备到善后的一系列具体工作，完整的会议组织工作包括会前准备阶段、会中实施阶段及会后总结工作等。

（一）会前准备阶段

会前准备是对会议的计划和筹备，是为达到会议目的而对各种工作任务所作出的系统安排。充分做好会前准备工作是召开高效会议的前提。会议的规模不同，会前准备的内容也有所不同，但会前准备的步骤大同小异。下面仅从人、财、物三方面进行说明。

1. 人员调配

根据会议的性质和目的，确定预计的参会人数和人员构成，如企业内部员工、外部嘉宾、演讲者等。选拔具备组织能力和专业知识的员工组成筹备团队，明确各自的职责和任务。会务工作人员应分工协作，成立不同的工作小组，如文件资料组、宣传报道组、会场会务组等，各司其职。对负责接待、签到、引导等工作的人员进行必要的培训，确保他们熟悉工作流程和礼仪规范。

2. 财务预算

根据会议规模和需求，制定详细的预算方案，包括场地租赁、设备租赁、餐饮住宿、交通等方面的费用。预算确定后，开始筹集资金。可以通过企业内部拨款、寻求赞助、收取参会费用等方式筹集资金。在筹备过程中，要时刻关注成本控制，避免不必要的浪费。

3. 物质准备

确定会议时间时，要充分考虑到参会人员是否方便，是否影响节假日等。确定会议地点时，需要考虑距离和交通情况，根据会议日程考虑是否安排食宿等。确定时间、地点后，根据会议主题撰写并发布会议通知。

在会场设计方面，要完成会场布置、会议设备调试、会议物品采购等工作。根据会议的性质及参会人数的多少来布置会场。需用到多媒体放映或者开视频会议时，要调试好会场的投影仪、调音台、幕布、话筒及视频设备等。

正式会议一般需要悬挂会标，按排名确定主席台入座位置并摆放好桌签（姓名牌）；如有需要，还需安排好参会人员的座席并准备好参会人员的桌签，并在会议开始前排好座席并放好桌签。会议开始前在会场入口处设立接待处，准备好签到表，请参会人员签到，并清点人数；在入口处安排服务人员，引导参会人员入座，维护会场秩序。

在筹备过程中，还需制定应急预案。针对可能出现的突发情况，制定应急预案，以确保会议能够顺利进行。

（二）会中实施阶段

在组织会议的过程中，会中实施阶段是非常关键的一环。以下是会中实施阶段需要做的一些主要工作。

（1）主持会议。会议主持人需要掌控全局，确保会议按照预定的议程进行。谁来主持，谁致开幕词，谁致闭幕词，各就各位。

（2）会议记录。为了确保会议内容的准确性和完整性，应安排记录员负责记录会议的所有重要内容，包括讨论的主题、达成的决定、分配的任务等。安排专人录音录像，按照会议要求安排参会人员合影留念。

（3）会场服务。安排专人做好会场服务工作。会议组织者需要确保所有参会人员都能得到必要的支持，包括提供必要的文件、设备、食物和饮料等。当会议时间较长时，可适当安排中途休息时间，或设置茶歇。

（4）**管控时间**。会议的时间安排应该得到严格的执行。如有必要，主持人可适时调整会议日程以适应实际情况。

（5）**应急处理**。尽管我们希望在会议中不要出现问题，但突发情况总是有可能发生。因此，会议组织者需要准备好应对各种可能出现的问题，如技术问题、参与人员之间的冲突等。

（三）会后总结工作

会议结束后的总结工作同样重要，它不仅有助于评估会议的效果，还能为今后的会议提供改进建议。

（1）**会议效果评估**。对会议的整体效果进行评估，包括会议的议题设置、参与人员的互动、会议目标的实现程度等。可以通过收集参会人员的反馈、分析会议记录等方式进行会议效果的评估。

（2）**总结会议材料**。整理好会议中的文字记录和图片、视频、音频记录，存档备查。梳理会议总结材料，整理会议议程涉及的各项内容、主要人员发言材料、会议讨论内容和总结性结论。如有必要，需根据会议记录和总结性材料撰写纪要，然后提交领导审批。重要会议结束后，可以考虑在网站或微信公众号发布会议相关新闻。

（3）**收集会议反馈**。如有必要，可向参会人员收集他们对会议的反馈，包括会议的组织、议题的选择、讨论的质量等。这有助于了解参会人员对会议的满意度，以及会议中可能存在的问题。

（4）**会议复盘总结**。分析会议达成的决策和行动计划，评估它们对组织或项目的影响。根据会议评估和反馈，提出改进会议的建议。这些建议可能涉及会议的组织、议题的选择、参会人员的参与方式等方面。

（5）**向参会人员致谢**。向所有参会人员表示感谢，认可他们在会议中的贡献。这有助于增强参会人员的归属感和满意度，激励他们未来更加积极地参与会议。

二、会议主持

会议主持是利用语言表达来完成组织会议的任务，涉及如何开场、如何连接、如何驾驭、如何总结等诸多环节，无论哪个环节处理得不好，都会影响会议的效果。会议主持对于召开会议、把握会议主题、控制会议进程、调动参会人员情绪、正确引导问题讨论、掌握会议时间、提高会议质量具有举足轻重的作用。

工作例会、座谈会、研讨会、答辩会等会议，都需要在主持人的引导下完成会议的既定事项。会议主持的好坏将影响会议的效率和效果。下面介绍主持会议的一些注意事项和主持技巧。

扫码看视频
会议主持

（一）设计好开场白

在会议正式开始前，主持人先用几秒钟的时间面带微笑地环视全场，跟参会人员打个照面，引起大家注意后，准时宣布会议开始。

　　首先，说明召开会议的名称、背景等，然后介绍与会领导和来宾。在介绍顺序上，要先宾客后主人，先职务高的后职务低的。在介绍过程中，要注意介绍的节奏，给参会人员预留鼓掌的时间，有时还可由主持人带头鼓掌。在介绍领导和来宾之前或在会议开始之前，一定要提前掌握他们的职务、职称、姓名、所在单位等信息，切勿错漏，以免带来不必要的误会和麻烦，影响会议效果。

　　在介绍领导和来宾之后，主持人说明会议的主题、目的、意义和议程，向参会人员介绍会议的议题和相关要求。开场白要富有启示性和引导性，时间不宜太长，然后进入会议的主体部分。

（二）把控好会议进程

　　主持人负责控制好发言秩序与发言者的发言时间，在会议中穿针引线，控制整场会议的节奏。在这期间，各种问题均可能出现，这需要主持人具备良好的临场应变能力。

　　1. 灵活处理分歧

　　在会议中，出现偏离主题、意见分歧、无谓争辩等现象都是很正常的。要使会议顺利进行，离不开主持人的正确引导。主持人是参会人员发表意见的引导者，而不是意见的裁决者，因此主持人要能正确看待不同的观点或意见。当有人提出反对意见时，主持人应当感谢对方敢于提出反对意见。如果会议出现激烈争论，主持人首先要保持头脑清醒，不要介入争论，应适时用语言制止无谓的争辩；如果出现不友好的争辩，主持人可将讨论话题巧妙收回，可以说："各位代表，大家都非常关注这个话题，但时间有限，我建议以后开个专题座谈会，专门讨论这个问题，好不好？下面接着讨论下一个议题……"

　　2. 掌握插话技巧

　　在会议中，有些参会人员虽然没有偏离话题，但喜欢长篇大论，要打断这类发言者的讲话，需要主持人学会插话的技巧。插话需要充分的准备。首先，要坚持发扬民主、尊重他人的原则，耐心倾听别人的发言，以便找到"插缝"。当有人发言时间过长时，要善于利用当时的语境，针对发言者表达的内容，在其表达过程中插入适当的词句，表示赞同或附和，起到补充或调节作用，借机转移话题。插话不仅要选好时机，更要插到点子上。会议主持人需要具备良好的时间管理能力，每一项议题大约需要多长时间，整个会议需要多长时间都要测算好。合理的插话，能为主持人推动会议进程赢得主动权。

　　3. 做好穿针引线

　　会议主持人的一项重要职责就是负责穿针引线、过渡照应、承上启下，把整个会议串联成一个有机整体。这个串联过程也是主持人发挥其临场应变能力和语言表达能力的过程，能体现主持人的组织能力和概括能力。主持人的精力要高度集中，对前面发言中最精华的内容进行概括或肯定，然后根据后面议题的内容渲染气氛，自然过渡，巧妙运用顺带、转折、设疑、问答等语言手段，增强会议的连贯性和整体性。在会议中，跑题现象时有发生，主持人应及时制止，以免耽误众人的时间。

4. 完成既定议题

举行会议是为了讨论并就相关问题达成一致意见，或者是为了完成既定议题或既定任务，所以主持人应在规定的时间内控制会议的进程，力争圆满完成会议任务。主持人一定要明确会议怎么开，有几项议程，先干什么，后干什么，大约需要多长时间，做到心中有数。如果会议的结束时间快到了，会议的目的尚未达到，主持人就必须千方百计引导参会人员尽快完成会议任务，不宜在得出结论或作出决定之前仓促散会。

（三）总结好会议成果

在会议即将结束时，主持人要对会议召开的有关情况以及会议成果进行全面、客观的总结，对不能确定的或未解决的问题作出解释、说明。会议总结的质量是衡量会议主持人水平的重要指标。

在会议中，主持人在主持好会议的同时，还要对会议的重点内容进行记录，以便总结会议。总结会议要求简明扼要，突出重点。总结的方法主要有直叙法、归纳法和号召法。

（1）直叙法，就是简要回顾会议讨论了哪些事项，达成了哪些共识，解决了哪些问题，以加深参会人员的印象。例如，"这次会议我们传达学习了××文件，研究讨论了××决定，××领导发表了讲话，对下一步的工作作出了具体安排和部署：一是……二是……三是……希望大家认真抓好落实，抓出成效。"

（2）归纳法，即在会议结束时，对会议进行高度总结、归纳，把会议的成果提纲挈领地概括出来，加深参会人员的印象。

扫码看资料

会议礼仪

（3）号召法，就是用号召性的语言进行总结，不全面总结会议的召开情况，而是号召参会人员为某一目标或今后的工作方向而努力。

不论是组织会议，还是参加会议、为会议服务，我们都要遵循一些守则、规矩，其中就包括会议礼仪。扫码可了解会议相关礼仪。

沟通任务

1. 学院学生会正在组织"新生主持人大赛"，为学院迎新晚会选拔学生主持人，请同学们积极报名参赛。

2. 假设你毕业后应聘到某家公司从事行政管理工作，公司将举办一场新入职员工交流会，由你负责组织，请说说你将如何开展这项工作。

3. 假设你是一家初创科技公司的项目经理，负责主持公司内部的月度项目进度会议。本次会议的主要目的是让团队成员了解各个项目的进展情况，讨论遇到的挑战，并分配接下来的任务。你是这次会议的主持人，请设计一份会议议程，并准备一段开场白和结束语。

沟通任务二　学会即兴发言

任务引入

学期过半，学校将组织一场期中教学工作座谈会，会议要求各院系指派任课教师代表和学生代表参加座谈，就当前的教学工作进行研讨，对教师教学和学生学习情况进行期中检查，听取师生对上半学期教学活动的意见和建议。你被所在专业指定为参会代表，你将如何准备？在座谈会上又将如何完成发言？

通过学习本节，我们要了解即兴发言的含义和特点，学会临场整合发言素材的方法，掌握常用的即兴发言模式，提高即兴发言的能力。

知识串讲

一、即兴发言的含义和特点

（一）即兴发言的含义

即兴发言，又叫即兴讲话、即席讲话、即兴演讲，是指在事先无准备的情况下，自发或被要求立即进行的当众讲话，是一种不凭借讲稿来表情达意的口语交际活动。即兴发言是每个人都必须用到而且经常遇到的沟通形式。即兴发言，既无讲稿又无提纲，更没有提前排练、全靠临场发挥，当场组织语言，边想边说，而且要求中心突出，条理清晰，这是很有难度的语言表达形式。

（二）即兴发言的特点

（1）随兴而发，灵活性高。即兴发言通常没有提前准备好的演讲稿或提纲，发言者需要根据现场情况随机应变，即兴发挥。因此，灵活性是即兴发言的重要特点之一，发言者需要快速思考、组织语言，并准确地表达自己的想法。

（2）话题集中，针对性强。即兴发言通常是对某个具体问题或情境进行即时的回应和表达，因此话题内容较为集中，针对性强。发言者需要快速抓住问题的核心，明确表达自己的观点或看法。

（3）感染力强，说服力高。即兴发言需要发言者在短时间内打动听众，因此发言者需要具备较强的感染力和说服力。通过运用生动的事例、形象的比喻等手法，发言者可以让自己的发言更加生动有趣，更容易引起听众的共鸣和认同。

（4）相互制约，听说并行。即兴发言往往是在现场进行的，发言者和听众之间的互动比较紧密。发言者需要根据听众的反应和提问，灵活调整自己的发言内容和方式，同时还需要注意听取他人的意见和建议，保持与听众的沟通和交流。

二、即兴发言的常用模式

在上课时被任课老师随机点名回答问题，在开会时被领导临时要求讲两句，这都是常有的事情。即兴发言的难度很大，涉及范围又广，如何高质量做好即兴发言，下面介绍四种常用的即兴发言模式。

（一）"感谢＋回顾＋愿景"发言模式

"感谢+回顾+愿景"发言模式比较适合总结会、表彰会、座谈会、同学聚会等场合的即兴发言。

扫码看视频

即兴发言
常用模式

（1）感谢。一发言就表示感谢。发言时，需要感谢谁？建议从两个方面考虑：一是根据时间线索，感谢曾经给予帮助的有关人员；二是根据现场情况，有条理地感谢在场和不在场的有关人士。

🔍 示例

> 你获得了全校征文比赛特等奖，在颁奖典礼上，主持人把你留在台上，请你讲讲获奖感言。你就可以先表示感谢。
> 示例：老师们、同学们：大家好！能获得这次征文比赛的特等奖，我首先想表达我的感谢。感谢主持人给我这个发言的机会，感谢征文比赛主办方的精心组织，感谢评委们为评审参赛作品付出的辛劳，还要感谢在场的所有人，我们一起参与、一起交流，共同见证了征文比赛的成长！

如果是在其他场合，你可根据实际情况，用礼貌、诚恳的态度来表示感谢。例如，感谢活动主持人给你发言机会，感谢主办方的诚挚邀请和盛情款待，感谢各位亲朋好友的到来，感谢各位嘉宾在百忙之中能够前来参加活动，感谢领导的指导和同事的帮助等。

（2）回顾。感谢之后，就要想"我是谁""我向谁讲""讲什么"。其实，这就是三个定位，即定位自己的角色、定位讲话的对象，以及定位讲话的内容。这样，你回顾的内容就很有针对性，观众也能产生共鸣。

回顾，就是讲过去你和大家共同经历的一些事。使用"以前……""还记得……""一年前……"之类的过渡句来回顾往事，如回顾上大学以来的一些成绩、刚加盟公司时的情景、公司过去一年的发展或大家相识的经过等。通过回顾自己和大多数观众亲身经历的故事，并紧扣现场主题，定能打动不少观众。回顾自己的相关经历时，一般不会出现"忘词"的情况。

🔍 示例

> 例如，你作为单位新员工获得最佳新人奖发言时，就可以这样回顾。
> 示例：还记得半年前，刚加入咱们这个团队时，我对……还不太了解，工作上处处碰壁，畏首畏尾的，是××（领导）及时给予我指导，多次帮助我……让我比较快地适应了岗位工作的需要；还有××、××（同事）等经常鼓励我，帮助我修改……方案，才使得我没有掉队，融入了团队。今天，虽然取得了一点成绩，获得了这个奖，我认为这都是你们的功劳……

（3）愿景。回顾过去，憧憬未来，表达你的畅想、打算、决心、祝愿等。

🔍 示例

> 我相信，经过此次培训，我们一定会在以后的工作中……
> 我向大家保证，在以后的工作中，我一定能……
> 最后，我祝愿征文比赛越办越好，越来越多的人……

展望未来、表达祝愿，结尾自然。总体来看，"感谢+回顾+愿景"这个模式很有逻辑性，也有利于结尾，干净利落！这个模式的应用范围很广。

🔍 **示例**

> 例如，在自己所在单位的青年干部培训班结业仪式上，你作为代表发言。
>
> 示例：各位领导、各位学员：大家好！很荣幸作为培训班学员代表在此发言。首先我代表全体学员，感谢组织部门和各位领导的关怀，给我们提供了进一步学习的机会；感谢培训班的全体授课老师，你们精彩的讲座和丰富的学识，让我们收获很多；同时，也要感谢为保障培训班顺利开展的各位工作人员，你们辛苦了。
>
> 到××（单位）工作的这几年，××为我们的发展提供了各种平台……很多同事快速成长，在很多方面都能独当一面……
>
> 经过此次培训，我们的能力和眼界得到进一步提升。我相信，经过此次培训，我们一定会在以后的工作中……

（二）"过去 + 现在 + 未来"发言模式

"过去+现在+未来"这一发言模式被很多人奉为"万能讲话模式"。

🔍 **示例**

> 某个刚入职一两年的员工，在优秀员工表彰大会上作获奖感言。
>
> 示例：各位领导、同事们：大家好！（开场问候）
>
> 记得一年前我刚刚进入公司的时候，还是一个什么都不懂的新人，不懂得用传真机，不会熟练运用办公软件。但是我很幸运，遇到了一个愿意教下属的领导，他教会了我用传真机，教我用各种办公软件。办公室的同事们也给我很多帮助，是你们让我快速成长起来。（说过去）
>
> 今天，能获得优秀员工的荣誉，离不开领导的指导，也离不开在座各位同事的关心和支持！在这里，向你们说声"谢谢"。（说现在）
>
> 希望在以后的工作中……最后祝愿大家身体健康、心想事成！（说未来）

如果遇到不熟悉的领域或话题，需要即兴发言时，也可以活用这个模式。

🔍 **示例**

> 例如，在大学期间，你们专业邀请了一位专家来进行一场小型学术报告会。报告会结束前，预留了半小时进行提问、交流等，主持人组织大家提问、互动，但是大家听完报告会后，暂时没有问题，这有点冷场，把专家晾在台上。主持人就开始寻找即兴发言的同学，用目光示意你，"要不你来讲两句。"你也没法回绝，你就可以大大方方站起来，作如下发言。
>
> 示例：×教授：您好！我是×××，听了您的讲座，获益匪浅！（客套一下）
>
> 以前，我对您讲的这个问题，了解很少，对习以为常的××现象没有一点点思考。（说过去）
>
> 听了您的分析和讲解之后，茅塞顿开，深受启发，觉得这个研究方向很有趣，很有研究价值！（说现在）
>
> 冒昧请教一下，如果我们要参与这方面的研究，需要学习哪些理论和研究方法呢？谢谢！（说未来）

这样一说，虽然没有直接对报告内容提出什么疑问，但是解决了冷场的问题，报告主讲人也可以借机回答你的问题。否则，如果主讲人作完报告后，没有人参与互动，场面显得有些尴尬。

（三）"三点式"发言模式

有一个很有意思的现象：不管是有底稿的发言，还是即兴发言，不少领导讲话喜欢讲"三点意见"、说"三点希望"、提"三点要求"等。

"三点式"发言模式背后隐藏着一个人的逻辑思考能力。要讲好三点，可不是那么简单的，如针对某个问题，你可能刚好讲了三点就表达完了，也可能是讲完两点后就没话可说了，或者你讲了三点以后，发现还没有讲清楚，"三点"不够讲。用三点恰到好处地讲完，需要具备对信息进行快速分类、归纳、整理的能力。

为什么讲"三点"就比讲"两点""四点""五点"的效果要好呢？

讲"三点"，有利于达到记忆效果，听众更愿意倾听。假如你在做某公司产品的促销员，你把促销产品的说明书、产品介绍认真地熟悉一遍后，发现这款新产品具有很多优势，一共有十多个优点。为客户介绍产品时，如果你跟客户说，这款产品有15个优点，分别是……你还没说完，客户多半会摆摆手，叫你不用说了。但如果你先了解客户的需求，然后有针对性地讲出三大优势，客户就会愿意去听你的介绍了。

讲"三点"，各点可以相互支撑，而且有说服力。假如就某个问题，我想说服你，但是我只说了两点理由，你会不会觉得有点不充分？如果我说了三个理由，你可能就会觉得比较可信了。太少的话，不充分，不稳妥；太多的话，又有点杂乱，逻辑关系不好处理。"三点"或"三个方面"，不管是并列关系也好，递进关系也罢，都比较好。

讲"三点"，有助于把复杂的事情简单化、条理化。能够把复杂的事情简单化、条理化，是一种能力！只有具备严密的逻辑，才可用"三点"来清晰表达。常使用"三点式"讲话模式的人，在长期的工作实践和思考中，往往容易形成自己的逻辑表达模式。

"三点式"发言模式是怎么来表达逻辑结构的呢？

在语言上，使用"一、二、三""第一、第二、第三""首先、其次、最后"等序次语，形成强有力的逻辑表达结构，也能方便听众听出层次来。在内容上，需处理好"三点"之间的逻辑结构和逻辑关系。

🔍 示例

> 例如，有顾客问你，你们公司的产品和其他公司的产品相比，有哪些优势？
>
> 你可能会这样回答："我们公司的产品，在价格方面很有优势，消费者挺喜欢购买的，可以说是物美价廉，在质量上就更不用说了，我们的产品在20××年获得了×××认证，用过的人都知道，而且我们的售后服务也做得很完善，您可以放心购买我们的产品。"
>
> 这样的回答，信息比较全，每一句话都没有错，但就是无法在顾客的脑海中留下比较清晰的印象，也就不易打动他。如果归纳为"三点"，就可以这么回答："和其他公司的产品相比，我们的产品具有三大优势：第一是价格优势……第二是质量优势……第三是售后服务优势……"

（四）"问题＋原因＋方案"发言模式

在与领导谈话、意见征求会、专题研讨会等场合，我们一般会对工作中存在的问题进行讨论，找出问题的原因，以便推动下一步工作。在这类场合上的发言，就可以采用"问题＋原因+方案"的发言模式。

（1）问题。有条理地列举一些学习或工作中存在的问题。在无准备的情况下，发现的问题大多是零散的、不成系统的。在查找问题的时候，我们可以将发现的问题进行分类，搞清楚哪些是主要问题、哪些是次要问题，根据发言时长来决定主要说出哪些问题。同时，也为下一步分析原因做好铺垫。

（2）原因。针对前面提出的问题，分析并阐述其原因。如何快速地分析原因呢？最便捷的方式是从客观层面和主观层面入手进行分析，也可以从共性和个性方面找原因，还可以从多数人和少数人角度分析其原因等。

（3）方案。在查找问题并分析原因的基础上，有针对性地提出解决方案。领导最担心的是与会人员说出一大堆问题，但提不出建设性的意见或方案，把问题甩给领导，更有甚者，把意见征求会开成了"吐槽会"。"吐槽"未尝不可，但最好要共同找到解决问题的方案。

"问题+原因+方案"发言模式如何使用呢？下面举例说明。

🔍 示例

> 某校召开学风建设座谈会，采用这个模式，就可以这样发言。
>
> 示例：据我初步了解，当前大学生存在如下学风问题：第一，学习目的不够明确；第二，缺乏严谨的学习态度和良好的学习习惯；第三，学习氛围不佳。
>
> 我认为出现这些问题的原因在于：第一，学生的成才观和价值观存在问题是其思想根源所在，这有社会因素的影响，也有学生自身认识的偏差；第二，学生的自我管理和自律意识不强，缺乏积极的引导；第三，大环境对营造学习氛围十分重要，目前的教育方式方法存在弊端。（从主客观上找原因）
>
> 为了解决这些问题，实施"三全育人""五育并举"是十分重要的。如何做到并做好全员育人、全程育人、全方位育人呢？一是需要加强理想信念教育，如×××（具体的改进措施）；二是需要创新育人方式方法，拓展育人渠道，如×××（提出一两个方法）；三是加强组织保障，如×××（组织建设、制度建设等）。

再如，某校为了提升学生毕业论文的质量，召开专题研讨会。提升毕业论文的质量涉及多方面，如果将问题罗列出来，可能能列出几十种问题。这时候，就需要对问题进行合理归类，这类会议的即兴发言，可能"问题"说得多，"原因"分析得少，但仍需要提出改进"方案"。

🔍 示例

> 根据我平时指导和评阅毕业论文的情况来看，我认为目前毕业论文存在如下问题。第一是内容方面的问题，例如选题……研究方法……理论基础及其运用……；第二是形式方面的问题，例如语言规范、格式规范、结构安排等方面……；第三是毕业论文指导和管理上的问题。（分类陈述问题）
>
> 出现这些问题的原因是多方面的。（可略而不提）我认为，要提高毕业论文质量，可以从以下几方面入手。第一，以人才培养目标为导向，加强……；第二，加强学生学术道德规范教育，加强学生科技论文写作教学……；第三，指导教师和教学管理人员要……

从整体来看，以上案例运用了"问题+原因+方案"模式；从局部来看，又灵活运用了

"三点式"发言模式。也就是说，在即兴发言时，可以综合运用这些发言模式。

三、做好即兴发言的准备

即兴发言能力虽然不是多数岗位需要具备的业务能力，但即兴发言是脱颖而出的绝好机会。如何在短时间内现场组织好自己的即兴发言，达到良好的效果呢？"工夫在诗外"，即兴发言也是需要有意识地准备的。

（一）时刻做好发言心理准备

所谓即兴发言，就是你不知道何时会发言、谁让你发言。会议开到一半，说不定主持人突然就把发言的话头交给你。虽然主持人是即兴叫你发言的，但你不应是毫无准备的。

开会不能只是去听别人发言，你应当在会议开始时就考虑到有发言的可能性，尤其是一些小范围的学习交流会、研讨会、座谈会、意见征求会、部门例会等，在这些场合，大家会各抒己见，会议主持人很可能会注意那些没发言的人，并点名要求躲避发言的人员谈谈想法。因此，开会时，你不能把自己摆在纯听众的位置上，会议开始时就要做好发言的心理准备。

（二）善于临场整合发言素材

参加发言类会议，我们不仅要考虑自己该如何发言，还要倾听别人的发言，将别人的发言融入自己的发言。怎么做好临场发言素材的整合呢？

一方面，认真听取别人的发言，记录其关键信息，为自己的发言积累素材；另一方面，快速整合大家的意见，把握趋势，在此基础上重构自己的发言，或者受别人的启发，进一步延伸开去、深化下去，或者顺着别人的话题，将讨论引向深入。通过这样的临场准备，别人的发言就成了我们发言的素材。即使没有得到发言机会，这也是一种锻炼，一定要坚持下去，说不一定哪一次就来了机会，就能好好表现一番，让人刮目相看。

（三）做好承前启后并表明态度

轮到我们发言时，一开口就要表明立场和态度。我们可以对前面的发言表示赞扬或附和，然后引出我们的看法，这是一种承前启后的发言方法。前面发言的人会感激你，因为他们的发言被我们采用并得到肯定。如果我们没有认真去听取别人的发言，只是琢磨自己该如何发言，效果是不会好的。另外，我们的发言是自以为是、咄咄逼人，还是恭敬有礼、谦虚谨慎，也往往取决于发言开头的表态和结束时的礼节。

（四）有礼有节表达我们的想法

听了别人的发言之后，我们常常发现，自己想讲的一些想法，已经被别人先说了，轮到我们发言时，提前准备好的内容所剩无几，这就需要我们稳定心态，重新组织语言，有礼有节地表达我们的想法。可以尝试采用"感谢+认同+自谦"模式来表达。

首先是感谢，就是用感谢开场。感谢主持人给我们发言的机会，感谢主办方搭建交流平台，感谢刚才与会人员的发言，自己受益良多，等等。这样的开头，不仅没有难度，还能赢得别人好感，让人觉得我们很有礼貌。

其次是认同，就是对前面的发言表示赞同。例如，可以夸赞某个人，"前面几位同志的发言，见解独到，有理有据，我听了很受启发，尤其是×××讲到的……×××建议的……我深有同感"；或者称赞一下主办单位。总之，如果我们在会议中间或者靠后的位置发言的话，表达对前面发言的认同，可以表明我们的团队精神，从而赢得更广泛的群众基础。当然，不能人云亦云，还是要合理地讲出自己的想法。

最后是自谦，就是对自己所讲的想法、建议等自谦一下，塑造一个谦虚谨慎的形象。如果我们被叫到第一个发言，无法"承前"时，就可以说"下面我抛砖引玉，请大家批评指正"这类的话。如果我们在后面发言，"承前"表达认同之后，在发言结束时，做好"自谦"或"启后"。

（五）提高即兴发言的质量

即兴发言不能只说客套话。怎么提高即兴发言的质量呢？可以尝试概括提炼，用好数括词语（如"四史""四个自信"）。如果我们从多个方面发表看法，不进行提炼，讲完之后，别人很难记住相关内容。因此，我们需要从形式方面来增强表达效果。例如，在一个工作经验交流会上，领导让我们谈谈"如何才能有创造性地开展当前工作"，这个话题难度很大，我们不能漫无边际地发表意见，而要对自己的想法进行概括提炼。

🔍 **示例**

> 我认为，要想创造性地开展××工作，就要做到"三个处理好"。
> 一是处理好守正与创新的关系……
> 二是处理好制度制定与落实的关系……
> 三是处理好考核与激励的关系……

从三个方面来谈自己意见的好处在于：一是讲话内容的逻辑性强；二是表述清晰，简洁好记，印象深刻。

🔍 **示例**

> 你是某单位新入职员工，经过入职培训，单位召开培训结业座谈会，你也可以用数括词语来发言。
> 示例：各位领导、同事，大家好！我是……刚入职就能得到这样系统的培训，在此，感谢××，感谢××，刚才××在发言中谈到……我深有体会。通过培训，我掌握了……为尽快适应岗位的需要，我将在接下来的工作中，努力做到"三个学习"。
> 一是要向领导学习，多与领导沟通……
> 二是要向同事学习，多向同事请教……
> 三是继续向书本学习，不断更新知识……

以上案例，不管"……"部分的内容是什么，只要我们把握住大框架，发言的逻辑就清晰。要想讲出货真价实的内容，还需要我们提高认识并增加阅历。

不善即兴发言的人要想做好即兴发言，可以这样训练自己：首先，时刻做好发言的心理准备，开会别干其他事情，记录并整理别人的发言；其次，轮到自己发言时，临阵不乱，做好承前启后，表明自己的态度；最后，把自己提前准备的内容和临场整理的内容梳理一下，有逻辑地表达出来，力争在发言中提出一两个独到的见解或想法。

沟通任务

1. 学期过半，你所在的学校计划组织一场期中教学工作研讨座谈会，你被指定为班级学生代表出席研讨座谈会，就前半学期班级同学的学习情况和教学建议作一即兴发言。

2. 即兴发言的思维训练。

即兴发言不仅需要有良好的口语表达能力，还需要具备良好的思维能力，这样才能做到言之有物。要想提高口语表达能力，还需加强思维训练。

（1）快速思维训练

练习下面两道题目，读完题目后，立即作答。

① 如果你是一名教师，在点名时，把某个同学的姓名念错了，同学们哄堂大笑，这时候，你怎么办？

② 上课时，教师就地取材，随意举出教室里的几件实物，如讲台、时钟、桌子、椅子、教材、笔、计算机等，请同学将这些实物连缀成篇，编织成一个故事。

（2）发散思维训练

请利用发散思维回答以下问题。

① 请以"人工智能"为话题，作一次3分钟的即兴演讲。

② 请一个同学上台，尽量多地说出"手机"的各种用途，限时2分钟。

（3）聚敛思维训练

在公务员申论考试中，有些题型是专门用来测试考生的"综合分析能力"的，这是最基础的题型，旨在考查考生对给定材料的全部或部分内容、观点或问题进行分析和归纳、多角度地思考、作出合理推断或评价的能力。建议做一些公务员考试模拟题，以训练自己的聚敛思维能力。

（4）逆向思维训练

一家自助餐厅因顾客浪费严重，为杜绝浪费行为，便作出餐厅规定："凡浪费食物者罚款十元。"结果生意一落千丈，后经人指点，将售价提高十元，规定改为："凡没有浪费食物者奖励十元。"结果生意火爆且杜绝了浪费行为。

请分析其中的思维方式，并谈谈这些思维方式还可以用在哪些场合。

思考与练习

1. 同学们在校期间将参加很多会议，请在会场观察会议的组织者和参与者分别要做哪些工作，学习组织会议的经验。

2. 会议的主题应该如何设定？作为会议主持人，你应该如何控制、引导会议的流程，如何营造积极的会场气氛？

3. 即兴发言的常用模式有哪些？请举例说明如何综合运用这些常用发言模式。

4. 请用逆向思维谈谈你对"谁在背后不议人，谁人背后无人议"这句话的理解。

扫码做练习

项目四试题

【项目导入】

　　小王大学毕业后，就职于一家事业单位，从事办公室文职工作。年底将至，单位领导将在年终总结大会上作报告，办公室主任安排小王起草全年的工作总结和明年的工作计划。入职不到半年，小王对整个单位的工作还不熟悉，要撰写这样的大稿，感觉无从下手，心理压力巨大。

　　冥思苦想几天后，小王决定找同事老张请教，老张不吝赐教，教了小王几手。小王写好初稿后，想找办公室主任汇报，几千字的材料，又不知道如何汇报，老张提醒他整理好汇报提纲，并提醒他汇报的重点。办公室主任指出了初稿在形式和内容方面的很多问题，同时也鼓励小王继续修改。经过多次修改，稿子终于过关。

　　本项目涉及办公室工作中常见的写作和沟通。在该项目中，我们将讲述工作计划、工作总结的写作技巧和规范，讲解党政机关常用公文的基本写法，如请示、报告、通报、意见、函等（通知、纪要等文种在前面已有讲解）；讲解职场沟通中如何与领导沟通、与同事沟通、与下属沟通，以及沟通交流的礼仪。学习本项目后，我们需要做到以下几点：

　　（1）掌握计划和总结的写法和规范；

　　（2）掌握党政机关常用文种的写法；

　　（3）掌握职场沟通技巧和礼仪规范。

写作任务一　撰写计划和总结

任务引入

小王接到办公室主任安排的写作任务，主要是为单位领导起草讲话稿。在年终总结大会上，领导需要讲哪些内容，他实在把握不准，在同事老张的提醒下，便去查阅并学习了往年年终总结大会的领导讲话稿。

经过一番研究，小王发现这类讲话稿很有特点，有诸多共性，前半部分是对当年工作的总结，后半部分是对下一年工作的安排和相关要求。巧妇难为无米之炊，没有材料怎么写呀？

通过学习本节，我们要学会工作计划和工作总结的基本写法，掌握计划和总结的写作技巧和行文规范。

知识串讲

一、计划的写作

（一）计划的含义和种类

1. 计划的含义

计划是党政机关、企事业单位、社会团体或个人对未来一定时间内要做的工作作出预定安排的一类文种，是为完成一定时期的任务而事前对目标、措施和步骤作出简要部署的事务文书。

扫码看视频

计划的种类和特点

2. 计划的种类

纲要、规划、计划、安排、方案、预案、工作要点等都属于计划类文书。

（1）纲要和规划是宏观性的计划。纲要，是对全局范围内带有远景发展设想的某项工作作出提纲挈领式的总体计划。纲要涉及的时长一般在十年左右。规划，是从宏观角度对某项工作的指导思想、方向、规模等作出的原则性规定，具有全局性、长远性和指导性等特点。规划的时间一般为三到五年，甚至五年以上。

（2）计划和安排主要是微观性的计划。计划，主要着眼于近期目标，从相对微观的角度对全局性工作或某一单项工作的任务、措施作出具体性的规定，便于直接贯彻实施，具有指令性。安排，常用于布置一定时限内的一项工作，适用范围比较小，内容单一。在语言表述上，安排的内容比计划更加具体。

（3）方案，可以是宏观的，也可以是微观的。方案一般是对即将开展的工作作出最佳安排时使用的一种计划性文书。相对而言，安排是对已经确定的工作计划的具体分解和贯彻落实，而方案一般是对尚未定局的新问题、新工作制定出一套工作方案。

（4）预案，是党政机关、企事业单位为应对各种突发公共事件而预先制定的工作方案。预案是为了防患于未然，预先设想一些问题，并对此提出解决方案，因此预案要尽可能周

全、具体、可行。

（5）工作要点，是计划的摘要形式。在写法上，多以分条列项式的写法来写，全文几个大点几个小点，分别依次拉通排序。

（二）计划的特点

1. 科学的预见性

在制订计划前，要对该项计划在目标、步骤、措施、保障等方面作出成功与不成功因素的分析，对发展趋势和所能达到的目标、可能出现的问题作出科学的预判，以保证计划的科学性和成功率。

2. 明确的目的性

计划都是有目的的，并且应该是经过努力后才能实现的计划。目标定得太高，经过努力都不能实现的话，就容易挫伤人们的积极性；目标定得太低，不易调动人们的积极性。

3. 措施的可行性

完成计划不仅需要明确的目标，还需要有力的保障措施，执行步骤需明确具体，具有可行性，只有这样才能保证目标的实现。

4. 执行的约束性

计划一经制订，就要对完成任务的实际活动起到指导和约束作用。工作的开展、时间的安排、经费的使用等，都要按计划严格执行。计划也是后期总结的依据，是检查计划落实与否的约束性材料。

（三）计划的写法

计划一般由标题、正文（前言、主体、结尾）和落款构成。

扫码看视频

计划的写法

1. 标题

（1）公文式标题，这种标题一般包括四要素：单位名称、执行时限、内容范围和计划种类，如《××学院20××年教学工作计划》。

（2）省略时限的标题，如《××大学学生工作要点》。

（3）只写时间和文种的标题，如《20××年工作计划》。

从标题信息的完整性来看，建议使用公文式标题。

2. 正文

正文一般包括前言、主体和结尾三个部分。

（1）前言（开头）。前言主要用于说明制订计划的依据，以及上级的指示精神，并且概述当前面临的形势，分析主客观条件，说明总体目标和完成计划指标的意义。

扫码看案例

计划的案例分析

（2）主体。主体部分是计划的核心内容，应包括计划的三要素：任务目标（做什么）、办法措施（怎么做）和进度安排（何时做）。主体部分可以根据工作实际进行分块撰写，把整个计划分为几大类，在每个大类之下再细分成不同的工作。先提出每项工作的目标，然后按逻辑关系写明拟定的具体措施等。

（3）结尾。如果是整个单位的工作计划，结尾可提出明确的执行要求，可以展望计划实现的情景，也可以提出希望或发出号召。如果是个人的学习或工作计划，可以写一些自我激励或表示决心的话。不是所有的计划都需要写结尾，工作要点常常不写结尾部分。

计划中有些内容在正文里不便表述或影响排版时，如任务图解、时间安排表等，可作为附件列在正文之后。

3. 落款

在正文的右下方署上制订计划的单位名称或个人姓名，在署名的下一行写上日期。如标题中已经写明单位名称和日期的，此部分可省略。

（四）计划的案例分析

结构名称		案例	简析
标题		**××大学学工部20××年工作要点（节选）**	标题部分要注意各要素的顺序。
正文	前言	20××年学工部的总体思路：以习近平新时代中国特色社会主义思想为根本遵循，深入贯彻落实全国教育大会精神，聚焦学校"中国特色、世界一流"的战略发展目标，聚焦立德树人根本任务，充实完善"三全育人""五育并举"教育体系。做实做强特色工作，尽心尽力守住安全底线，主动融入学校事业发展大局，培养德智体美劳全面发展的社会主义建设者和接班人。	前言部分提出总体工作思路。
	主体	**一、加强学生思想引领和价值塑造** 1. 扎实推进习近平新时代中国特色社会主义思想"三进"。充分发挥教师和辅导员队伍协同工作模式的优势，将课堂讲授和实践教育有机结合，提升教育效果。推动师生理论宣讲团建设，在校院两级建设一批"示范宣讲团""精品宣讲课"。 2. 推进社会主义核心价值观教育。以"家国·时节"为特色，组织重要纪念日、重要传统节日、传统文化月系列活动，办好第×届校歌校史演绎大赛。开展"明德工程"研究生主题教育案例创建评选，达到研究生主题教育的全覆盖。 3. 深化学生国防教育。（略） 4. 加强学生学风建设。（略） **二、以全面提升组织力为重点，持续加强学生党建工作** 5. 完善学生党建工作体系。（略） 6. 扎实推进学生党支部建设。做好"支部建设年"工作，开展"一支部一品牌"特色支部创建活动，做好研究生支部"双百"种子选拔与培育。推进"党支部书记讲党课"，遴选建设10门"精品党课"，20门"精品微党课"。 7. 深化党员教育培养。（略）	主体部分按工作内容的逻辑关系分为6大点24小点，分别依次拉通排序。每一小点写一个自然段，表达一个方面的内容。在写法上，每段首句为段落中心句，使用动宾结构来表达目标任务，第二句及以后的句子，多用动宾结构来书写具体的工作措施。

续表

结构名称		案例	简析
正文	主体	**三、加强队伍建设和顶层设计，重点推动六项工作改革创新** 8. 着力解决辅导员队伍的专业化职业化发展问题。研究"辅导员核心素质能力体系"，实施"辅导员素质能力提升计划"。完善辅导员学习培训体系和学分制，建设"思想政治工作精品课程库和辅导专家库"，成立首批校级辅导员工作室。进一步完善辅导员职务（职称）"双线晋升"办法和制度体系，提高队伍教学工作和研究工作的整体水平。 9. 探索特色导师立德树人工作体系。（略） （以下略） **四、落实立德树人根本任务，全面推进"三全育人""五育并举"教育体系** 15. 加强实践育人。（略） 16. 加强心理育人。（略） 17. 加强网络育人。（略） 18. 加强资助育人。（略） 19. 加强新时代大学生劳动教育。（略） **五、完善就业教育指导体系，优化就业布局，加强就业信息反馈** 20. 分类指导，校院联动，深化覆盖全程全员的就业教育指导体系。（略） 21. 瞄准国家重大战略需求，优化就业布局。（略） 22. 发挥好就业对学校人才培养的反馈和信息支持功能。（略） **六、提高政治站位和大局意识，做好安全稳定和保障服务工作** 23. 严守安全稳定工作底线。（略） 24. 强化住宿安全与资源保障。（略）	、
	结尾		工作要点可以不写结尾部分。
落款			这篇工作要点省略了落款部分。"署名署时"不是必需的内容，如有，可参照《党政机关公文格式》执行。

【工作计划模板】

××（单位）20××年××工作计划

开头：20××年是……的一年，根据……分析当前……形势，坚持稳中求进工作总基调，坚持高质量发展，全面落实……着力解决……加快推进……为实现……作出贡献。

主体：

一、提升×××水平，支撑×××建设

1. 全面提升××××。（略）

2. 切实加强××××。（略）

二、加强×××战略，提高×××质效

1. 纵深推进××××。（略）

2. 着力强化××××。（略）

三、强化×××管理，增强×××效能

1. 强化×××管理。（略）

2. 优化×××结构。（略）

（主体部分，建议采用分条列项式写法。全文按工作内容分为若干大点若干小点，拉通排序。以文件形式下发的计划，多采用工作要点的写法来写。）

结尾：×××××。

（可提出执行要求，或提出希望，或发出号召。工作要点可以不写结尾部分。）

附件：×××××

（不便在正文中表述的图、表等，可作为"附件"附于正文之后。）

单位名称

×年×月×日

（如果标题中已有单位名称和时限，也可不用署名署时。）

二、总结的写作

（一）总结的含义和种类

1. 总结的含义

总结是党政机关、企事业单位、社会团体或个人对以往某个阶段或某个方面的工作，进行系统的回顾、检查、分析、评价，从理论上概括经验、教训，获得规律性的认识，以便指导今后工作的一种事务性文书。

2. 总结的种类

总结可以从不同角度分出许多种类。

（1）按内容分，有学习总结、工作总结、思想总结、科研总结等。

（2）按范围分，有单位总结、部门总结、科室总结、个人总结等。

（3）**按时间分**，有年度总结、学期总结、季度总结、月份总结等。

（4）**按性质分**，有综合总结、专题总结等。

（5）**按形式分**，有文字总结、图表总结、口头总结等。

总结有各种别称，如自查性质的评估、汇报、回顾、小结等都具有总结的性质。

（二）总结的特点

1. 概括性

总结类文书需要对某一阶段的学习、工作、活动等进行全面的回顾和概括，总结出其中的主要经验和教训，以及达到的成果和效益。概括性不仅体现在对整体情况的把握上，还体现在对具体事项的分析和总结上。

2. 客观性

总结是以自身工作实践为材料，通过全面回顾、分析、评价而形成的，在评价时，要以客观事实为依据，所列事例和数据都必须真实可靠，不得夸大、缩小，更不得杜撰。

3. 条理性

总结需要按照一定的逻辑顺序和结构来组织和呈现内容，让读者能够清晰地理解各部分内容之间的关系。这种条理性不仅体现在整体结构的安排上，还体现在段落、句子等细节的处理上。

4. 指导性

总结不仅是对过去的回顾和概括，更是对未来的指导和建议。通过总结，可以发现过去的问题和不足，提出改进措施和建议，为未来的学习、工作、活动等提供参考和借鉴。这种指导性不仅体现在总结类文书的结论和建议部分，也体现在对经验和教训的深入分析和总结上。

5. 实用性

总结是一种实用性很强的文书，它可以为领导决策提供参考，也可以为工作人员提供借鉴和指导，还可以为未来的学习、工作、活动等提供有益的参考和启示。因此，总结需要注重实用性，尽可能将理论和实践结合起来，提供具有可操作性的建议和措施。

（三）总结的写法

总结的结构一般由标题、正文、落款三部分组成。

1. 标题

（1）**公文式标题**。标题由单位名称、时限、内容、文种名称构成，如《××20××年销售工作总结》。

（2）**文章式标题**。标题以两三个短语概括主要内容或基本观点，如《不忘初心　坚守教育情怀　用爱与智慧办百姓家门口的好学校》。

（3）**正副标题**。分别以文章式标题和公文式标题为正副标题，正标题概括主要内容，副标题写明单位名称、时间、事由和文种，如《笃行不怠向未来　砥砺奋发谱华章——××市职

扫码看视频

总结标题
的写法

业教育中心20××年度工作总结》。

2. 正文

正文包括前言、主体和结尾三个部分。

（1）前言。前言部分用来说明工作背景、工作任务完成情况等，并作出基本评价，其目的在于让读者对总结的全貌有一个概括的了解。

（2）主体。主体部分应包括主要工作内容、成绩及评价、经验和体会、问题或教训、下一步工作举措等。主体部分可按纵式结构或横式结构安排材料。纵式结构，就是按工作内容、方法、成绩、经验、教训等依次展开，这种结构比较适合单一性、专题性的工作。横式结构，就是按材料的逻辑关系将总结内容分成若干部分，标序加题，逐一撰写。总结质量的优劣在于能否全面分析取得的成绩及取得成绩的原因和做法，能否总结出带有规律性、理论性的经验。

（3）结尾。以归纳呼应主题、指出努力方向、提出改进意见或表示决心信心等语句作结，要做到简短精练。如果主体部分没有指出工作中的缺点或存在的不足，可在结尾部分提及，并写明今后的打算和努力的方向。

3. 落款

如果总结的标题中没有写明总结者或总结单位，就应在正文右下方署名署时。如是在杂志或简报上刊发的总结，可在标题下方居中署名。

（四）总结的案例分析

结构名称		案例	简析
标题		**抚躬自问　反求诸己** ——×××大一学习生活总结	标题采用了正副标题形式，正标题中间不用标点符号，很规范。
正文	前言	我是×××，××大学××学院20××级本科生。回首这一年，我得到了许多老师、同学、朋友的关心和照顾，在许多方面取得进步。下面是个人年度总结，希望借此总结经验教训，促进个人接下来的发展。	前言部分写明个人基本信息，然后对过去一年的收获进行概述，然后转入下文。
	主体	**一、思想觉悟显著提高，理想信念得到升华** 大一上学期，提交了入党申请书，积极学习党课，对党有了更深刻更全面的认识。积极参与班级团日活动和学校的有关党团的实践活动。参观平津战役纪念馆，学习党的奋斗历史，对党的章程和党的宗旨认识更深刻了，入党的决心和信心也更坚定。大一下学期，经投票和决议，被支部委员会推优，接受入党积极分子培训。总体来看，我正朝着一个高觉悟、高标准、高素质的优秀人才的目标努力，在思想认识方面有了不小的进步，理想信念进一步升华。	该生从思想、学习、社团、生活四个方面进行总结，分类合理，逻辑恰当，结构均衡。

扫码看视频

总结正文的写法

续表

结构名称		案例	简析
正文	主体	**二、适应大学学习方式，学习成绩名列前茅** 大一上学期，取得了优异的学习成绩，加权成绩达到92.5，位居班级前列。平稳度过了初入大学的不适应期，端正了学习态度。主要体现在三方面。 保持良好的学习态度，保证充足的学习时间。（略） 讲究学习方式，注重学习效率。（略） 合理分配作息时间。（略） **三、社团工作初见成效，协作能力长足发展** 经过社团工作一年的锻炼，多方面进步显著。 第一，策划能力显著提升。在心理协会的几次线上线下活动中，主动参与活动策划，从中学到许多知识，提高了策划能力。心理协会的几次活动，也取得了很好的反响，协会获得××大学社团项目评估心理类第一名。 第二，交际能力稳步提升。通过和部员、同学间的协作与共同策划，班委间共同组织团日活动等，逐渐变得沉稳，在合作中逐渐学习与人沟通的技巧，有效沟通的能力大大增强，与他人的交际能力相比之前大大提高。 第三，组织能力得到锻炼。在社团的各种工作，了解了很多需要注意的问题，如考虑集体意见、全面考虑活动条件等，对日后组织活动大有帮助。总体来看，社团工作上已取得一些成绩，但仍需继续改进，不断提升自我。 **四、生活状态积极向上，精神世界充实富足** 入学后，个人风格明显转变，生活状态逐渐向上，精神世界保持愉悦。大一一年，师生的认可和成绩的取得让我自信起来。（略）	从语言表达来看，各部分使用了小标题，小标题的写法较为规范，采用了主谓结构来表达各方面取得的成绩。四个小标题都是采用两个短语来表达的，如果第一个短语使用动宾结构来表达相关的做法，第二个短语使用主谓结构来表达取得的成绩，会更全面、更好。
	结尾	回顾一年大学生活，感触颇多，我变得更加成熟理智，变得更加稳重乐观。在××大学的生活教会我以一种批判的眼光、全面的角度看待问题，真诚待人，实事求是做事。诚然，仍有许多地方存在不足，许多地方需要改进，但在乐观的生活态度指引下，我一定可以做得更好，成就更好的自我！	结尾再次概括收获，并略提不足，写法得当。
落款		××× ×年×月×日	可参照《党政机关公文格式》国家标准（GB/T 9704—2012）执行。

【工作总结模板】

×××××××　×××××××

——×××20××年××工作总结

开头：过去的一年，公司全体员工上下同心，团结奋进，坚持……围绕……完成了……目标任务，为实现……打下了坚实基础，在……的征程中又迈进了一步。

主体：

一、完善……机制，……成效显著

（一）……质量不断提高

1. ……持续改善。（略）

2. ……初步形成。（略）

（二）……水平全面提升

1. ……全面加强。（略）

2. ……逐步提高。（略）

二、深化……改革，……加快形成

（一）……改革纵深推进

1. ……持续深化。（略）

2. ……繁荣发展。（略）

（二）……

三、统筹……发展，……协调发展

（一）……结构更加合理

（二）……体系日益完善

（正文部分的一级标题，建议多采用"动宾结构+主谓结构"的表述方式，动宾结构用来概括具体的工作措施和典型做法，主谓结构则用来表达工作成效。二级标题多采用主谓结构来体现具体的工作效果，也可采用动宾结构来总结工作举措。三级标题及具体内容用于总结各方面工作的实际情况，写法上先虚后实。）

结尾：×××××。

（如果主体部分没有指出工作中的不足，可在结尾部分提及，并写明今后的打算和努力的方向。）

单位名称

×年×月×日

⚙ 写作任务

1. 结合自身实际，撰写一篇大学生涯规划，分别从思想、学习、社团活动、社会实践、日常生活等方面进行规划。

2. 结合自身实际，请就你入学以来的思想、学习、社会实践、文体活动等情况，撰写一篇大学学习生活总结。

写作任务二　撰写党政公文

任务引入

公文是党政机关、企事业单位和社会团体在公务活动中为行使法定职权而制发的文件，是以文辅政的重要载体。在公务活动中，我们只有准确、规范地撰写并使用公文，才能确保政令畅通，有序开展工作。公文要能够传达、贯彻党和国家的路线、方针、政策、法规与规章，实施领导和管理，体现和反映党和国家的政治意向、指挥意志、行动意图，维护党和政府的权威及它所代表的人民群众的根本利益。

为了适应中国共产党机关和国家行政机关工作需要，推进党政机关公文处理工作科学化、制度化、规范化，中共中央办公厅和国务院办公厅联合印发了《党政机关公文处理工作条例》（中办发〔2012〕14号）。《条例》要求各级党政机关应当高度重视公文处理工作，加强组织领导，强化队伍建设，设立文秘部门或者由专人负责公文处理工作。

通过学习本节，我们要了解党政机关常用公文的含义和特点，掌握不同文种的基本写法和写作要求，遵循党政机关公文格式规范。

知识串讲

2012年4月16日，由中共中央办公厅和国务院办公厅联合印发了《党政机关公文处理工作条例》（中办发〔2012〕14号），此条例自2012年7月1日起施行。《党政机关公文处理工作条例》第三条规定："党政机关公文是党政机关实施领导、履行职能、处理公务的具有特定效力和规范体式的文书，是传达贯彻党和国家的方针政策，公布法规和规章，指导、布置和商洽工作，请示和答复问题，报告、通报和交流情况等的重要工具。"

根据适用范围，《党政机关公文处理工作条例》规定了以下15种公文文种。

（1）决议。适用于会议讨论通过的重大决策事项。

（2）决定。适用于对重要事项作出决策和部署、奖惩有关单位和人员、变更或者撤销下级机关不适当的决定事项。

（3）命令（令）。适用于公布行政法规和规章、宣布施行重大强制性措施、批准授予和

扫码看视频
公文的种类

扫码看视频
公文的特点和
行文关系

晋升衔级、嘉奖有关单位和人员。

（4）公报。适用于公布重要决定或者重大事项。

（5）公告。适用于向国内外宣布重要事项或者法定事项。

（6）通告。适用于在一定范围内公布应当遵守或者周知的事项。

（7）意见。适用于对重要问题提出见解和处理办法。

（8）通知。适用于发布、传达要求下级机关执行和有关单位周知或者执行的事项，批转、转发公文。

（9）通报。适用于表彰先进、批评错误、传达重要精神和告知重要情况。

（10）报告。适用于向上级机关汇报工作、反映情况，回复上级机关的询问。

（11）请示。适用于向上级机关请求指示、批准。

（12）批复。适用于答复下级机关请示事项。

（13）议案。适用于各级人民政府按照法律程序向同级人民代表大会或者人民代表大会常务委员会提请审议事项。

（14）函。适用于不相隶属机关之间商洽工作、询问和答复问题、请求批准和答复审批事项。

（15）纪要。适用于记载会议主要情况和议定事项。

在前面的项目中，本书介绍了通知、纪要的写作，下面介绍请示、报告、通报、意见和函的写作。

一、请示的写作

（一）请示的含义和种类

1. 请示的含义

请示是适用于向上级机关请求指示、批准的公文，属于上行文。下级机关在向上级机关行文时，应当严格遵循上行文的规则，行文规则在《党政机关公文处理工作条例》"第四章 行文规则"中有明确规定。

2. 请示的种类

（1）请求指示的请示。遇到本机关在职权范围内过去没遇到过的新情况、新问题，在有关的方针、政策、规章及上级的指示中，都找不到相应的处理依据，无章可循，因而没有对策时，需要上级机关给予指示。对有关方针、政策和上级机关发布的规定、指示有疑问，不能擅自决定的，需要上级机关给予解释和说明时，要用请示。与同级机关或协作单位在较重要的问题上出现分歧，需要请求上级机关裁决的，需用请示。

（2）请求批准的请示。下级机关工作中的新做法、新方案、新项目等，需要上级机关批准后方可执行的，一般需要请求上级批准。依据有关规章和管理权限，下级机关制定的某些规定、规划等，需要经过上级机关的批准才能发布实施。请求审批某些项目、指标，如在工作中遇到人、财、物方面的困难，自己无法解决，可提出解决方案请上级机关审批。

（3）**请求批转的请示。** 下级机关就某一涉及面广的事项提出处理意见和办法等，需有关单位协同办理，但按规定又不能直接要求平级机关或不相隶属机关办理的，需请求上级机关审定后批转至有关部门执行。

（二）请示的特点

1. 请求性

请示是下级机关向上级机关提出请求，希望得到上级机关的指示、批准或帮助，以解决工作中遇到的问题或推进某项工作。这种请求性质是请示的基本特点。

2. 单一性

请示行文必须遵循"一文一事"原则。一份请示只能就一项工作、一种情况或一个问题作出请示。请示的单一性还体现在主送机关的数量上，只写一个主送机关，即使受双重领导的下级机关，也只能主送其一，必要时抄送另一个上级机关。

3. 时效性

请示通常涉及当前工作或即将进行的工作，需要上级机关及时给予答复或指示。因此，请示具有很强的时效性，下级机关需要及时向上级机关提出请示，以便上级机关能够及时作出决策或给予帮助。

4. 事前行文

请示是在工作开始之前或遇到难以解决的问题时向上级机关提出的，目的是征求上级机关意见或请求上级机关批准，然后再开展相应工作。这种事先行文的方式可以帮助下级机关规避风险，确保工作的合规性和可行性。

（三）请示的写法

请示的结构由标题、主送机关、正文和落款四部分组成。

扫码看视频

请示的写法

1. 标题

（1）由发文机关名称、事由和文种构成，如《××学院关于增加20××年人员编制的请示》。

（2）由事由和文种构成，如《关于成立××中心的请示》。

"请示"的标题不能仅写"请示"二字，也不能写成"报告"或"请示报告"。另外，请示含有请求、申请的意思，所以请示的标题中不宜再出现"请求"或"申请"等字样。

2. 主送机关

请示的主送机关是指负责受理和答复请示的机关。请示只能写一个主送机关。受双重或多重领导的下级机关向上级机关行文，如有必要，应当写明主送机关和抄送机关，由主送机关负责答复其请示事项。

《党政机关公文处理工作条例》还规定："除上级机关负责人直接交办事项外，不得以本机关名义向上级机关负责人报送公文，不得以本机关负责人名义向上级机关报送公文。"

3．正文

请示的正文一般包括开头、主体和结尾语三部分。

（1）开头。开头部分主要交代请示的缘由。它是请示事项能否被批准的关键，关系到事项是否成立，是否可行，关系到上级机关审批请示的态度，也是上级机关批复的依据，所以这部分内容要客观具体、有理有据、说明充分，只有这样上级机关才好及时决断，予以有针对性的批复。因此，缘由要十分完备，依据、情况、意义、作用等都要写上，有时还需要说明相关背景。

（2）主体。主体部分主要提出请求的具体事项。这部分内容要单一，坚持一文一事的原则。请求事项要符合法规、符合实际，具有可行性和可操作性。事项要写得具体、明确、条项清楚，如果请示的事项比较复杂，要分清主次，逐条写出，重点突出，语气得体。

（3）结尾语。另起一段，使用请示的习惯用语，如使用"当否，请批示""妥否，请批复""以上请示如无不妥，请批复""以上请示如无不妥，请批转各部门研究执行"等语句作结。

如请示中有附带的名单、报表、方案等补充材料，可作"附件"处理。

4．落款

请示的落款包括署名和成文时间两项内容。如为联合请示，主办单位印章在前，协办单位印章在后，最后一个单位的印章下压成文日期。

（四）请示的案例分析

结构名称		案例	简析
标题		**××大学关于申请划拨基建经费的请示**	标题中"申请"二字多余。
主送机关		省高教厅：	主送机关尽量用全称。
正文	主体	××大学从20××年开始，将与××、××等国家的××大学、××大学建立合作关系，双方互派专家、学者访问，但××大学现有的宿舍、招待所条件简陋，不能保证完成接待任务。经校领导班子研究，决定新建一栋专家楼，以保证接待工作圆满完成，但资金缺口达500万元，因此欲向省高教厅请求划拨基建经费。	这份请示的正文部分没有细分开头、主体等段落。申请理由很不充分。用语不够正式，如"欲"。申请经费不具体。
	结尾	妥否，盼复。	结尾语"盼复"用词不当。
	附件	附：《基建经费预算表》	附件部分格式错误。详见《党政机关公文格式》。
落款		××大学 ×年×月×日	落款须加盖印章。

【请示模板】

××关于××的请示

主送机关（只能写一个机关）：

　　开头：×××××。

　　（详细陈述发出请示的缘由、依据和目的等，理由一定要充分。）

　　主体：×××××。

　　（提出请求的具体事项，事项要写得具体、明确、条项清楚。）

　　结尾语：×××××。

　　（以"当否，请批示""妥否，请批复"等语句作结。）

　　附件：×××××

　　（如有，需说明附件名称，名称后面不用标点符号。）

下级机关名称（印章）

×年×月×日

二、报告的写作

（一）报告的含义和种类

1. 报告的含义

报告是适用于向上级机关汇报工作、反映情况，回复上级机关询问的公文。报告属于上行文。

扫码看视频

报告与请示的区别

2. 报告的种类

（1）工作报告。这是报告中最常见的一种类型，主要用于向上级机关汇报某项工作或某个项目的进展情况、完成情况、遇到的问题及解决方案等。工作报告通常包括工作的目标、过程、成果和反思等内容，以便上级机关了解工作全貌并给予相应指导。

（2）情况报告。这种报告主要用于反映某种情况或问题的现状，包括社会情况、自然现象、事故情况等。情况报告的目的是让上级机关了解某一特定领域或某一事件的真实情况，以便作出决策或采取相应措施。

（3）答复报告。答复报告是对上级机关询问或要求答复的某项工作或问题的回复性报告。当上级机关对某项工作或问题提出询问或要求下级机关答复时，下级机关需要按照上级机关的要求，以答复报告的形式进行回复，说明情况或提供相关数据和信息。

（4）呈送报告。呈送报告主要用于向上级机关呈送某种文件、资料或物品，并对其进行说明和解释。呈送报告的目的是让上级机关了解所呈送文件、资料或物品的内容和价值，以便作出相应决策或采取相应措施。

（二）报告的特点

1. 陈述性

报告主要是为了向上级机关汇报工作、反映情况、提出建议或意见等，因此其内容通常以叙述、说明为主，具有明显的陈述性。报告需要客观地陈述事实、数据和情况，避免过多的议论和主观判断。

2. 综合性

报告往往涉及多个方面、多个领域的内容，需要对各类信息、数据和情况进行综合分析和整理，形成一份全面的、系统的报告。因此，报告具有较强的综合性，需要综合考虑各方面因素，进行全面的分析和评估。

3. 单向性

单向性也是报告相对于"请示"而言的特点。报告是下级机关向上级机关汇报工作、反映情况时使用的单方向上行文，不需要上级机关予以批复。请示具有双向性的特点，有批复与之相对应，报告则是单向性行文。

（三）报告的写法

报告的结构由标题、主送机关、正文、落款四部分组成。

1. 标题

（1）由发文机关、事由和文种构成，如《××关于××火灾事故的情况报告》。

（2）由事由和文种构成，如《关于共青团组织格局创新工作选举结果的报告》。

2. 主送机关

报告的主送机关应为负责受理报告的上级机关，一般为发文机关的直接上级机关。如有必要需报送其他上级机关时，可采用抄送形式。

3. 正文

报告正文的结构一般由开头、主体和结尾语等部分组成。

（1）开头。报告开头主要交代发文的缘由，概括说明报告的目的、意义或根据，然后用"现将有关情况报告如下"一语转入下文。

（2）主体。报告主体是报告的核心部分，用来说明报告事项。在不同类型的报告中，报告事项的内容可以有所侧重。

① 工作报告的主体部分。写明工作基本情况、工作进度、主要成绩、经验教训、存在的问题以及下一步工作安排。主要采用记叙方式撰写，按时间顺序、工作发展过程或逻辑关系分设若干部分，有层次地概括叙述。要避免把工作报告写成面面俱到的流水账，做到点面结合，重点突出。要实事求是地汇报工作，报告中所列成绩或问题必须属实，不夸大不缩小，并能从中揭示出一定的规律性认识。在报告中可以写设想、提建议，但不可附带请示事项。

② 情况报告的主体部分。情况报告要将工作中的重大情况、特殊情况和新动态等及时向上级机关报告，便于上级机关及时采取措施，指导工作。作为下级机关，有责任做到下情上

扫码看视频

报告的写法

传，保证上级机关耳聪目明。如果下级机关隐情不报，则是一种失职行为。写作中要将突发情况或某事项的原因、经过、结果、性质与建议表述清楚，以有助于推进当前工作。

③ 答复报告的主体部分。面对上级机关的询问，要实事求是、有针对性地回答。要写清问题，表明态度，不可含糊其词。

④ 呈送报告的主体部分。详细阐述需要呈送的具体事项，其中可能包括文件、资料、物品等。如果可能的话，应对呈送的事项进行相关的数据和信息分析，以提供更深入的理解和洞察。有些呈送报告的主体部分还可以包括对呈送事项的建议和意见，如对事项的处理方式、可能的影响、需要采取的进一步行动等。

（3）结尾语。根据报告种类的不同，一般使用不同的习惯用语，且应另起一段来写。工作报告和情况报告的结尾语常用"特此报告"；答复报告多用"专此报告"；呈送报告则用"请审阅""请收阅"等。报告的结尾语不是必需的要素。

4. 落款

在正文后右下方写明发文机关名称和成文日期。

（四）报告的案例分析

结构名称	案例	简析
标题	**关于××县体育事业发展工作情况的报告**	标题由事由和文种构成。
主送机关	县政府：	主送机关尽量用全称。
正文　开头	在县委、县政府的领导和县人大常委会的监督支持下，县教育体育局紧紧围绕提高全县人民身体健康水平这一总体目标和"提升内涵品质，建设教体名城"这一工作主题，积极实施体育强县建设工程，大力开展全民健身活动，不断提升竞技体育水平，着力推进学生阳光体育运动，努力发展体育产业，全县体育事业取得了长足的发展。现将近三年来的体育事业发展工作情况报告如下。	开头部分概述体育事业发展的总体目标和基本情况，然后用一个过渡句转入主体部分。
主体	一、所做的主要工作及成效 　（一）群众体育工作得到全面推进。群众体育关系到全民健康，是一项民生工程。我们始终把群众体育作为体育工作的出发点和立足点。一是全民健身活动火热开展。（略）二是体育设施建设快速发展。（略）三是体育创强持续深化。（略）四是体育社团建设不断加强。（略） 　（二）竞技体育实力得到稳步提升。竞技体育水平是衡量一个地区社会影响力的一项重要指标，这些年涌现了以×××为代表的一批世界冠军。随着教体合一的体制调整和第×届省运会和第×届市运会将在我县举办，我县竞技体育驶入了快车道，正全方位、深层次地推进各项备战工作，这有效地促进了我县竞技体育的快速发展。一是业余训练保障得到有效提升。（略）二是人才队伍建设得到明显加强。（略）三是竞技体育比赛成绩令人鼓舞。（略）	主体部分分别从"所做的主要工作及成效""存在的主要问题及原因"和"下一步工作打算"三个方面进行报告。 在总结主要工作及成效部分，相当于对近三年的体育事业进行工作总结，写法与总结类文书相同，多用主谓结构来表达工作成效。

续表

结构名称		案例	简析
正文	主体	（三）青少年阳光体育运动得到不断普及。青少年体质健康水平一直是社会关注的热点，教体合并后，我们围绕全面提升我县中小学生的体质健康水平，在各级各类学校开展了青少年学生阳光体育运动，并取得了较好的效果。一是建立了阳光体育考核评估制度。（略）二是拓展了学生体育联赛项目。（略）三是学生体质健康水平有了较大改善。（略） （四）体育产业得到健康发展。一是体育产业初具规模。（略）二是体彩销量屡创新高。（略）三是高危体育场所管理日趋规范。（略） **二、存在的主要问题及原因** （一）体育设施的建设还相对不足。随着健身热的兴起，群众性体育设施的相对不足与群众健身需求的不断增长存在着一定的矛盾。存在问题的主要原因是…… （二）竞技体育发展的制约因素依然存在。（略） （三）体育产业的发展还不够均衡。（略） **三、下一步工作打算** 下一步将按照……要求，全面推进我县体育事业发展。 （一）大力推进全民健身运动。（略） （二）着力提升竞技体育水平。（略） （三）努力提高学生体质健康水平。（略） （四）全力办好两大体育盛会。（略） （五）尽力做好体育中心赛后运作。（略）	查找主要问题并分析原因部分，在语言表达上，多采用主谓结构来说明相关问题。 "下一步工作打算"属于计划类文书的写法，多采用动宾结构来表达拟采取的工作措施。
	结尾语	特此报告。	结尾语用习惯用语作结。
落款		××县教育体育局 ×年×月×日 （资料来源：绍兴市教育体育局，有改动。）	落款部分按照《党政机关公文格式》执行。

【报告模板】

××关于××的报告

主送机关：

开头：×××××，现将有关情况报告如下。

（先交代发文缘由，概括说明报告的依据、目的、意义等。写明基本情况，然后根据报告的主要内容进行分层次汇报。）

主体：

一、×××××××

1. ×××××××

2. ×××××××

二、×××××××

1.×××××××

2.×××××××

三、×××××××

1.×××××××

2.×××××××

（多采用分条列项式写法。如果是工作报告，就对工作的主要成绩、经验教训、存在的问题和改进措施等分别陈述。如果是情况报告，就对事件（事故）的基本情况、原因、经过、结果、处理情况等逐一汇报。如果是答复报告，有针对性进行答复即可。）

结尾语：×××××。

（以"特此报告""请审阅""请收阅"等语句作结，也可不写。）

附件：×××××

（如有，需说明附件名称，名称后不用标点符号。）

下级机关名称（印章）

×年×月×日

三、通报的写作

（一）通报的含义和种类

1．通报的含义

通报是用于表彰先进、批评错误、传达重要精神和告知重要情况时使用的公文，属于下行文。通报具有知晓性和指导性的作用。

2．通报的种类

（1）表彰性通报。表彰性通报主要用于表彰先进人物、先进集体，介绍先进经验，其主要作用是表彰先进、树立榜样，以达到激励先进、发扬正气、推广经验、指导工作的目的。

（2）批评性通报。批评性通报主要用于对工作中出现的影响较大的错误事件、错误做法进行通报批评，借以告诫和教育人们吸取教训，引以为戒。

（3）情况性通报。情况性通报主要用于向干部群众传达重要精神和告知重要情况，使广大干部群众及时了解工作中存在的带普遍性的问题或出现的新情况和新问题，以便统一认识，统一行动，推动工作的顺利开展。

（二）通报的特点

1．教育性

通报用于表彰先进单位、先进个人和先进事迹，宣传成功经验或批评错误，打击歪风邪气，以起到警示作用。通过正面和反面的典型事例，使人们从中接受先进思想的教育，或警示警醒，引起注意，吸取教训。

2. 典型性

通报的人物和事件总是具备一定的典型性，能够反映、揭示事物的本质规律。通过典型事例达到启发式教育的目的，告诫人们应该注意哪些问题、发扬何种精神、克服何种倾向。

3. 时效性

通报一般是对工作中出现的特定问题、先进典型、重要情况等信息进行公开的一种途径，只有做到及时通报，才能及时杜绝类似事件的发生，或者及时推广典型经验，以便更好地发挥指导作用。

4. 政策性

政策性并不是通报独具的特点，其他公文也同样具有这一特点。但是，作为通报，尤其是对表扬性通报和批评性通报来说，政策性尤为突出。因为通报中的决定（即处理意见）直接涉及具体单位或个人及事情的处理，此后也可能影响其他单位、部门效仿执行。决定正确与否，影响深远。因此，必须依据政策。

（三）通报的写法

通报的结构一般由标题、主送机关、正文、落款四部分组成。

1. 标题

（1）由发文机关名称、事由和文种组成，如《××省××厅召开离退休干部会议情况的通报》。

（2）由事由和文种构成，如《关于表彰×××等同志的通报》。

（3）少数通报的标题是在文种前冠以机关名称，如《中共××市纪律检查委员会通报》；也有的通报标题只有文种名称，一般只见于张贴式通报。

2. 主送机关

除了普发性通报，其他通报均应写明主送机关。

3. 正文

通报的正文由开头、主体和结尾构成。开头部分说明通报缘由，主体部分作出通报决定，结尾部分提出希望和要求。不同类型的通报，其正文的写法不尽相同。

（1）表彰性通报。根据表彰通报的内容和对象，表彰性通报可分为表彰先进人物、先进集体的通报和介绍先进经验的通报两大类。

① 表彰先进人物、先进集体的通报。其正文大体可分为四个部分。

一是概括介绍先进人物或先进集体的事迹，说明通报缘由。叙述先进事迹，包括时间、地点、人物、事件、结果等要素，要详略得当、重点突出，这部分是通报的主要内容，应写得详细些。

二是分析评议先进事迹的典型意义，并对此作出肯定性、合理性的评价，阐明所述事迹的性质和意义。

三是依据相关规定提出表彰决定，如通报表扬、授予荣誉称号或给予一定的物质奖励等。

四是提出希望和学习号召，既要包括对表彰对象的勉励和期望，又要包括对广大群众的

扫码看视频

表彰性通报
的写法

希望和号召，以体现发文意图。

②　介绍先进经验的通报。其正文一般可分为三个部分。

一是简要介绍取得经验和成绩的相关事迹，并依据有关规定作出表彰决定。

二是具体介绍取得经验和成绩的单位或个人的典型做法及其成功经验，这部分是全文的核心。为了更好地宣传、推广先进经验，可采取分条列项式写法。

三是指出存在的不足，有则写，没有则不必强求。

（2）批评性通报。其正文部分大致包括以下四个方面。

①　陈述错误事实。首先概括介绍错误事实发生的时间、地点、简单经过，以及造成的经济损失和社会影响等。

②　分析原因并评议。客观分析错误事实产生的原因，并指出错误的性质、危害及违反了哪些政策、规定。

③　提出处理决定。提供处理的有关依据，然后提出对主要责任者的处理决定和工作上的改进措施。

④　提出要求并发出警戒。主要是要求被通报的有关单位或人员，从此类错误中吸取教训，同时向有关方面发出不要再犯类似错误的警戒。

（3）　情况性通报。　其正文部分主要包括三个方面的内容。

①　叙述情况。这一部分所占篇幅相对大一些，但在写作时要注意表述准确，语言精练。

②　分析情况。针对通报的相关情况，作出恰如其分的分析，并表明态度。

③　提出希望或要求。根据通报的情况，提出今后工作的具体意见和要求。

情况性通报的写法比较灵活。在具体写法上，有的是先叙述情况，然后进行分析，得出结论；有的是先通过简要分析作出结论，再列举情况来说明结论的正确性和针对性。

4. 落款

在正文后右下方写明发文机关名称和成文日期。

（四）通报的案例分析

结构名称	案例	简析
标题	**关于一名在职教师违规组织参与补课问题查处情况的通报**	标题较长需回行时，要做到词意完整，排列对称，长短适宜，间距恰当，标题排列应当使用梯形或菱形。
主送机关	各县（区）教体局，各局属学校（单位）、省属事业单位办学校、市管民办学历教育学校：	主送机关较多，回行时仍顶格，最后一个机关名称后标全角冒号。

扫码看视频

批评性通报的写法

扫码看案例

通报案例分析

结构名称		案例	简析
正文	开头	为持续巩固寒假专项治理工作成果，市"双减"工作领导小组办公室组织多部门成立联合检查组，持续开展"双减"联合检查工作。现将近期一名教师违规组织参与补课问题查处情况通报如下。	开头部分交代通报缘由。
	主体	20××年×月×日×时×分许，市"双减"工作领导小组联合检查组在常态化巡视检查中发现，市第×中学在职教师付某某与11名学生共同出现在第×中学附近某自习室。经调查核实，付某某出现在该自习室的行为属违规组织参与补课，严重违反教师职业道德和工作纪律，付某某对此事实予以承认。 依据《中国共产党纪律处分条例》《中小学教师违反职业道德行为处理办法（2018年修订）》《××市中小学在职教师违规补课处理办法（试行）》及《××市教育行业失信教师惩处细则》等有关规定，经市教体局研究决定，给予付某某如下处理： （一）给予付某某党内严重警告处分。 （二）给予付某某降低岗位等级处分，其职务工资和级别工资重新确定。 （三）（略） 付某某置规矩纪律于不顾，置师德操守于不顾，置教育主管部门三令五申于不顾，承诺不守诺、顶风违纪，严重损害了教师队伍的整体形象，须从严从重处理。全市教育系统广大教职工要深刻以此为戒，汲取教训、举一反三，从严要求约束自己。全市各中小学校要肩负起师德师风建设主体责任，强化警示教育、日常监管等工作，对广大教职工做好经常性教育提醒，努力营造风清气正的育人环境。	主体部分先陈述错误事实，概括说明错误事实发生的时间、地点、简单经过；然后提供通报处理的有关依据，作出对当事者的处理决定；最后提出工作要求并发出警示。
	结尾	本次寒假专项治理期间，连续查处第×中学多名违规补课教师，暴露出第×中学师德师风建设主体责任落实不力，日常教育监管不到位。依据有关规定，经市教体局研究决定，给予第×中学领导班子集体通报批评，责令领导班子集体向市教体局做出书面检查。 新学期开学，市教体局将继续依托市"双减"工作领导小组工作机制，会同多部门持续加大校外违规培训和在职教师违规补课综合整治力度，进一步净化教书育人生态。各单位（学校）要立即将本通报传达至每名教职工，并通过召开线上或线下会议的方式对全体教职工提醒提示，明确纪律要求。有关传达落实情况于3月1日（本周五）前反馈至市教体局。	结尾部分提出警示和下一步工作要求。
落款		××市教体局 ×年×月×日	按照《党政机关公文格式》执行。

【通报模板】

××关于××的通报

主送机关：

　　开头：×××××。

　　（表彰性通报：介绍基本情况和先进事迹。

　　批评性通报：叙述错误事实及影响。

　　情况性通报：概述相关情况，说明通报目的。）

　　主体：

　　一、×××××××

　　（表彰性通报：分析评价先进事迹。

　　批评性通报：分析错误事实的产生原因、性质和危害等。

　　情况性通报：详细叙述情况，分析情况。）

　　二、×××××××

　　（表彰性通报：依据相关规定，提出表彰决定。

　　批评性通报：根据相关规范，作出处理决定。

　　情况性通报：提出相关意见和工作要求。）

　　三、×××××××

　　（表彰性通报：提出希望和学习号召。

　　批评性通报：提出要求并发出警示。）

　　结尾语：×××××。

　　（以"特此通报"等语句作结，也可不写。）

发文机关名称（印章）
×年×月×日

四、意见的写作

（一）意见的含义和种类

1. 意见的含义

意见是对重要问题提出见解和处理办法的党政公文，主要用于上级机关对下级机关部署工作，指导下级机关工作活动。意见具有很强的指导性，有时是针对当时带有普遍性的问题发布的，有时是针对局部性的问题发布的。

2. 意见的种类

根据性质和用途的不同，可将意见分为以下四类。

（1）指导性意见。这类意见主要用于上级机关对下级机关进行工作指导，针对工作中的某些薄弱环节或出现的问题，上级机关使用意见向下级机关阐明指导思想、工作原则，提出工作思路和措施办法。

（2）实施性意见。这类意见主要用于对所属机关、组织等提出规范性的实施要求，提出工作措施、方法和步骤。

（3）建议性意见。这类意见是下级机关向上级机关提出建议的上行文，它分为呈报类建议意见和呈转类建议意见。有时，这类意见也可以用建议性报告来行文。

（4）评估性意见。这类意见是业务职能部门或专业机构就某项专门工作、业务工作在经过鉴定、评议后得出的，送交有关方面的鉴定性、结论性意见。它有时候作上行文，有时候作下行文，但主要还是作不相隶属机关之间的平行文。

（二）意见的特点

1. 行文的广泛性

意见的内容所涉及的范围非常广泛，对工作的建议、设想、措施、办法等，都可用意见的形式行文。

2. 行文的多向性

意见的行文方向不受限制，可根据需要作为上行文、下行文或者平行文，但主要用作下行文。作为上行文时，主要是下级机关对重大问题提出见解，提供解决办法，并请求上级机关批转、转发。作为下行文时，主要是对工作作出部署安排、阐明指导方针、提出具体意见。作为平行文时，主要是向平行机关与不相隶属机关提出咨询、阐明主张或者征求意见，提供建议给对方作为参考。

3. 内容的灵活性

意见的内容比较灵活，可以是原则性、指导性的意见，也可以是具体工作意见，还可以是规定性意见、规划性意见等。同时，意见的行文语气也比较灵活，可以是建议性的，也可以是命令性的。

4. 指导的针对性

意见虽然不像命令、决定那样具有强制性和约束力，但其内容也是针对某一方面的工作或问题而展开的分析和探讨，具有一定的针对性和指导性。

（三）意见的写法

意见的结构一般由标题、主送机关、正文、落款四部分组成。

1. 标题

一般由发文机关、事由和文种组成，如《中共中央 国务院关于深入打好污染防治攻坚战的意见》。

2. 主送机关

上行意见和平行意见均有主送机关，下行意见可省略主送机关。

3. 正文

不同性质的意见，其正文有不同的写法。

（1）**指导性意见和实施性意见**。这两类意见是下行文，其正文一般先交代当前某项工作的背景和存在的问题，在目的句"为了……现提出如下意见"之后，转入事项部分，阐述上级机关对某项工作的政策性、倾向性意见，或者对完成某项工作提出措施、方法和步骤等实施要求，通常用"以上意见，请结合实际情况贯彻执行"这类语句作结。

如果意见的内容繁多，可列出小标题作为各大层次的标题，小标题下再分条表述。有些意见需要提出贯彻执行的要求时，可以列入条款，也可单独在正文最后写一段简练的文字予以说明。

（2）**建议性意见**。这类意见是上行文，其正文开头写明提出意见的背景、依据和目的，事项部分是下级机关对有关问题或某项工作提出的见解、建议或解决办法。事项部分要符合政策法规，有理有据，具有合理性或可操作性。

呈报类建议意见一般用"以上意见供领导决策参考""以上意见供参考"等语作结。呈转类建议意见则通常用"以上意见如无不妥，请上级批转……执行"之类语句作结。

（3）**评估性意见**。评估性意见的正文一般开门见山，以"现对……提出如下鉴定意见"引出具有针对性、科学性的具体结论后即作结。这类意见作出的评价或鉴定一定要科学、公正，用事实和数据说明情况，提出的结论要实事求是，恰如其分，尤其是批评性意见要有理有据，不但要指出错误和不足之处，也要尽可能提出改进意见。

4. 落款

在正文后右下方写明发文机关名称和成文日期。

（四）意见的案例分析

结构名称		案例	简析
标题		**国家语委关于深入实施"典耀中华"主题读书行动的指导意见**	这里采用完全式标题。
主送机关		各省、自治区、直辖市教育厅（教委）、语委，新疆生产建设兵团教育局、语委，部属各高等学校、部省合建各高等学校：	主送机关较多，回行时仍顶格，最后一个机关名称后标全角冒号。
正文	开头	为深入贯彻落实党的二十大精神，学习贯彻习近平文化思想，加快建设教育强国，加大国家通用语言文字推广力度，传承中华优秀传统文化，有力推动全国青少年读书行动，国家语委现就"典耀中华"主题读书行动实施工作提出如下意见。	开头部分交代发文目的，用"现就'典耀中华'主题读书行动实施工作提出如下意见"过渡到主体部分。
	主体	**一、总体要求** （一）指导思想（略） （二）工作目标（略） （三）基本要求（略） **二、重点任务** 1. 推动融入教育教学。各地要将课堂教学、课外活动与经典阅读有机融合，在教学实践中丰富经典阅读内容，加强对青少年的阅读指导。	主体分为总体要求、重点任务和保障措施三大部分。在重点任务中，部署了8项重点工作。在撰写时，要注意各项之间的逻辑关系。在安排工作时，语言表达上多用动宾结构的短语。

续表

结构名称		案例	简析
正文	主体	鼓励各地各校结合实际开展系列化的经典阅读活动，打造丰富多彩的第二课堂，建设各具特色的经典阅读校园文化，将经典阅读融入"书香校园"创建指标体系。推动各地积极融入国家教育数字化战略行动，加强经典阅读资源建设，推进课堂教学应用。强化示范引领，广泛开展"名师优读"征集活动，每年培育选树一批"典耀中华"主题读书特色学校。 　　2.加强师资培养培训。（略） 　　3.做响做亮活动品牌。（略） 　　4.提高数字赋能水平。（略） 　　5.加强经典研究阐释。（略） 　　6.拓展活动空间载体。（略） 　　7.促进服务提质增效。（略） 　　8.推进经典交流传播。（略）	
	结尾	**三、保障措施** 　　（一）加强组织领导 　　各地各校要将"典耀中华"主题读书行动作为落实立德树人根本任务的一项重要内容大力推进，列入年度工作计划和安排，在规划引导、政策支持、组织保障、机制建设等方面统筹谋划，积极争取不同渠道资金投入，确保资源平台、实践活动长期发挥效用。 　　（二）强化统筹协调（略） 　　（三）构建长效机制（略） 　　（四）加强宣传推广（略）	"意见"可以不写专门的结尾部分，可以在最后一部分提出相关工作要求。此案例就是在"保障措施"部分集中提出工作要求的。
落款		国家语委 2023年11月2日	落款部分按照《党政机关公文格式》执行。

【意见模板】

××关于××的意见

主送机关：

　　开头：为了××××，现提出如下意见。

　　（指导性和实施性意见前言部分常见的写法有以下几种：1.重要性+现状+不足+目的+过渡句；2.重要性+目的+过渡句；3.重要性+目的+依据+过渡句；4.重要性+现状+过渡句；5.重要性+不足+目的+过渡句；6.现状+不足+目的+过渡句；7.目的+过渡句。）

主体：

一、×××××××

　　1. ×××××××

　　2. ×××××××

二、×××××××

　　1. ×××××××

　　2. ×××××××

三、×××××××

　　1. ×××××××

　　2. ×××××××

结尾语：××××。

（以"以上意见，请结合实际情况贯彻执行""以上意见供领导决策参考""以上意见如无不妥，请上级批转……执行"等语作结。）

发文机关名称（印章）

×年×月×日

五、函的写作

（一）函的含义及适用范围

《党政机关公文处理工作条例》规定，函适用于不相隶属机关之间商洽工作、询问和答复问题、请求批准和答复审批事项。作为公文中唯一的一种平行文种，函的适用范围相当广泛。

（1）用于商洽工作。当党政机关之间需要就某些工作事项进行联系和协商时，可以使用函。

（2）用于询问和答复问题。函也常用于探询对方的意见和反映，或者陈述本单位所掌握的情况。

（3）用于请求批准和答复审批事项。无论是向平行或不相隶属的业务主管部门请求批准事项，还是这些业务主管部门答复所请求的事项，都可以使用函。

（4）用于通报情况。函还可以用于向对方表明看法，陈述有关情况和问题，使其晓谕。

总体来说，函是公文中唯一的平行文种，它不仅可以在平行机关之间行文，还可以在不相隶属的机关之间行文，包括上级机关或下级机关。

（二）函的种类

1. 按性质分

按性质分，函可分为公函和便函。公函用于机关单位正式的公务活动往来；便函则用于日常事务性工作的处理。公函的格式较为正规，一般需按照公文格式制发，由标题、主送机关、正文、落款等部分组成，还需编上发文字号。便函不属于正式公文，没有公文格式要求，甚至可以不用标题，不编发文字号，只需要在尾部署名署时，并加盖印章即可。

2. 按内容和用途分

按内容和用途分，函大致可分为商洽函、问答函、批请函、告知函、邀请函、催办函、报送材料函等。下面介绍常用的四种类型。

（1）商洽函。这类函多用于平行机关之间或其他无隶属关系的机关之间洽谈业务、商调人员、联系参观学习、请求支援帮助等。

（2）问答函。问答函可分为询问函和答复函，适用于无隶属关系的机关之间就某些问题进行询问和解答。上下级机关之间问答某个具体问题，联系、告知或处理某项具体工作，而又不宜采用请示、批复、报告等文种时，则可使用函。

（3）批请函。批请函可分为请批函和批答函。请批函主要用于向业务主管部门请求批准有关事项，而批答函是有关业务主管部门答复请批事项的函。

（4）告知函。告知函主要用于告知不相隶属机关有关事项。

3. 按行文方向分

按行文方向的不同，函可以分为去函和复函。去函是主动提出公务事项所发出的函。复函则是针对来函所提出的问题或事项答复对方所发出的函。

（三）函的特点

1. 广泛性

作为公务信件的函，任何一级机关、团体、企事业单位均可使用。无论是政府机构还是企事业单位，都可以通过函进行工作商洽、问题询问和答复等，这充分显示出函广泛的应用范围。

2. 灵活性

灵活性表现在两个方面。一是格式灵活。除了国家高级机关的重要函必须按照公文的格式、行文要求行文，其他一般的函，格式灵活，可以按照公文的格式及行文要求撰写，可以有文头版，也可以没有文头版，不编发文字号，甚至可以不拟标题。二是写法灵活。函的写法根据内容而定，如代行请示的函，可按请示的写法去写；代行批复的函，可参照批复的写法去写。函的习惯用语也比较灵活，但用语需注意谦恭有礼，多使用敬谦辞，力求得到对方更多的理解和支持。

3. 沟通性

函的主要功能是沟通。作为平行文种，函主要用于不相隶属机关之间相互商洽工作、询问和答复问题，发挥着独特的作用。这种沟通作用使函成为其他公文类型所不具备的特定工具，尤其在需要跨越层级或部门界限进行信息交流时，函的沟通性显得尤为重要。

（四）函的写法

函的种类很多，格式和写法都很灵活，这里主要介绍规范性公函的结构、内容和写法。公函格式为特定格式，《党政机关公文格式》对其各个要素进行了详细的说明，参见附录部分。

公函的结构一般由标题、发文字号、主送机关、正文、落款五部分组成。

1. 标题

（1）由发文机关名称、事由和文种构成，如《××关于提供20××年度相关住房登记信息的函》《××大学关于××公司行政管理人员进修的复函》等。

（2）由事由和文种构成，如《关于推荐科技培训师资的函》。

2. 发文字号

公函的发文字号不是位于版头部分，是顶格居版心右边缘编排在第一条红色双线之下。函的发文字号与其他党政公文的发文字号相似，只需要在机关、单位代字后加上"函"字。如"教高司函〔2024〕6号"表示教育部高等教育司2024年第6号函件。

3. 主送机关

主送机关即受理函件的机关单位，要使用机关全称、规范化简称或者同类型机关统称，其后用冒号。

4. 正文

函的正文一般由开头、主体、结尾和结语组成。

（1）开头。开头部分主要说明发函的缘由、背景、原因、目的、依据等内容。

去函的开头或说明根据上级的有关指示精神，或简要叙述本地区、本单位的实际需要、疑惑或困难，然后用"现将有关问题说明如下"或"现将有关事项函告如下"等过渡语转入下文。

复函的开头一般先要引用对方来函的标题和发文字号，有的复函还简述来函的主题，这与批复的写法基本相同。如"你局《关于明确临时工和合同工能否执罚问题的请示》（××字〔20××〕×号）收悉。现函复如下"。

（2）主体。这是函的核心部分，主要说明致函事项或表达意见。简要写清需要商洽、询问、联系、请求、告知或答复的事项，这部分内容根据实际情况可多可少。

去函事项部分应采用叙述和说明的写作方法，直陈其事。无论是商洽工作、询问或答复问题，还是向业务主管部门请求批准事项等，都要用简洁得体的语言把需要告诉对方的问题或意见叙述清楚，如事项复杂，可分条列项来写。

如果是复函，还要注意答复事项的针对性和明确性，如不能满足对方要求时，应加以解释，不同意的原因是什么，或应该怎么办、不应该怎么办，或对询问问题作出说明等。

（3）结尾。结尾部分用礼貌用语向对方提出希望或请求，或希望对方给予支持和帮助，或希望对方给予合作，或请求对方提供情况，或请求对方予以批准等，这些主要是去函的结尾写法。

（4）结语。在结尾下面另起一行写结语。不同种类的函结语有别。如果发函只是告知对方事项而不需对方回复，则用"特此函告""特此函达"等。如

要求对方复函的，则用"请予函复""盼复"等。商洽函的结语常用"恳请协助""不知贵方意见如何，请函告""望协助办理，并请尽快见复""望大力协助，盼复"等。请批函的结语常用"请审核批准""当否，请审批""望准予为荷"等。答复函、批答函的结语常用"此复""特此复函""专此函告"等。

5. 落款

在正文后右下方写明发文机关名称和成文日期。

（五）函的案例分析

结构名称		案例	简析
标题		**市人社局关于同意×××等97家单位 认定为就业见习基地的函**	这里采用完全式标题。注意回行不能断词。
主送机关		×人社办函〔20××〕×号 各区人力资源和社会保障局，有关单位：	主送机关较多时，可用规范化简称或统称。
正文	开头	你们报送的关于建立就业见习基地的初审材料收悉。经研究，现函复如下：	开头部分交代发文目的。
	主体	按照《市人社局市财政局关于加强就业见习管理的通知》（×人社局发〔2019〕4号）相关规定，×××等97家单位符合申办条件，同意认定为××市就业见习基地（名单详见附件）。 请你们严格落实就业见习政策，做好见习岗位信息发布、见习补贴拨付等服务，加大日常检查和监督监管力度，督促就业见习活动有序开展。	主体部分写明行文依据和相关要求。
	附件	附件：×××等97家就业见习基地名单	名单作为附件处理。
落款		××市人力资源和社会保障局 ×年×月×日	落款部分按照《党政机关公文格式》执行。

【去函模板】

×× 关于 ×× 的函

主送机关：

　　开头：××××，为了××××，现函告（函商、函洽）如下。

　　主体：

　　一、×××××××

　　1. ×××××××

　　2. ×××××××

　　二、×××××××

　　1. ×××××××

2. ×××××××

结尾语：×××××。

（告知函用"特此函告""特此函达"等，商洽函用"恳请协助""不知贵方意见如何，请函告""望协助办理，并请尽快见复""望大力协助，盼复"等，请批函用"请审核批准""当否，请审批"等。）

发文机关名称（印章）

×年×月×日

【复函模板】

×× 关于 ×× 的复函

主送机关：

开头：贵单位《关于×××的函》（发文字号）收悉。经研究，现函复如下。

主体：

一、×××××××

二、×××××××

三、×××××××

结尾语："特此复函""专此函告"等。

发文机关名称（印章）

×年×月×日

🔍 写作任务

1. ××大学××学院中文系拟面向全校学生举办第×届文学作品征文比赛。征文比赛将邀请专家评审作品，需支付评审费500元/人；比赛将评选一等奖3名、二等奖6名、三等奖10名和优秀奖若干，主办方将为获奖者颁发获奖证书和奖品。请按照请示的写法，向学校教务部门撰写一篇请示，以获得比赛经费支持。

2. 请根据以下材料和要求，撰写一份关于某大学奖学金评选情况的报告。

某大学历来重视奖学金评选工作，旨在激励广大学生勤奋学习、全面发展。近年来，该大学不断优化奖学金评选机制，加大评选力度，提高奖学金的覆盖范围和奖励标准，为优秀学生提供了良好的成长环境和经济支持。奖学金评选情况的报告应包含以下内容：（1）奖学金评选工作的总体情况、评选标准与程序、获奖学生情况分析、评选工作的成效与不足以及改进建议。（2）阐述奖学金评选工作的流程、标准和方法，特别是对学生学业成绩、科研能力、社会实践、品德表现等方面的综合评价。（3）分析获奖学生的特点和优势，如学术成就、创新能力、领导才能等，以及他们在各自领域取得的突出成绩和荣誉。（4）客观评价奖学金评选工作的成效和不足，包括对学生学习积极性的影响、对教学质量提升的作用、评选过程中存在的问题等。（5）提出切实可行的改进建议，包括完善评选机制、优化评选标准、加强评审团队建设等方面的具体措施。

3. ××大学保卫处和学工部联合组织全校防火安全大检查，检查中发现了一些安全隐患，为了通报检查情况并进行整改，需撰写一份通报。

通报事由：××大学20××年秋季防火安全大检查

检查时间：20××年9月20日

相关问题：××学院学生宿舍202、301、315、403等，存在"热得快"等违章电器；204、205、310等宿舍存在私拉乱接电线问题。宿舍楼道杂物太多，安全通道不畅通。宿舍管理混乱，少数宿舍卫生环境很差。

整改要求：通报批评相关学院和宿舍；进一步规范宿舍安全管理；进一步强化日常巡查；各学院与各宿舍签订安全责任书；各学院20××年9月29日之前，完成整改并向保卫处上报整改落实情况。

如果你是该校保卫处防火科工作人员，请撰写一份面向全校各单位的情况通报。成文日期为20××年9月22日。

4. ××学院工作人员拟前往××大学进行调研，学习××大学新校区建设的经验，基本信息和作答要求如下。

调研主题：学习××大学新校区建设的经验

调研时间：20××年9月15—16日

调研人数：××学院新校区建设指挥部部长1人、校长办公室主任1人、基建处处长1人、财务处处长1人、资产处处长1人。

为此，××学院校长办公室需致函××大学校长办公室，治谈调研一事，请你代××学院校长办公室撰写这份公函。

沟通任务　做好职场沟通

任务引入

办公室主任安排小王起草今年的工作总结和明年的工作计划。在撰写之前，小王需要跟办公室主任沟通，领会领导的意图；需要跟同事沟通，请教相关写作技巧；需要跟其他部门或下属部门沟通，搜集写作素材。写好初稿后，小王不仅要征求相关部门意见，还得向领导汇报写作情况。要完成这一任务，需要具备较强的职场沟通能力。

通过学习本节，我们要了解职场沟通的语言表达特点，掌握与领导沟通、与同事沟通和与下属沟通的原则、方法和沟通礼仪。

知识串讲

人在职场，要和各种各样的人打交道，把握职场沟通的语言特点，掌握与领导、同事、下属的沟通技巧，可以使人际关系更和谐，助力职业生涯发展。

一、与领导沟通

（一）与领导沟通的原则

1. 服从上级

在与领导沟通时，坚持服从上级的原则，这是一切组织通行的原则，是组织获得巩固和有序发展的基本条件。在工作中，要尊重领导的意见，维护领导的威信，理解领导的难处。当然，服从不是盲从。

2. 积极主动

下属向领导汇报工作是工作职责之一。作为下属，要时刻保持主动与领导沟通的意识，经常向领导汇报工作进展情况，而不是等领导来询问进度。对领导交办的事情，要积极回应，完成后要及时告知领导。

3. 不卑不亢

与领导沟通时，既要尊重领导，又要保持不卑不亢的态度；既不能唯唯诺诺，又不能恃才而傲。领导通常经验丰富、见多识广、工作能力强，因此要尊重领导、谦虚谨慎，但不要卑躬屈膝。

4. 把握分寸

把握分寸就要遵循适度原则。上下级之间的关系主要是工作关系，因此下属在与领导沟通时，应从工作出发，正确定位自己的角色，真正做到出力而不越位。

（二）与领导沟通的技巧

与领导沟通并听取领导的意见，是提高自身工作能力的好机会。在与领导沟通时，要全身心投入，建议做到以下五点。

1. 精心做好汇报准备

汇报工作前要精心准备。梳理清楚汇报事项，考虑汇报事项有哪些关键点，领导关心哪些事项，需要领导决定什么事项，领导可能还会询问哪些事项。整理后，把这些要点写在笔记本上，不写到笔记本上也要提前打好腹稿，再去找领导汇报。准备工作要充分，要熟悉工作情况及前因后果，这样，在领导询问相关事项时才能够及时应答，避免因为不清楚情况被问得手足无措。

2. 听取意见接受任务

与领导沟通时，不仅要做好汇报，还要聆听领导意见，精准捕捉领导讲话的要点和把握领导的意图。没听清楚或者有歧义时，应当面向领导问清楚。领导指出工作中的错误或者细

扫码看视频

职场沟通
语言表达

节上存在的问题时，虚心接受。跟领导汇报完工作后，可能需要接受下一步工作任务，这时要听懂指令。回去后，第一时间消化吸收领导的意见，落实新任务，并适时报告落实情况。

3. 察言观色读懂领导

与领导沟通时，我们不但要认真聆听，而且要善于察言观色。注意观察领导对汇报内容的兴趣程度，如果领导不感兴趣就及时调整汇报重点或表达方式，迅速调整或压缩汇报内容，或者干脆适可而止；注意观察领导对汇报内容的反应，争取让领导对汇报内容提出明确指示或者意见；注意观察领导情绪，如果领导手头繁忙、心情不佳、注意力不集中或者即将离开办公室，可改日再汇报。

4. 好记性不如烂笔头

与领导沟通时，不仅要听懂，还得记录下来。与领导交谈时，难免会有些紧张，不一定能记全领导的意见，因此在与领导交流工作时，应备好笔和纸，做些笔记，特别是事关重大的事项。要养成随身携带记录本的习惯，千万不能过分依赖好记性，好记性不如烂笔头。对于重要事项，记下来后，如果还不是十分肯定，就要及时向领导再请示确认，以防理解有偏差。

5. 该说才说要管好嘴

向领导汇报工作之后，在听取领导意见时，不插话、不抢话、不废话。下属随便插话，本身就是不尊重领导的表现。与领导沟通的话题，一般交由领导掌控，交谈的节奏也应由领导来控制。交谈中，如果双方同时开口，下属应当机警停住，让领导先说，等领导说完后再接着讲话。向领导请示、汇报工作，该请示哪些事项，该汇报什么内容，事先需要思考清楚，汇报时直奔主题。

（三）与领导沟通时的注意事项

在职场中，与领导沟通质量的高低，不仅影响办事效率，还影响个人的职业发展，与领导沟通需要注意以下问题。

1. 把握汇报时机，分清轻重缓急

汇报工作时，要主动与领导沟通，但不是随时都可以向领导汇报，选择好汇报时机，这样才能取得更好的效果。关键节点就是汇报时机，要善于在工作的关键节点进行阶段性汇报。工作完成后，也要及时总结汇报。想要请示工作但不知道领导何时有空时，可通过电话或邮件等途径，跟领导预约时间，交谈时间由领导来决定。当然，我们要分清事情的轻重缓急，选择恰当的沟通时机。

2. 设想领导提问，做好充分准备

跟领导汇报工作时，领导会询问、追问什么问题，通常捉摸不定，因此我们的准备越充分越好，可以设想领导会问什么，事先准备好答案。在内容准备上，要简明扼要、重点突出；在思想准备上，要考虑周全、搞好"战术想定"；在支撑材料上，要全面、准确、具有延伸性。在汇报前，搜集好相关数据，提供的数据要真实、清楚且有说服力。汇报工作一定要有真凭实据，不能"差不多"就行。

3. 自己做问答题，领导做选择题

如果工作中出现了新问题，应及时向领导汇报。为解决问题进行的汇报不等于请示，所以我们要给领导出选择题。给领导出选择题，就是在向领导反映问题的同时，提供多种方案或建议，讲清楚每种方案的可行性、优缺点，请领导来定夺。要设计好给领导的选择题，就需要自己先做好问答题，做好前期的调查研究和方案设计。领导很有可能针对某些细节继续询问，只要我们能够将调研工作提前做好，对每个方案的优缺点认识到位，并提出自己的建议，领导综合评估后，最优方案就会脱颖而出。

4. 了解领导风格，沟通因人而异

不同的领导有不同的风格和性格特点，这就需要下属采用不同的沟通方式。

如果是控制型的领导，其特点多表现为讲究实际，行事果断，拥有竞争心态；态度强硬，要求服从；关注结果而非过程。与其沟通，要做到简明扼要，干脆利索；尊重其权威，执行命令。

如果是互动型的领导，其特点多表现为善于交际，喜欢互动；愿意倾听困难和要求，商量余地较大；喜欢参与活动，主动营造融洽氛围。与其沟通，要做到开诚布公。

如果是务实型的领导，其特点多表现为做事理性，不感情用事；注意细节，探究来龙去脉；为人处世自有标准。与其沟通，要做到开门见山，就事论事；据实陈述，不忽略关键细节。

5. 接受领导指导，感谢领导点评

跟领导汇报完工作后，不能马上一走了事，还应感谢领导点评。通常情况下，领导听完下属的汇报，会作出一个评议或点评两句。不同的是，有些领导会当场讲出来，有些领导可能把他的评议保留在心里。事实上，那些保留在心里的评议是最重要的评议，要想了解领导听取汇报后的态度和想法，我们应该以真诚的态度去请教领导的意见，让他把心里话讲出来。如果领导当场发表他的意见，不管是赞美之词，还是逆耳之言，我们都要以端正的态度、虚心的心态去聆听。领导评议的过程无疑是在把他自己的想法无偿地、无私地提供给我们，这是接受领导指导的绝佳机会。

6. 领导交办事项，事毕及时回复

除了向领导面对面汇报工作，还有一些工作需要及时"告知"领导，做到事毕回复。所谓事毕回复，说的是领导交办的事情，办完后要及时回复，让领导放心。工作汇报的大原则是凡事有交代，件件有着落，事事有结果。

例如，领导指派你给某部门某个人送一份文件，你送去时，那人不在办公室，你委托其同事转交给他，然后你就不再关注这件事了。也许你相信被委托人一定会帮你及时转交文件，就没有把这件事的办理情况告知领导。如果这份文件是需要紧急处理的事情，就可能会耽误工作。

在工作中，一般不能等任务全部完成后再回复，取得阶段性的进展也要及时报告。一方面要让领导和同事放心，另一方面及时反馈情况能为正确决策提供依据。

二、与同事沟通

（一）与同事沟通的原则

1. 相互尊重，团结互助

同事，就是一起共事的人，同事之间互相尊重、真诚相待、团结互助才能增强团队的凝聚力。与同事沟通时，要常带微笑，多倾听对方意见，重视对方意见，与同事和睦相处。遇到困难时，大家一起共渡难关；获得成就和荣誉时，相互礼让，归功于团队。

2. 平衡心态，保持距离

在利益面前，最能考验人的品性。对待升迁、功利之事，要保持平常心。与同事交往，还应保持适当距离。在一个单位或一个部门中，如果几个人交往过于亲密，容易形成表面上的小圈子，以致别的同事产生猜疑心理。

3. 大局为重，求同存异

团队成员做事要以大局为重，特别是在与外单位人员接触时，要有维护团队集体形象的意识。以大局为重，多补台、少拆台。对待分歧，应求大同、存小异。具体做法是：不要过分争论，以免激化矛盾而影响团结；涉及原则问题，则要敢于坚持，不要一味"以和为贵"。对于一时不能达成共识的问题，可以先冷处理，有机会再冷静思考。

（二）与同事沟通的技巧

1. 学会倾听，懂得相互欣赏

听别人讲话的人很多，但拥有倾听能力的人很少。倾听的本质，其实是让你的大脑高负荷运转，同时顺着主讲人的讲话内容，进入别人的世界，从而理解别人。当然，要拥有这样的能力绝非易事，需要训练倾听能力。因此有人认为，看一个人会不会沟通，就看他打断别人的次数、听人讲话的状态。

2. 当面沟通，注重沟通效率

随着办公信息化手段的应用，同事之间沟通信息或商讨问题，越来越多地采用网络工具。即使是坐在同一间办公室的同事，不少人也习惯用微信、QQ来交流信息。很多时候，网上沟通因没有面对面沟通而缺失了"温度"。需要通过眼神、动作等体态语来传递的信息没有了，并且有些事情不是几行字就能说清楚的，所以最好的沟通方式还是面对面沟通。

3. 加强反馈，注重持续沟通

现代社会的一个重要特点就是分工严密，这样虽然可以提高工作效率，但同时也造成了一个不可避免的缺陷，就是彼此之间缺乏相互了解，这就需要加强沟通，因此沟通成为工作中不可或缺的重要部分。有调查显示，企业中的普通员工和中级主管花在内部沟通上的时间，大约占其工作时间的40%～50%，对于更高层级的主管来说，这个比例会更高。同事之间的沟通，不像领导部署

扫码看资料

持续沟通

工作，彼此协商好的各项工作需要共同推进。当同事之间完成首次沟通后，要想办法获得对方的反馈，促使双方在沟通结束后继续保持沟通状态，相互关注工作进展和动态。

4. 互帮互助，注重协调沟通

在工作沟通中，我们总会遇到一些需要相互协调、相互协助的事情，同事之间、部门之间的协作必不可少。当有其他同事咨询一些我们不太清楚的事情时，我们本能的反应可能是"我不清楚这个怎么做"或者"我不知道，你问其他部门吧"。工作上，虽然同事之间的分工比较明确，但不是只做自己分内的事情。

例如，当有同事请教你某件事情怎么办理，而你又不知道怎么回答时，你就尽量回答一些你知道的事情，不要一句话就把同事打发了。你可以这样说："这个事情我先去了解一下，再给您回复，您看可以吗？"或"我帮您问问××部门，看看有没有办法处理。"当你去协调沟通获得有效信息后，再告诉同事，这才是有效沟通的方法。

5. 敢于担当，不要推卸责任

跟同事协作，结果和预期不一致时，首先应该思考"是不是双方沟通不到位"，而不是怪罪对方。假如我们和同事合作开展一项工作，起初事情向大家希望的方向发展，后来由于意外的出现，工作没能顺利完成，还给单位造成了一定损失。双方都应承担责任，可对方选择了沉默。我们可以主动向领导说明情况，并强调自己的错误导致了同事的错误。事后，领导可能不但不会怪罪我们，相反因为我们知错认错、不推卸责任还表扬了我们。同事也因此对我们格外感激。

（三）与同事沟通时的注意事项

1. 尊重他人

尊重他人的观点，即使你不同意，也要避免打断或贬低对方。给予对方充分的表达时间，认真倾听并理解其观点。

2. 保持礼貌

在沟通过程中，始终保持礼貌和谦逊，不要傲慢或自大。礼貌的待人接物是职场中不可或缺的基本素质。要保持积极、友好的态度，避免使用带有攻击性或贬低性的语言。语气要平和，不要过于激动或紧张，以免给对方留下不良印象。

3. 尊重隐私

避免讨论涉及个人隐私等敏感话题，这些话题容易引起争议和冲突，影响同事之间的关系。不要随意透露或询问同事的私人信息，如家庭状况、收入等。尊重每个人的个人空间和隐私，是建立良好职场关系的基础。

4. 减少抱怨

有的人会经常抱怨别人的过错，指责别人的缺点。其实，抱怨不能解决任何问题。工作中要想真正得到他人的认可，必须不断提升自己的业务能力，以积极向上、乐观进取的精神面貌示人，这样才会获得同事的认可。

5. 及时反馈

如果有任何疑问或建议，要及时与同事沟通并反馈。这有助于及时解决问题，避免误解和矛盾的产生。

三、与下属沟通

领导与下属之间的沟通，是一种有级差的双边交流活动，是部署工作、交流信息、沟通情感、调节人际关系的重要方式。

（一）与下属沟通的原则

1. 尊重与平等

领导应尊重每一位下属，避免使用命令式的语气或姿态。双方应建立在平等的基础上进行沟通，鼓励下属提出自己的观点和建议。

2. 信任与支持

领导应信任下属的能力，赞赏下属的成就，给予他们足够的自主权和决策空间。当下属遇到问题时，领导应提供必要的支持和帮助，共同解决问题。

3. 倾听与理解

领导应积极倾听下属的意见和反馈，理解他们的需求和困难。通过倾听，领导可以更好地把握团队动态，为下属提供更有针对性的支持。

4. 公正与公平

在与下属沟通时，领导应保持公正公平的态度，不偏袒任何一方，确保每位下属都能得到公平对待。这有助于维护团队的和谐稳定，增强团队的凝聚力。

5. 激励与鼓励

领导应善于发现和肯定下属的优点和成绩，及时给予激励和鼓励；指出他们的不足并提出改进建议。这有助于激发下属的工作热情和积极性，提高他们的工作满意度和忠诚度。

（二）与下属沟通的技巧

1. 掌控沟通主动权

与下属沟通，领导要发挥在沟通中的主导作用，无论是自己讲话还是倾听下属说话，都要掌控主动权。掌控沟通的主动权可体现在以下几个方面。

扫码看资料

交谈礼仪

第一，把握谈话的主题。如果下属偏离中心话题太远，应适时引回，即使下属就某一话题谈兴正浓，也要婉转地提醒："这个事情我们改天再谈，好吗？"

第二，把控谈话的节奏。谈话开始时的寒暄是必要的，但不能拉家常似的谈得太多，要及时切入正题。在进入正题之后，更要注意如何将沟通引向深入，同时还要把控谈话的内容和时间。

第三，调节谈话的气氛。领导跟下属谈话，更多的是为了听取下属的意见和想法，所以要营造宽松的氛围，引发下属谈话的欲望。领导要态度和蔼，打消下属紧张和戒备的心理，使其放松，坦诚地进入谈话情境。

2. 选择时机和地点

领导与下属的沟通交流通常分为正式和非正式两种形式。正式沟通与非正式沟通的区别体现在沟通时机和沟通地点的选择上，领导应树立随时随地可沟通交流的意识，主动亲近下属，寻求沟通机会。

在沟通时机的选择上，可选择工作间隙、上下班的途中去交谈，这种时候沟通氛围相对轻松。如果时机选择不当，就有可能给下属增加负担，甚至会打击其积极性。在沟通地点的选择上，有些领导总是自觉或不自觉地把下属叫到办公室谈话，这种谈话方式会在无形中给下属带来一种压力。作为领导，应养成深入基层、同员工打成一片的良好习惯。

3. 互动交流多倾听

领导与下属沟通时，要多给下属说话的机会。没有交流就不能相互了解，因此，领导要善于利用恰当的话题引发下属的谈话欲望，让下属说出心里话。在下属说话时，领导不要随意打断、即兴点评，更不要心不在焉。作为领导，要鼓励下属说出心里话，从而使沟通达到良好的效果。

领导能否有效而准确地倾听下属的意见或想法，将直接影响到与下属深入沟通的可能性及其决策水平和管理成效。一个懂得沟通的领导会通过倾听，从下属那里及时获取信息并对信息进行思考和评估，以此作为决策的重要参考。如果是下属主动找领导谈话，那领导更应该认真倾听，正所谓一个成功的领导者应该是一个最佳的倾听者。

4. 海纳百川多包容

在与下属的交谈中，免不了思想和观点的交锋，领导要有海纳百川的度量，也要有清醒的头脑。领导在倾听下属谈话时，应尽可能让下属充分发表意见。对待不同的意见和看法，领导不要急于评论，更不能独断专行。领导要有兼收并蓄、求同存异的胸怀，能包容各种不同的意见及与自己相反的意见。在遇到不同的意见时，领导如果马上鲜明地亮出自己的观点或急于反驳下属，就会使下属处于尴尬的境地，这样，下属就不敢再讲下去了。

除了包容下属的不同意见或想法，领导还应包容下属的错误。作为领导，如果你的下属犯错误，你要包容他，要给他改正机会。但要注意，是包容、宽容下属，而不是纵容下属。

5. 控制时间讲效率

领导与下属交谈的时间越长，效果不一定越好。与领导交谈时，下属一直处于紧张的状态，紧张情绪和心理压力可能会随着时间的延长而增加。领导谈话内容较多，也会增加下属理解领导意见或意图的难度。领导说话时，应该条理清晰，便于下属领会。有些领导过于担心下属不能领会其意图，常常将自己的观点进行不必要的重复，以至于下属疲于点头。战略性的重复可以强调领导的观点，但是不厌其烦地重复无关紧要的话语只会削弱领导讲话的分量。

说得太多会加大信息理解的难度，这是沟通效率的大敌。沟通必须突出重点，简明扼要。一方面，领导要以身作则，在简短寒暄之后，应迅速进入正题，阐明问题实质；另一方面，也要让下属养成高效的谈话习惯。

6. 会议沟通要精练

会议沟通是群体沟通的一种方式。领导开会时进行总结讲话是常有的事情，这也是安排工作、提出要求的途径之一。日常工作会议中，领导讲话一般属于即席讲话，没有提前准备的讲话稿，也没有精心准备，完全属于临场发挥。这时，就需要领导紧扣活动或会议主题来组织讲话内容，不可随意、随性讲话，更不可不着边际，东拉西扯。

即席讲话对领导的临场应变能力和语言表达能力来说都是巨大的考验。如何在即席讲话中不乱阵脚，有礼有节地完成讲话，这需要掌握一些语言表达的逻辑结构。不管是3分钟的即席讲话，还是10分钟的即席讲话，都要体现出讲话内容整体上的逻辑。一个完整的讲话，其结构由"开场白—主体部分—结束语"三部分组成，要尽量做到简洁有力。

（三）与下属沟通时的注意事项

1. 放下架子，尊重下属

团队领导的身份在一定程度上赋予了其讲话的权威性和指导性。有些领导往往把与下属的谈话视为教育、管理下属的一种方式，这是不妥的。为了使双方的交谈成为平等的沟通，而不是上级对下级的教育、训导，领导需要放下架子，以平等的姿态进行交谈，这是尊重下属的表现。如果领导居高临下，下属只能敬而远之，也就不愿敞开心扉。如果领导能够与下属坦诚相待，无疑会缩小双方的心理距离，给谈话营造和谐融洽的氛围。

2. 批评下属，讲究策略

批评的大原则是对事不对人，因此，领导对犯了错误的下属，要对其犯错的事情及做法进行批评。可以先直截了当地提出问题、指出错误的事实，但不要直接谈感受，要让下属自己来认识到错误的存在，同时让下属意识到错误的后果，进而与下属一起寻找解决方案或补救措施，自己勇于承担领导责任。除了直接指出错误，领导还可以欲批先扬，以真诚的赞美作为开头，表扬下属以往取得的成绩或拥有的能力，然后根据客观事实，实事求是地指出错误之处，对事不对人。另外，批评下属时要注意场合。

3. 多加鼓励，少用训斥

每个人都渴望获得他人的好评，希望他人能了解自己，希望得到领导或他人的赏识。领导应避免仅仅进行教育，而可以采用多鼓励、少斥责的方式来达到沟通的目的。身为领导，应适时地给予鼓励、慰勉，认可并褒扬下属的某些具体能力。对于下属工作中出现的不足或者是失误，要特别注意沟通方式，避免直接训斥，要同下属共同分析出现失误的原因，找到改进的方法和措施，并鼓励下属。

4. 体谅下属，发扬民主

领导在与下属沟通时，首先要明确表达工作的目标、期望和要求，确保下属能够清晰地理解自己的职责和任务。说完后，领导要主动询问下属是否完全理解了意思，不要理所当然地以为自己都表达清楚了。如果下属没有完全理解，又迫于领导的压力不敢多言，或者流露出为难的表情，领导就需要体谅下属，不要忽略了下属的想法与感受，这样才能取得理想的效果。与下属沟通，领导还要发扬民主，不唯我独尊；需保持开放的心态，不搞一言堂；怀有真诚的态度，听取各方意见，并采纳合理建议，不要把调查群众意见当作走形式。

沟通任务

1. 结合以下案例，分析其中涉及的与领导沟通的相关问题。

小王是某公司市场部的一名新员工，他工作勤奋，但在与领导的沟通中常感到困扰。他发现自己的建议经常得不到领导的重视，甚至有时会被误解为不配合或抱怨。小王想要提升自己的工作效率，并希望在工作中得到领导的认可和支持，但他不知道如何有效地与领导进行沟通。在一次重要的项目会议上，小王提出了一些关于市场推广的创新想法，但领导并未给予积极回应，只是简单地表示会考虑。会后，小王感到沮丧，并担心自己的想法被忽视。

（1）根据案例描述，分析小王在与领导沟通中可能存在的问题，并给出相应的改进建议。

（2）假设你是小王，你将如何调整自己的沟通策略，以便更有效地向领导表达自己的观点和建议？

（3）在与领导沟通时，如何平衡表达自己的想法和尊重领导的决策之间的关系？

（4）在与领导沟通时，如何运用倾听技巧来理解领导的期望和需求，从而更好地配合工作？

2. 结合以下材料，分析其中涉及的与同事沟通、与下属沟通的相关问题。

李明是某科技公司的项目经理，负责一个跨部门的软件开发项目。团队成员来自不同的部门，且个性、工作习惯差异较大。近期，李明发现团队成员之间的沟通存在障碍，导致项目进度受阻，且出现了部分工作重复和遗漏的情况。在一次项目会议上，李明尝试提出改进沟通的建议，但遭到了部分成员的抵触和不满。他们认为自己的沟通方式没有问题，问题出现在其他成员身上。此外，由于项目时间紧迫，团队成员普遍感到压力较大，情绪也较为紧张，这又进一步加剧了沟通的难度。

（1）根据以上描述，分析李明在沟通中可能遇到的问题，并给出相应的改进建议。

（2）假设你是李明，你将如何制订一个有效的沟通计划，以确保项目团队之间沟通顺畅？

（3）在应对团队成员对沟通改进建议的抵触情绪时，李明应该采取哪些策略来化解矛盾并促进共识？

（4）结合材料，谈谈职场沟通中尊重与倾听的重要性，并举例说明如何在实践中运用这两个原则。

思考与练习

1. 请比较本项目提供的"工作计划模板"和"工作总结模板"，分析工作计划和工作总结在短语结构的使用上有何异同。

2. "请示"与"报告"的区别有哪些？

3. 报告的种类有哪些？在写法上各有哪些特点和注意事项？

4. "意见"中有一种"建议性意见"，"报告"中有一种"建议报告"，它们都可以向上行文。在实际工作中，如何区分并合理使用这两种文种？

5. 在学习生活中，你与同学、老师的沟通效果如何？哪些情况属于被动沟通，哪些情况你采取了主动沟通？

扫码做练习

项目五试题

项目六 谋求一份工作

【项目导入】

时间过得很快，转眼间小王就要大学毕业了。大学生完成学业，步入社会，谋求一份工作并立足于社会，并不是"瓜熟蒂落"的自然过程。求职是一项系统工程，需要精心谋划和细心准备。

大学期间需要提高各方面的能力，增加就业竞争力，为实现就业做好充足的准备。毕业求职包括诸多环节，如撰写简历、搜集招聘信息、确定目标单位、投递简历、笔试、面试、签约等。

求职简历是就业的敲门砖，是获得面试机会的重要材料。制作一份专业性、职业性强的简历，并有效投递到用人单位，才能增加获得面试的机会。北京大学陈平原教授曾说："大学生一定要学会表达。有时候，一辈子的道路，就因这十分钟二十分钟的发言或面试决定，因此，不能轻视。"在求职面试中，只有了解不同类型的面试的特点，掌握面试的语言表达技能，才能在众多求职者中脱颖而出。

本项目涉及求职过程中的一些写作任务和沟通任务。在本项目中，我们将讲述求职类文书的写作技巧和规范，讲解如何做好求职面试的准备，以及如何提高面试的语言表达技能。学习本项目后，我们需要做到以下几点：

（1）掌握求职信和求职简历的写法和规范；

（2）了解不同类型的面试的特点和考查内容；

（3）掌握求职面试的语言技巧和礼仪规范。

写作任务　撰写求职文书

🔍 任务引入

上大学以后，小王对自己的大学生涯进行了初步规划，并一步一步去实现。大一时，小王提交了入会申请和个人简历，加入了学生会；大三时，小王通过投递实习申请材料，先后前往两家单位进行专业实习，积累了一定的实习经验；大四时，小王根据应聘职位撰写了有针对性的求职信，精心设计了求职简历，受到用人单位的青睐，顺利实现就业。

通过学习本节，我们要了解求职类文书的种类，并根据招聘需求撰写求职类文书，规范投递并管理求职信息。

🌀 知识串讲

一、求职类文书的含义和种类

（一）求职类文书的含义

求职类文书是大中专院校毕业生、无业待业人员求职，以及在职人员谋求转换工作时所使用的一类文书。

（二）求职类文书的种类

常用的求职类文书有推荐信、自荐信、求职信/应聘书和求职简历。

1. 推荐信

推荐信是指写给用人单位、向用人单位推荐优秀人才或者向自己的熟人和朋友推荐某个人去承担某项工作以便使之采纳的专用书信。对于大学生而言，推荐信一般是由其所在学校就业部门统一印制的求职推荐材料，以表格形式居多，毕业生如实填写个人信息、自我鉴定等，然后由就业部门加盖公章。这种推荐信具有推荐和证明身份的双重作用，所以很多用人单位需要应届毕业生提供推荐信。研究生毕业生的推荐信中往往还有导师的推荐意见。

2. 自荐信

自荐信是推荐自己担任某项工作或从事某种活动，以便对方能接受的一种专用书信。它的基本格式与普通书信相似。值得注意的是，自荐信的内容要真实、具体，篇幅要短小精悍，行文要简洁明确，让对方对你的主要特长有明确的了解，给对方留下诚恳、朴实的印象。

3. 求职信/应聘书

求职信是求职者根据自身条件和求职意向，向用人单位领导或人事部门介绍自己的实际才能，表达求职意愿，请求对方聘请、接受的一种信函。应聘书也是一种求职信，只是针对性更强。应聘书是相对"招聘"而言的，是指求职者根据用人单位发布的招聘通告、广告，有目的地表达求职意向的信函。

4. 求职简历

求职简历又称个人简历，是求职者将自己与所申请职位紧密相关的个人信息，经过分析整理并清晰简要地表述出来的书面求职材料。求职简历是决定招聘者是否会对求职者产生兴趣，进而决定是否给予其面试机会的极重要的依据性材料。求职者要用真实准确的事实向招聘者明示自己的教育背景、经历经验、知识技能、相关成果等信息。

推荐信、自荐信、求职信 / 应聘书、求职简历这四种材料都属于求职类信函，也可将它们归入书信类文书，因其有专门的用途，常常独立为一类。下面主要讲解应届毕业生求职信和求职简历的写作。

二、求职信的写法

求职信具有介绍性、自述性和请求性的特点，其作用是向用人单位表达求职意愿和展示自己的能力。一般来说，应聘求职时，先要写一封求职信，然后附上求职简历。过去，求职信主要以纸质形式寄给用人单位，篇幅一般在一页左右；现在，多以电子邮件形式发送给用人单位，篇幅短小。不管是纸质形式还是电子邮件形式，求职信的写法基本相同。

求职信由标题、称谓、正文、祝颂语、落款和附件组成。

（一）标题

（1）直接在第一行居中写"求职信"三个字。

（2）由事由和文种名称构成。如果是以电子邮件的形式发送，应在邮件主题中注明"××应聘××职位的求职信"。

（二）称谓

顶格写明求职单位的领导或招聘负责人的姓名和称谓，不知其姓名时，可直接称呼其职务，如"尊敬的人力资源部主任"。如果用人单位招聘通告上写明了联系人，就直接写指定联系人。

（三）正文

正文包括开头、主体、结尾三部分，内容应包括个人信息、求职目标、求职原因、自身条件、求职意愿等。若以电子邮件的形式发送，篇幅虽短，但需要素俱全。

1. 开头

开头应先对对方阅读自己的求职信表示感谢，然后进行简要的自我介绍，交代清楚自己的身份、年龄、学历、毕业院校及专业等基本信息，给用人单位一个初步印象。

2. 主体

直接说明所应聘的具体岗位或职位名称（不能同时应聘多个岗位），然后围绕求职目标说明求职原因和自身条件。

（1）求职原因。把自己的求职动机说清楚，应尽可能表现出你对目标岗位的熟悉和钟爱，表明自己渴望为用人单位效力的意愿和决心。

扫码看视频

求职信的格式和写法

（2）自身条件。围绕具体岗位的招聘条件来写，有针对性地推介自己，这部分是求职信的重点，要写得有条理。一般可从三个层面来陈述。

① 专业背景。为增强求职的针对性，需要着重介绍自己的专业背景、知识结构、学科能力、学习成绩等。

② 专业技能。突出自己学以致用所具备的业务技能，对大学生来说，主要是突出自己参与科研实践、社会实践方面的经历和成绩。

③ 综合能力。除了专业素养，还应介绍自己在校期间参与了哪些课外活动，取得了哪些成绩，以及获奖的情况，旨在说明自己具备一定的管理、组织和协调等社会活动能力。

3. 结尾

结尾部分表达希望，希望用人单位给予面试机会，要把自己希望得到工作的愿望以及被录用后的态度和决心表达出来，请用人单位尽快答复是否给予面试机会。这部分要注意措辞和语气。

（四）祝颂语

祝颂语是书信类文书的一个重要组成部分，需另起一段空两格写上"此致"，转行顶格写上"敬礼"，也可用其他祝颂语来代替，如"祝贵单位事业蒸蒸日上"。

（五）落款

如果是纸质形式的求职信，要亲笔签名；如果是电子邮件形式的求职信，应写上姓名和求职日期。

在落款后面注明通信地址、联系方式，以备用人单位日后联系。以电子邮件的形式发送求职信时，如有附件，应说明附件中材料的性质及数量，以便对方查阅。

（六）附件

附件是证明求职信内容的佐证材料，如个人简历、学习成绩单、获奖证书复印件（扫描件）、学历证书复印件（扫描件）、各类技能证书复印件（扫描件）等。如果是纸质形式，则需装订在求职信之后；若以电子邮件的形式发送，个人简历应独立为一个文件，其他附件材料合并成一个文件，并注意文件的命名方式，以便对方下载、查阅。

三、求职信的案例分析

结构名称		案例	简析
标题		**××应聘××的求职信**	标题中写明应聘岗位。
称谓		尊敬的××人力资源部主任：	称谓使用尊称。
正文	开头	您好！首先对您在百忙之中阅读我的求职信表示感谢！ 　我是×××，男，××岁，是××大学××学院××专业的应届毕业生。贵公司是国际知名企业，公司的发展……（有针对性地评价），我对贵公司慕名已久。我从学校就业指导中心网站看到贵公司的招聘启事，这鼓舞了我的求职决心，希望我能成为贵公司的一员。	开头部分先表示感谢，然后简要地自我介绍。在介绍时，可以说明获知招聘信息的途径。

续表

结构名称		案例	简析
正文	主体	我应聘的职位是××。在大学四年的学习中，我注重品德修养，严格要求自己，在培养自身专业技能的同时，注重自身综合素质的提升。 　　在专业学习方面，我认真学习专业知识，学习成绩名列专业第×，曾获得×××奖学金；同时，我对文学、管理等方面也很感兴趣，阅读了大量的××方面的书籍…… 　　在实践能力和专业技能方面，我积极参加社会实践活动和课外学术科研活动。例如，20××年我成功申请了全国大学生创新创业训练项目，项目名称是"×××"，从这个项目中，我学到了……我参加了××社会实践……在专业实习方面，我××（时间）到××公司进行实习…… 　　在校园活动方面，我担任××社团的学生干部，组织了××活动……锻炼了自身的管理、组织和协调能力。	主体部分再次明确说明应聘职位，并从不同方面有针对性地陈述自己的能力。所述内容需与招聘岗位的需求尽量保持一致。 整体来看，这封求职信的格式和内容很规范，开头、主体和结尾部分要素齐全，思路清晰，具体全面地介绍了自己各方面的能力。
	结尾	如有幸被贵公司录用，我相信，在公司的指导和培养下，我一定会做好工作，与公司一同进步。望贵公司给予我宝贵的面试机会，谨候回音。	结尾表达求职意愿和希望。
祝颂语		此致 敬礼	不要遗漏祝颂语。
落款		求职者：××× 　　　　　　　　　　　　20××年×月×日	电子邮件也需落款。
联系信息		联系地址：××大学××学院××专业×班 邮政编码：×××××× 联系方式：139********，***@***.com	写明联系方式，方便取得联系。
附件		附件：1. 求职简历1份 　　　2. 获奖证书、英语证书、成绩单扫描件各1份	附件标注规范。联系方式和附件等内容也可放在"此致敬礼"之前，以落款结尾。

四、求职简历的写法

（一）求职简历构成要素

　　求职简历的构成要素包括个人信息、求职意向、教育背景、工作经历、获奖情况、相关技能、爱好特长等。

　　（1）个人信息。包括姓名、性别、出生年月、政治面貌、民族、籍贯、户籍所在地、学历、学位、学校、专业、毕业时间、电子邮箱、联系电话等。

　　（2）求职意向。结合自身实际，写明应聘职位。

　　（3）教育背景。包括毕业学校、所学专业；业余所学知识及特长；与你所谋求的职位有关的课程、专业知识等，不必面面俱到，要突出重点，有针对性，可以提供成绩单。

扫码看视频

撰写简历的准备

（4）工作经历。包括组织和参与的学生社团活动、社会实践、专业实习、科研经历、勤工俭学经历等。

（5）获奖情况。可按重要程度排序，也可按获奖时间排序。

（6）相关技能。如外语及计算机水平、各类资格证书、驾照等。

（7）爱好特长。与所应聘职位有关的个人爱好和特长。

扫码看视频

求职简历
的写法

（二）撰写简历的注意事项

撰写简历时，需注意以下几点。

（1）简历中的个人信息、教育背景、工作经历等必须真实准确，不得夸大或虚构。

（2）简历内容条理清晰，重点突出，一般控制在一页A4纸的篇幅。

（3）最大程度体现针对性，特别是教育背景、实践经历一定要突出与应聘职位的相关性。

（4）获奖情况以奖学金为主，建议将最重要的奖项放在前面，并注明获奖年份。如果获奖较多，也可以按年份来列举。

（5）工作经历是重中之重，包括实习实践和校园活动。实习实践要注明时间、地点、单位、职位和职责；校园活动主要是在校期间担任班团干部、学生社团干部等情况，要写明任职时间、具体职位。工作经历部分需展开叙述。

（6）简历的格式应该清晰、整洁，排版美观，确保没有错别字和语法错误，标点符号使用规范。

（7）简历中不宜加入过于主观的自我评价，善于用数据体现能力。

（8）不同的职位和公司可能需要不同的简历，切忌使用万用简历。

五、求职简历的案例分析

【案例分析1】

案例	简析
工作实习经历 20××年暑假，在××培训学校担任英语兼职教师； 20××年2—6月，在××科技发展公司做产品促销员； 20××年7—9月，在××日报社实习； 20××年9—12月，参与××公司的市场调研。	这是一个比较失败的实习经历描述。实习中的工作内容、岗位及工作业绩不明确。

【案例分析2】

案例	简析
工作实习经历 **20××.7　　×××暑期社会实践　　实践队长** 带领11人团队在××进行为期10天的社会实践活动； 调研"留守儿童"问题，发放调查问卷500份，走访47个家庭； 为××希望小学讲授计算机基础知识； 实践队获得××市优秀实践队荣誉，实践报告获得××大学一等奖。	第一行写出实习时间、实习单位和实习岗位等信息。这条信息之下具体描述实习经历，并展示自己通过实习所获得的能力。

续表

案例	简析
20××.7—20××.9　××大学××俱乐部　新闻宣传主任 　　为第一次会员见面会策划产品推广宣传活动，帮助会员建立品牌意识； 　　策划并组织"×××经营培训"活动，吸引400余人参加； 　　带领15名团队成员，协助××公司开展20××年校园招聘。	使用具体数据来说明实践成果，较有说服力。
<center>**获奖情况**</center>20××，××大学国家奖学金、××大学优秀学生干部； 20××，××大学优秀共产党员、××大学十佳杰出青年； 20××，××大学优秀共青团员、××大学三好学生； 20××，××大学三好学生、军训优秀学员、××优秀会员。	获奖情况较多时，可以按年份列举，建议采用时间逆序来排列。

【案例分析3】

案例	简析
<center>**工作实习经历**</center>**20××.12—20××.2　上海××公司市场部 市场推广专员　上海** 　　公司经营的求职网是国内领先的专门面向大学毕业生及在校生的求职招聘网站； 　　独立负责网站与目标高校、企业的合作推广计划的实施； 　　对全国约400家重点高校就业网进行调研，负责与200多所目标院校就业部门联系沟通及访谈，完善网站制订的高校合作计划文案。	在这个案例中，该生从三个方面具体描述实习经历，并体现自己通过实习获得的能力。其中"独立负责、合作推广、调研、沟通及访谈、完善"这些行为动词很好地体现了该生的实习情况和相关能力。

　　不论是写实习经历，还是写社团活动、社会实践，都应该注意遣词造句，用好行为动词。行为动词能体现职业技能，体现专业化水平，使用时要灵活，避免重复。下面摘录一些常见的行为动词，以供参考。

　　体现个人成就的：简化、实现、执行、完成、改进、推广

　　体现指导、教授他人的：建议、指导、辅导、教导、协作、协助

　　体现行政管理能力的：引导、制订、分配、建立、支持、安排

　　体现领导能力的：指挥、主持、发起、处理、决定、监督

　　体现沟通能力的：调查、说服、沟通、宣传、访谈、建议

　　体现组织、计划能力的：计划、组织、分配、参加、收集、管理

　　体现创新、创造能力的：建立、开发、研发、设计、发明、起草

　　体现研究、逻辑分析能力的：评估、调研、分析、核实、研究、观察

　　体现技术能力的：维护、测试、诊断、调试、修理、重建

　　用好相关行业领域的关键词，可将比较通俗的说法专业化。

【线条式简历参考模板】

个人简历

照
片

基本信息

姓名：王某某

性别：男

出生年月：2000.8

籍贯：天津

学校：××大学

专业：××××

学历：本科/研究生

学位：文学学士/硕士

求职意向

××××（职位）

联系方式

139********

@.com

相关技能

大学英语六级，550分

大学英语四级，580分

熟练使用Office 软件

具备Photoshop基本技能

驾照

教育背景

20××.9—20××.7　××大学××专业（硕士）

20××.9—20××.7　××大学××专业（本科）

· 加权成绩：91

· 加权成绩排名：2/70

实习经历

起止年月　××单位　实习岗位　地点

（将实习情况分条列举，注意语言表述的专业性）

起止年月　××单位　实习岗位　地点

（将实习情况分条列举，注意语言表述的专业性）

校园经历

起止年月　××大学××社团　角色/职务

（将校园经历分条列举，注意语言表述的专业性）

起止年月　××大学××社团　角色/职务

（将校园经历分条列举，注意语言表述的专业性）

荣誉奖励

20××，××大学优秀学生干部

20××，××大学优秀共产党员

20××，××大学三好学生

20××，××大学军训优秀学员

自我评价

（用一两句话评价自己，与岗位需求相契合）

（还可以写上兴趣、爱好、特长等）

【表格式简历参考模板】

个人简历

姓　　名		性　　别		照片
出生日期		民　　族		
政治面貌		籍　　贯		
学　　校		专　　业		
学　　历		学　　位		
联系电话		邮　　箱		
求职意向	写明应聘的具体岗位（只写一个）			
实习经历	起止年月　　××单位　　实习岗位　　地点 （将实习情况分条列举，注意语言表述的专业性） 起止年月　　××单位　　实习岗位　　地点 （将实习情况分条列举，注意语言表述的专业性）			
校园经历	起止年月　　××大学××社团　　角色/职务 （将校园经历分条列举，注意语言表述的专业性） 起止年月　　××大学××社团　　角色/职务 （将校园经历分条列举，注意语言表述的专业性）			
获奖情况	20××，××大学优秀学生干部 20××，××大学优秀共产党员 20××，××大学三好学生 20××，××大学军训优秀学员			
相关技能	大学英语六级，550分；大学英语四级，580分 熟练使用Office软件；具备Photoshop基本技能 驾照（其他资格证书均可写上）			
兴趣爱好	写与应聘岗位相关的爱好			
自我评价	用一两句话评价自己，与岗位需求相契合			

⚙ 写作任务

1. 假如你想利用暑假进行实习，××公司正在招聘行政管理岗位的实习生，请撰写一封自荐信和一份个人简历。

2. 请根据下列招聘信息，撰写求职信和求职简历。

×××科技发展有限公司客户专员的招聘信息

（1）职位描述

① 负责客户关系管理，新市场开发及维护；

② 为客户提供售前、售中、售后支持服务；

③ 负责收集市场招投标信息、客户信息、竞争对手信息，密切注意市场变化；

④ 配合市场部，共同组织区域内产品市场活动；

⑤ 收集一线销售信息和用户意见，并提出可行性建议；

⑥ 配合提供客户资质证件；

⑦ 完成上级领导安排的其他工作。

（2）招聘要求

① ××相关专业应届毕业生，具备培养潜质；

② 有志从事销售工作，吃苦耐劳，有较强的学习能力和沟通能力；

③ 愿意接受全国范围内工作区域的调动。

（3）应聘方式

请有意应聘此岗位的应届毕业生，将求职信和求职简历于20××年×月×日前发送至***@***.com。公司将于20××年×月×日电话通知入围面试的人员。

联系人：×××；联系电话：139********

沟通任务　准备求职面试

👁 任务引入

小王制作完成一份高水平的求职简历之后，就开始到处搜集招聘信息。为了确保招聘信息的真实性，小王选择学校就业指导中心的网站作为主要的就业信息获取渠道。

在众多单位的招聘简章中，小王看中了几个岗位，打算投递简历试一试。他记得老师曾说过："如果说简历制作是一门艺术，那么简历投递就是一门学问。"为了把简历有效投递给招聘单位，要注意简历投递过程中的很多细节问题。投递简历之后，还要进行投递记录管理，免得时间久了，想不起来是否向某个单位投递过简历，应聘了哪个职位，甚至投递的是哪一个版本的简历也记不清了。

在精心准备和规范投递简历之后，不久小王就接到了面试通知。第一次参加面试，小王有些紧张，不知道该如何准备面试，该如何应对面试。

通过学习本节，我们要了解求职面试之前都要做好哪些准备，了解不同面试类型的方式和特点，有针对性地准备面试内容，掌握面试的技巧，遵从面试的礼仪规范。

知识串讲

对求职者来说，在通过简历筛选、笔试之后，就将进入面试环节。求职面试是一种依靠语言来沟通的特殊交际形式。求职面试是求职过程中常见的一种以选择人才为目的、以谈话为主要手段的考查方式。要想成功通过面试，就需要对面试的主要考查内容有所了解和把握，做好面试准备，有的放矢。

一、面试考查内容

面试的考查内容主要有以下10个方面。

1. 仪表风度

仪表风度是指应聘者的形体外貌、衣着打扮、行为举止、精神状态等。有些职业对仪表风度的要求较高，如国家公务员、公关人员、营销人员、教师等。面试官通常在面试开始的前30秒内便可对应聘者产生初步印象。

2. 专业知识

用人单位通过了解应聘者掌握专业知识的广度和深度，考查其专业知识的掌握程度及其与应聘岗位的契合程度。面试中的专业知识考查有时是作为专业知识笔试的一种补充。

3. 实习实践

面试官一般会根据应聘者简历中所提供的实习实践经历进行相关问询，主要考查应聘者的专业实习和社会实践经验及相关背景。

4. 沟通能力

面试官会评估应聘者是否能够将自己的思想、观点、意见或建议顺畅地用语言表达出来，以及应聘者是否能对问题进行分析并抓住本质，同时考查应聘者对问题的理解是否准确，回答的迅速性和准确性。

5. 应变能力

面试官主要通过应聘者能否准确理解面试官所提的问题，能否准确、迅速地回答面试官的提问，对突发问题的反应是否机智敏捷、回答是否恰当，能否机智、巧妙地应对面试官的"发难"，考查其应变能力。

6. 社交能力

面试官一般通过询问应聘者在校期间参与学生课外活动的情况来了解应聘者在学校各类社团中的任职情况、所在社团群体的类型等，进而了解应聘者的社交范围和人际交往对象，推断出应聘者的人际交往倾向和社交能力。

7. 分析能力

面试官主要通过应聘者在分析问题的过程中能否抓住本质并对问题进行全面分析，说理是否透彻，条理是否清晰，考查应聘者的理论分析能力。

8. 自我认知能力

自我认知、个性特征也是面试中不可忽视的考查内容。面试官会考查应聘者的自我认知，如对自己优点和缺点的认识，以及对自己能力的客观评价。面试官还会关注应聘者的人生观、价值观、敬业精神、人际关系、适应能力、应对压力的能力和自我激励的能力等。有些用人单位可能会辅以心理测评，对应聘者进行心理素质测查。

9. 求职动机

在招聘成本和应聘成本都很高的人才市场，求职动机是一个不可回避的问题，但又是一个不易考查的问题。招聘单位通过了解应聘者为何选择应聘本单位，其职业规划如何，进而判断本单位所能提供的职位和工作条件等能否满足其工作要求和发展规划等。

10. 爱好特长

爱好是指人们对某种事物具有浓厚的兴趣，如琴棋书画、各类体育运动等，在一定程度上会影响一个人的性格特征。特长一般是指在某个领域或技术方面，有着较为明显的优势和超出常人的能力。爱好特长与职业兴趣有很大的相关性，面试官可以通过爱好特长来预测应聘者的职业倾向。

扫码看资料

霍兰德职业
兴趣

二、求职面试类型

随着人才招聘市场的发展，用人单位的面试类型越来越丰富，面试流程也日益科学化、规范化。对于大学生来说，了解用人单位的面试类型，有利于提前做好面试准备，应对激烈的人才竞争，做到从容自信。

（一）常见的面试类型

1. 电话面试

电话面试是通过电话进行的远程面试。这种方式适用于初步筛选或异地求职者的面试。电话面试主要关注应聘者的沟通能力、表达能力及其对岗位和公司的了解程度。由于无法面对面交流，可能无法全面了解应聘者的形象和气质。

2. 视频面试

视频面试是通过视频通话工具进行的面试。随着科技的发展，视频面试越来越普遍，尤其适用于跨国企业或远程招聘。视频面试可以更加直观地展示应聘者的形象和表达能力，同时也需要应聘者具备良好的视频通话技巧和形象管理能力。

3. 行为面试

通过一个人过去的行为可以预测其将来的行为，这是行为面试的理论基础。行为面试主要是通过深入了解应聘者过去的行为和经历，来评估其潜在的能力和适应性。在行为面试的过程中，面试官会针对特定的工作或生活情境提出问题，要求应聘者详细描述他们过去是如何应对这些情境的，包括他们的行为、决策以及最终的结果。行为面试关注过去的行为，通过对应聘者过去行为的深入了解，面试官可以预测其在未来类似情境中的可能表现。

4. 案例面试

案例面试是一种特殊的面试形式，面试官通过描述具体的商业案例或专业问题，来考查应聘者的应变能力、逻辑分析能力以及解决问题的专业素养。这种面试形式在咨询公司尤为常见，因为它能够模拟咨询工作的实际场景，有效地评估应聘者是否具备从事咨询工作的能力和潜力。案例可以通过口头上的表达给出，也可以通过书面形式给出。案例可能是真实的事例，也可能是虚构的故事。案例面试没有固定的答案，因为每个案例都有其独特的情况和背景。应聘者需要根据自己的理解和分析，提出合理的解决方案。这种开放性的答案要求应聘者具备独立思考和创新的能力。

5. 结构化面试

结构化面试也称标准化面试，是面试官根据特定职位的胜任特征和要求，遵循固定的程序，采用专门的题库、评价标准和评价方法，通过应聘者对特定面试试题运用口语进行面对面作答的方式，评价应聘者是否符合招聘岗位要求的人才测评方法。这种面试方法克服了"考官的提问太随意，想问什么就问什么；评价缺少客观依据，想怎么评就怎么评"的弊端。

6. 非结构化面试

非结构化面试也称随机面试，其特点在于面试官不使用固定的问题列表，而是根据应聘者的回答和面试情况灵活调整问题，询问更加深入、具体，以便更全面地了解应聘者的能力、经验和个性。非结构化面试的问题具有不确定性，面试答案具有非标准性。与结构化面试的线型过程不同，非结构化面试的过程更像是树型的，一个问题可能引出多个答案，每个答案又可能引出新的问题，使得整体面试方向较为分散。非结构化面试没有固定的评分标准，更多地依赖于面试官的个人判断。

7. 小组面试

小组面试又称无领导小组讨论、集体面试，俗称"群面"，是指将一定数量（一般为5～8人）的应聘者组成一个小组来共同完成一个需要解决的问题。小组成员以讨论的方式，经过各种观点和思想的碰撞、提炼，共同得出一个最合适的答案或结果。在讨论过程中，每个成员都处于平等的地位，不指定小组领导，也不指定分工，让应聘者作为一个团队自行安排组织并完成指定任务。小组面试的问题包括要素排序题、讨论辩论题、案例分析题、活动策划题、创意制作题等题型。小组面试主要考查应聘者的组织协调能力、领导能力、合作能力、沟通能力、辩论说服能力等各方面的能力和素质是否满足招聘需求，以及其自信程度、情绪稳定性、应变能力等个性特点是否符合团队工作需要。

（二）结构化面试

在以上提及的面试类型中，结构化面试是一种标准化的面试类型，也是用人单位经常使用的面试方式。下面专门对结构化面试作进一步讲解。

结构化面试采用事先设计好的一份标准化的面试试题，包括面试过程中的所有问题和评分细节。结构化面试的一般流程：由5～9名面试官负责考查，其中设一名主考官，负责向应聘者提问并把握面试的总体进度；面试时间因题目的数量不同而不同，一般为20～60分钟，每个问题的平均问答时间为5分钟。全体面试考官对各要素的评判需根据设定好的分值结构来进行。

结构化面试的测评要素包括一般能力、工作能力和个性特征。

1. 一般能力

（1）逻辑思维能力。通过分析与综合、抽象与概括、判断与推理，揭示事物的内在联系、本质特征及变化规律的能力。

扫码看资料

结构化面试
答辩原则

（2）语言表达能力。清晰流畅地表达自己的思想、观点，说服、动员别人，以及解释、叙述事情的能力。

2. 工作能力

（1）计划能力。根据实际工作任务设定实施目标、进行宏观规划及制定实施方案的能力。

（2）决策能力。对重要问题进行及时有效的分析判断并作出科学决断的能力。

（3）组织协调能力。根据工作任务，对资源进行分配，同时控制、激励和协调群体活动，使之相互配合，从而实现组织目标的能力。

（4）沟通能力。通过情感、态度、思想和观点的交流，建立良好协作关系的能力。

（5）创新能力。发现新问题、产生新思路、提出新观点和找出新办法的能力。

（6）应变能力。面对突发事件，能迅速地作出反应，寻求合适的方法，使事件得以妥善解决的能力。

（7）其他能力。相应职位需要的其他特殊能力，该能力测评要素根据不同职位的要求确定。

3. 个性特征

面试官主要通过应聘者在面试中表现出来的气质风度、品德修养、情绪稳定性、自我认知等，考查其个性特征。

三、准备自我介绍

在求职面试开始时，面试官一般会要求应聘者作一个自我介绍，时间一般为1～2分钟。自我介绍看似简单，但如果处理不好，就会全盘皆输。为了给面试官留下良好的第一印象，应聘者应真实地向对方介绍与求职相关的、最主要的情况，与职位有关的内容要介绍清楚，无关的则不必介绍。要作好自我介绍，需要做到知己知彼。

（一）充分了解自己

1. 构思自我介绍

介绍自己时，应包括姓名、年龄、教育背景、学习或工作单位、社团或社会活动等基本情况。提及能力和经历时，最好分项列举，并辅以相关经历作为例证，这些经历应与你所应聘的职位基本相符。在准备自我介绍时，注意以下几点。

（1）回顾个人的教育经历、工作经历、项目经历或科研经历，并从中体现自己的知识和技能，充分认识自己，发掘闪光点（准备好关于"不足之处"的回答，但不要在自我介绍环节主动提及）。

（2）了解用人单位及其企业文化，了解岗位需求，列出你的专业技能和特长，思考这些技能如何帮助你胜任求职岗位，找准个人技能与岗位匹配的结合点。

（3）提炼出最能展现你优势的关键信息，将这些信息整合成一段简洁、有逻辑的自我介绍，确保在面试中能够流畅地表达出来。

（4）建议多用数据、修饰性的词语来描述以往的成绩或业绩。

（5）总结过去并规划未来。明确职业目标，思考你希望在近期内实现的职业目标，以及这些目标如何与求职岗位相关；思考你的长期职业规划，以及你希望在这个领域达到的高度。

2. 介绍时的注意事项

（1）正面评价自己，讲出你的闪光点。

（2）介绍的内容要与应聘岗位的要求有较高的契合度。

（3）自我介绍的细节必须与你的求职简历保持一致。

（4）介绍中，保持与面试官眼神的交流，以便及时调整介绍的重点。

（5）真诚交流，语言口语化，不要做作，也不要背诵。

（6）简明清晰，控制时间，以2分钟左右为宜。

（7）介绍完毕后致谢。

（二）充分了解用人单位

在充满竞争的人才市场，想要谋求一份理想、心仪的工作，光有专业知识是远远不够的，还要具备把握机遇的能力并掌握一定的求职沟通技能。应聘者应做好充分的准备，了解用人单位的一些情况。

（1）做到"情有独钟"。应聘者在面试前要做一个有心人，尽可能地熟悉用人单位的历史、现状、发展规划等信息，充分了解用人单位的经营状况、企业文化和未来的发展等。这样，既可以增强你面试时的自信心，又可以使面试官确信你对该单位兴趣浓厚。

（2）达到"非你莫属"。对应聘职位有充分的了解，并做好相应的准备，可以使你在众多的应聘者中脱颖而出。你需要了解这个职位的工作性质、职位职责、薪酬待遇、职业升迁路径以及它在该单位所处的地位。在求职前了解应聘职位，有利于应聘者在应对面试时有的放矢，针对该职位的招聘需要充分展现自己的能力和特长，增加与应聘职位的匹配度。

四、求职面试技巧

面试时，应聘者的沟通能力体现出应聘者的成熟程度和综合素养，掌握求职面试的沟通技巧无疑是重要的。

（一）语言表达的控制

1. 表达清晰，语速得当

在控制紧张情绪的同时，应聘者应尽量做到吐字清晰、发音准确、语言流利、文雅大方，可以用简短、直接的语言表达观点，避免冗余和复杂的句子结构。当描述经历或技能时，用具体的例子来支持你的观点，可以使表达更具说服力。

面试过程中，能灵活控制语速是沉稳的体现。一般来说，人在精神高度紧张的情况下，语速会不自觉地加快。如果语速过快，一方面不利于面试官听清讲话内容，另一方面还会给人一种慌张、不自信的感觉。语速过慢，则容易给人一种缺乏激情、沉闷的感觉。面试前期，紧张是不可避免的，此时就要有意识地放慢语速，待自己进入状态后，再适当加快语速，并合理运用不同语气来表情达意。这样，既能稳定自己的情绪，又可以扭转面试的沉闷局面。

2. 音量适中，语气适宜

一个人的音质不易改变，但音量是完全可以自我调节的。音量既不宜过高，以免显得激动；也不宜过低，以免显得不自信。音量的大小要根据面试现场的情况而定。两人面谈且距离较近时，音量不宜过大；群体面谈且场地开阔时，音量不宜过小，以每个面试官都能听清你讲话为原则。

面试时，还要注意语气、语调的合理运用。语气代表着说话人对某一行为或事情的看法和态度。语气中透露出自信和积极性，展现你对职位的热情和期望。自我介绍时，最好使用平缓的陈述语气，不宜使用感叹语气或祈使语气。

3. 真诚交流，讲究逻辑

面试官一般都具有丰富的社会阅历和较强的心理优势，因此，应聘者在回答问题时要真诚，内容真实可信，切忌夸夸其谈。与面试官保持良好的眼神交流，表达你的关注和尊重。适时微笑和保持开放的肢体语言，有助于营造轻松的氛围。

回答问题要开门见山，即直接说出自己的主要观点，千万别为自己的主要观点做铺垫。否则，你还未说出自己的观点，对方可能就会打断你，甚至提出新的问题。在回答问题时，还要讲究逻辑，我们可以使用时间顺序、空间顺序来体现时空逻辑，可以从正反两个方面来回答以体现辩证逻辑，也可以按照处理事务的先后顺序来体现事理逻辑等。在组织语言时，可以采用"总一分一总"结构，或者"问题一原因一方案"结构；也可以使用"首先、其次、最后"或"因为、所以"等逻辑词语来帮助面试官更好地理解你的思路。

（二）面试沟通的互动

1. 善于倾听，把握意图

在自我介绍之后，面试官一般会针对简历、职位等进行提问，应聘者要善于倾听，沉着应答对方的提问。在回答之前，应聘者应准确把握对方的提问意图，捕捉对方对自己的兴趣点，从而提高回答的针对性和有效性。

面试官问：请谈谈你的家庭情况，你父母支持你到我们单位求职吗？

思路解析：通过问这个问题，面试官可以从你的家庭成员构成情况、家风情况、家长对子女的教育和影响、家长对子女自主性的支持情况、家庭观念和家庭责任感、家庭美德等进行了解，应聘者需找好角度，进行有针对性的回答。

2. 坦诚自信，谨慎回答

面对优秀的人才，各用人单位都会竞相伸出橄榄枝。就业季，有些同学斩获多家单位的录用通知，面试官为了稳妥起见，有时会对应聘者的其他面试情况进行发问。

面试官问：你在来我们单位面试之前，还去过哪些单位面试？

思路解析：这样的问题会让应聘者陷入两难。如果回答"没有去其他单位面试过"，对方会认为你不够优秀，因为其他单位都没有给你面试机会。如果回答"去过两个单位，分别是××、××"，对方马上又要追问"他们录用你了吗"，你说"没有"，也可能说明自己不够优秀，你说"已被××录用"，对方会追问"为什么还来我们这里"。面对这类追问怎么办？最好的处理方法就是：充分了解应聘单位，并找好自己的能力与岗位的契合点，坦诚回答，使对方信服。

3. 关注反应，适时调整

在面试回答问题的过程中，时刻留意面试官的表情、肢体语言和语气。这些细微的信号往往能反映出面试官对你的回答的兴趣程度和理解情况。当面试官点头、微笑或表现出积极的肢体语言时，这通常意味着他们对你的回答表示赞同或感兴趣。相反，如果他们皱眉、摇头或显得不耐烦，那么可能是你的回答没有切中要点或需要调整。如果发现面试官对你的回答不感兴趣或理解困难，不要害怕改变话题或重新组织答案。你可以尝试用更简洁的语言解释，或者提供具体的例子来帮助他们更好地理解。当面试官对你的某个观点或经历表现出浓厚的兴趣时，你可以抓住这个机会深入展开，提供更多的细节和见解。无论面试官的反应如何，都要保持自信和从容。

4. 有礼有节，伺机而动

面试时要时刻注意礼貌，对面试官要视身份的不同而使用不同的尊称。若面试过程中，双方同时开口，应聘者应停住，请面试官先说，即使对方请你先说，你也要在有礼貌地谦让过后，再开口说话。伺机而动还包括对时间的把握。若面试官提问后，应聘者滔滔不绝，不观察对方有无兴趣听下去，只顾自己说个不停，会耽误面试官很多时间。对问题的回答，说多说少，也需要把握好度。

五、求职面试礼仪

（一）接听面试电话的礼仪

用人单位对你的考查，从你接听"面试通知"电话的那一刻就开始了。你手机里可能没有用人单位招聘部门的电话，你将要接听的电话中，不知道哪个电话将是用人单位打来的，所以平时做好接听电话的礼仪非常重要。

> ### 从接听电话衡量一个人的素养
>
> "喂！"
>
> "喂，您好，请问是××大学的×××同学吗？"
>
> "你是谁呀？什么事？"
>
> "我是××公司的，我打电话是想通知您到我们公司来面试。"
>
> "哪个公司？请再说一遍。"
>
> "是××公司！请您明天上午9点到我们公司的201会议室参加面试。"
>
> "哦、哦、哦，我记一下。等一下，我找一下笔。王××（他同学），快给我拿一支笔。"
>
> "……"（对方已经"无语"了，只能在简历上做个"不良记录"了。）

要想轻松自如、信心满满地接听面试电话通知，功夫在平时！

及时接听电话，如果让来者等待过久，则应说："对不起，让您久等了。"接听电话也要注意环境。如果接听电话时，所处的环境声音嘈杂，则应该向对方致歉，并征求对方的意见，重新更换通话地点，或者留下电话号码稍后回拨。

接听电话时，说好第一句话。很多人拿起电话，特别是陌生来电，往往张口就问："喂，找谁？"这是很不礼貌的。在电话接通之后，接电话者应该先主动向对方问好，不能只有一个"喂"字。

结束通话时，要致谢。谁先挂断呢？一般来说，上下级或长辈与晚辈之间通话，应由上级或长辈先挂断电话；工作中，如果是客户来电话，应该让客户先挂断电话；如果用人单位与你通话，应让对方先挂断电话。

（二）提前 20 分钟到达面试地点

参加面试时，不宜"准时到达"，一般需提前20分钟左右到达，预留签到、查证、候场的时间。提前了解交通状况，查清交通路线，一定要提前到达。如果提前时间较多，建议先不要前往接待区，以免打扰公司人员工作。进入面试地点后，如果时间允许，可以了解卫生间的位置，去卫生间也可以顺便检查自己的服饰妆容。一切准备就绪后，你才能从容面对接下来的面试。

（三）面试签到的礼仪

到了招聘单位，不要东张西望，如果不能马上找到前往面试地点的路线，可以礼貌问询。如果招聘单位设有前台，可以到前台问询，说明来意，并感谢对方的指引。如无前台人员，可找工作人员求助，感谢的言辞常挂嘴边。

扫码看视频

求职面试礼仪

到达签到处，主动出示证件，表明身份，签字时字迹端正、清楚。要注意是否允许携带手机（关机或静音状态），是否需要将手机交由工作人员统一保管。签到后，静心等待，不要与其他应聘者闲聊。

（四）面试中的礼仪

耐心候场，等待工作人员按顺序安排你进入面试房间。在没有得到允许的情况下，不得擅自进入面试房间。轮到你时，在工作人员的引导下进入房间，或者敲门后进入，即使面试房间的门是虚掩的，也应敲门，一般轻轻地敲三下，以里面听得见的力度为准。

开门要轻，进门后转身正对房门，用手轻轻将门合上，不可用后手随手关门。关门后，转身面带微笑，上半身前倾30°左右鞠躬致意，身体回正后，与面试官打招呼："面试老师，你们好！"大大方方走在座位前，在面试官的示意下就座。

在面试中，要敢于与面试官进行目光的交流。在面试官中，一般正中间的是主考官，其他是副考官。面试时，一般由主考官来主持面试，应聘者除了跟主考官进行目光交流，应该兼顾其他考官，这也是尊重所有考官的体现。

在整个面试过程中，要做到举止文雅，表情自然，用语礼貌。

（五）面试结束时的礼仪

面试结束后，致谢告辞。离场时，不要因为面试中不如人意的表现而流露出气馁的神情，也不要因自信满满而忘乎所以。不管是否能被录取，都要感谢面试官给我们的面试机会，不要主动与面试官握手，鞠躬致谢离开面试房间即可。出房间后，感谢工作人员为我们提供的服务。

沟通任务

1. 针对所学专业，拟定某一职位，应聘此职位，你认为你最大的优势是什么？最大的缺点或不足是什么？

2. 请谈谈你过去做过的一个成功案例及其收获。

3. 面试官问"你对工资的期望是多少"，你该如何回答？

4. 假如部门领导派你和一个与你有矛盾的同事一起出差，你如何处理？

5. 你有一个很好的工作设想，经过实际调查后，你认为这个设想既科学又可行，但你的领导和同事们没有采纳，你会采取什么办法说服他们？

思考与练习

假设你在参加一场面试，请尝试回答以下问题。

1. 你为什么要到我们单位来求职？

2. 你了解我们单位吗？

3. 你觉得你适合哪种类型的工作岗位？为什么？

4. 毕业后五年内，你的职业规划是什么？

5. 你有哪些兴趣爱好？

6. 今天的面试就到这里了，你有什么问题要问吗？

扫码做练习　结构化面试模拟练习题

扫码做练习　项目六试题

项目七 完成一次答辩

【项目导入】

到了大四，小王一边找工作，一边准备毕业论文。毕业论文指导教师约小王面谈，了解小王在专业上的一些兴趣点，选定一个角度，让小王先查阅相关文献，一周后再次见面商量毕业论文选题。

小王利用期刊数据库搜集了一些论文，在阅读文献的过程中，倒是学到不少知识，但怎么也找不到"问题"，可能是平时习惯于接收知识，缺少对批判性思维的训练，不能发现值得研究的问题，这怎么去想选题呀？

一周后，小王实在想不出论文选题，指导教师又教给他找毕业论文选题的方法，经过几轮指导，小王终于确定了论文选题。三四个月之后，小王完成毕业论文初稿，用电子邮件发给指导教师，指导教师修改后回复了小王，毕业论文满篇都是修改痕迹，多处写道："格式不规范！""注意格式！"还有不少地方是"语句不通顺！""不通顺！"看见这么多感叹号，小王可以想象出当时教师生气的样子。

好不容易修改定稿了，小王马上又要准备答辩。

本项目涉及完成毕业论文所要经历的一些写作任务和沟通任务。这个项目将讲解毕业论文的含义、种类，介绍毕业论文的选题意义和原则、毕业论文各部分的写法与规范，以及如何准备毕业论文答辩。学习本项目后，我们需要做到以下几点：

（1）掌握毕业论文各部分的基本写法；

（2）掌握毕业论文格式规范的要求；

（3）掌握毕业论文答辩的相关方法。

写作任务　撰写毕业论文

任务引入

开始准备毕业论文后，小王才知道完成毕业论文不只是写一篇论文，还需要完成各个环节的任务。学生在选定毕业论文指导教师后，联系指导教师商量论文选题，指导教师下达毕业论文任务书，学生要搜集并查阅大量文献，撰写开题报告，开题后，才能进入论文的写作阶段。

通过学习本节，我们要了解毕业论文的写作要求和基本写法，掌握论文的撰写规范、引文规范和格式规范等。

知识串讲

一、毕业论文的含义

毕业论文是各类院校的学生毕业前，根据所学专业的培养要求，综合运用所学专业的基础知识、基本理论和基本技能，阐述对某一问题的见解或表述研究结果的学术性文章。

毕业论文是各专业人才培养方案中的重要组成部分。学生需在指导教师的指导下，有选择性地进行学术研究或应用研究，通过毕业论文写作反映学生的专业学识、思维能力、创造能力、研究能力和语言表达能力等。

如果是用于申请相关学位的论文，又称为学位论文。由于学位论文需要向答辩委员会报告、答辩，并上报学校学位评审委员会审定，因此学位论文都采用单行本的形式。

二、毕业论文的种类

（1）从涉及的专业来看，毕业论文可按学科进行分类，如文学学科毕业论文、经济学学科毕业论文、理学学科毕业论文、工学学科毕业论文、法学学科毕业论文等。

（2）从论文的写作形式来看，根据不同学科的要求，可分为毕业论文、毕业设计、实验报告等。

（3）从申请学位的层次来看，毕业论文可分为学士学位论文、硕士学位论文、博士学位论文。

本书主要针对本科生讲解毕业论文的写作，不包括毕业设计和实验报告。

三、毕业论文的选题

（一）毕业论文的选题意义

毕业论文的选题与一般性学术论文不同，需要按照所学专业来确定。毕业论文的选题是论文写作中非常重要的一步，需要在指导教师的指导下，依据所学专业和自己的兴趣方向，与指导教师商定选题。选题是否得当，需关注选题本身的价值和意义。论文选题价值的高低主要取决于论文的理论意义和现实意义。

（1）选题的理论意义，也叫学术意义、学术价值。选题能够推动学科领域的发展，填补研究空白，为学术界提供新的观点和见解。一个有意义的选题可以为后续研究者提供参考和启示，促进学科的不断发展。

（2）选题的现实意义，也叫实用价值。要求所选的研究课题一般应能回答和解决现实生活或学术研究领域中的实际问题，对于推动精神文明建设或者物质文明建设具有一定的意义和作用。

（二）毕业论文的选题原则

（1）专业性原则。专业性原则中的"专业"是针对毕业生所学专业而言的，毕业论文选题必须符合自己所学的专业，与申请学位的专业一致。

（2）创新性原则，又称为科学性原则。论文写作的关键在于创新，创新性可以体现在填补空白、补充前说、纠正通说、商榷声明等方面。创新可以是研究对象的新、研究材料的新、研究方法的新、研究手段的新、研究结论的新等。

（3）可行性原则。可行性原则是完成毕业论文的重要原则。选题时，要考虑主客观条件和自己的研究水平，选择大小适当、难易适度的课题，确保在一定时间内顺利完成，还要符合毕业论文所要求的工作量。

四、毕业论文的写作

本科毕业论文（学士学位论文）的结构一般由四个部分组成，依次为毕业论文封面页和题名页、任务书、开题报告，以及毕业论文主体部分。毕业论文任务书和开题报告是否与毕业论文主体部分装订在一起，各高校有不同的要求。

（一）毕业论文的封面页和题名页

封面页包括论文的标题、作者、学校和专业、指导教师、日期等信息。论文标题是对选题研究过程和成果的直接阐述，是对论文内容的高度概括，用以反映论文的中心内容，需呈现在封面页和题名页。论文的中文题目一般不超过25个字，如有必要，可采用正副标题的形式。

扫码看视频

论文标题的拟定

（二）毕业论文任务书

学生与指导教师商定毕业论文题目之后，由教师给学生制定任务书。任务书一般包括论文题目、原始依据、参考文献、研究内容和撰写要求等内容。

（三）毕业论文开题报告

毕业论文开题报告由学生本人独立完成。开题报告一般为表格形式，学生按照表格中所要求的有关内容进行阐述。开题报告的内容，一般包括课题的来源及意义，国内外研究发展现状，本课题的研究目标、研究内容、研究方法、研究手段和进度安排，研究方案的可行性分析，已具备的研究条件以及主要参考文献等。

（四）毕业论文主体部分

1. 中文摘要和关键词

中文摘要和关键词专页编排，称为摘要页。

（1）中文摘要。中文摘要应将毕业论文的主要内容简洁明了、不加注释地表达出来，应具有独立性和自含性。摘要基本上要涵盖论文的主要信息，是一篇可供单独引用的完整短文。摘要字数一般为300～600字。

（2）中文关键词。中文关键词紧随中文摘要之后，另起一段。关键词之所以关键，就在于它所选择的词语必须能反映论文的中心或主题，不能揭示核心内容的词语，就不能选作关键词。关键词一般为3～8个。不同的中文关键词之间用什么标点符号来隔开，不同学校有不同的要求，有的用空格，有的用分号，有的用逗号，但最后一个关键词之后不加标点符号。

2. 英文摘要和关键词

英文摘要和关键词需另起一页，将中文摘要和关键词翻译为英文，表达的内容要有对应性。

3. 目录

毕业论文为单行本，设置的章节一般较多，篇幅较长，为方便阅读，需编制目录。目录中的内容应包含正文以及其后的各部分，并附有相应的页码。目录中的文字与文中各级标题的文字要保持一致，一般列出章、节、目三级标题即可。

4. 正文

正文一般包括绪论、主体和结语三部分，也称绪论、本论和结论。

（1）绪论。绪论主要用来介绍毕业论文研究工作的前提和任务，评述国内外研究现状，说明论文的研究对象、研究目的、理论依据、实验基础和研究方法等，并对全文章节的安排进行说明，简要阐述预期的成果及其作用和意义等。

（2）主体。主体部分一般是论文的第二章、第三章和第四章，要注意每个章节标题的层级安排，以体现论文的层次性、结构的严谨性。

（3）结语。结语一般需独立成章，作为论文的最后一章，是毕业论文总体的结论，应包括论文的核心观点，还可以提出研究设想、尚待解决的问题等。

5. 参考文献

参考文献位于正文之后，另页编排。参考文献部分一般只列出作者直接阅读过且在正文中被引用过的文献资料，也叫"引文参考文献"，而非"阅读型参考文献"。参考文献的排列顺序一般以论文中引用的先后顺序为序，并且需在文中相应位置进行规范的引用标注。若引文采用著者—出版年制，文末的参考文献就应当按著者姓名的音序和出版年份来进行排序。参考文献的著录格式应符合国家有关标准，如《信息与文献 参考文献著录规则》（GB/T 7714—2015）。

有的论文还有"注释"部分，注释是对正文中某些问题的补充说明，可以采用脚注或尾注的形式。

6. 附录

参考文献之后，有的论文还有附录部分，附录需另起一页。附录内容一般包括正文中不便列出的冗长公式推导、符号说明、计算机程序、调查问卷、各种供参考的统计表等。

7. 致谢

毕业论文致谢的对象一般包括：

（1）毕业论文的指导教师。

（2）获得基金项目资助的，写明资助方。

（3）协助完成研究工作和提供便利条件的组织或个人。

（4）在研究工作中提出建议和提供帮助的人。

（5）给予转载和引用权的资料、图片、文献、研究思想和设想的所有者。

扫码看资料

《信息与文献 参考文献著录规则》

【毕业论文结构模板】

毕业论文正文部分编排格式

1□×××××（章标题）

　　××。

1.1□×××××（节标题）

　　××。

1.2□×××××（节标题）

　　×××××××××××××。

　　（每一章，另起一页）

2□×××××（章标题）

　　××。

2.1□××××（节标题）

2.2□××××（节标题）

2.2.1□××××××××（目标题）

　　××××××××××。

2.2.2□××××××××（目标题）

　　×××××××××××××××××××××××××××××××××××××

××××××××。

　　（每一章，另起一页）

3□××××（章标题）

3.1□××××（节标题）

3.1.1□××××××××××（目标题）

　　××××××××××××××××。

　　（每一章，另起一页）

4□××××（章标题）

　　……

　　　　　　　　　　　　　　　　　　　　　（□表示空一个汉字的位置）

五、毕业论文的相关规范

各高校对毕业论文的格式都有明确的规范性要求，一般是依据《学术论文编写规则》（GB/T 7713.2—2022）、《信息与文献　参考文献著录规则》（GB/T 7714—2015）等国家标准制定的。

毕业论文的相关格式规范，请扫码阅读相关资料、观看视频讲解。

扫码看资料	扫码看视频	扫码看视频
《学术论文编写规则》	论文各级标题和引用规范	参考文献和图表规范

⚙ 写作任务

1. 任课教师在学生所学专业领域搜集一些学术论文（隐去摘要和关键词），请学生阅读论文材料后，撰写论文摘要并提取关键词。对照原文摘要和关键词，教师进行讲评。

2. 选择一个所学专业领域的课题，利用AI工具辅助完成文献综述，并对AI工具生成的文献综述进行评价。

3. 请指出下列参考文献中的不规范之处并改正。可以借助AI工具进行辅助校对，并对校对结果进行评价。

参考文献

[1]成旭东，"海洋石油931"悬臂梁系统整体滑移安装.中国修船.2016年第三期P62

[2]王德忠,邢万坤，《活塞压缩机气阀损坏原因分析》。

[3]李洪伟.合理选用隔膜密封压力变送器[M].第一版.石油化工自动化，2008，5-6.

[4]王全.论联碱氨Ⅱ制备与纯碱杂质.纯碱工业，1997年第5期.

[5]黄建军.如何搞好现场施工管理[j].山西建筑，2016，52（14）.

[6]崔洋，石杰小说语言特点研究[D].辽宁师范大学硕士论文，2018.

沟通任务　完成论文答辩

任务引入

毕业论文答辩是大学生培养方案中的最后一个任务。毕业论文答辩委员会听取学生对毕业论文完成情况的陈述之后，就论文的相关问题进行提问，学生回答，这是学校对毕业论文进行公开审查和检验论文质量的一种方式，也是大学阶段的最后一次考核。

小王的毕业论文定稿后，指导教师让他做好答辩准备。小王需要做哪些答辩准备呢？答辩时，又该如何做呢？

通过学习本节，我们要了解毕业论文答辩的程序和所需材料，掌握论文答辩的技巧，以便顺利完成最后一关的考核。

知识串讲

一、论文答辩的程序

毕业论文答辩的程序包括三部分：答辩人陈述，答辩委员提问、答辩人回答，答辩主席宣布答辩结果。

扫码看视频

毕业论文答辩

（一）答辩人陈述

答辩人进行论文陈述，一般是从自我介绍开始，学生介绍自己的姓名、学号、专业等，然后陈述论文写作情况。

（1）论文题目。向答辩委员会报告论文题目，简要介绍选题背景和研究目的。

（2）研究内容。陈述毕业论文的主要研究内容，包括论文的结构安排、具体研究对象、

研究内容、研究方法和研究过程等。

（3）研究结果。重点介绍自己在研究中的观点、实验数据、材料和结果等。

（4）创新之处。这是重中之重，是答辩委员会重点关注的内容，也是论文质量评价的重要指标。陈述创新点时，总结出两三个即可，并阐述创新成果的理论价值、应用价值和社会价值，以及展望本课题的发展前景等。

（5）不足之处。答辩人对毕业论文进行客观自评，说明在论文写作中的收获和体会，然后指出论文存在的不足、研究的局限性等。

（6）表达感谢。对指导教师的指导、评阅教师的评阅意见和答辩委员会的意见和建议表示感谢。

（二）提问与答辩

答辩人陈述完毕后，由答辩委员进行提问，答辩人当场作答，或者多个答辩人都陈述完毕后，再依次作答。

答辩委员的提问灵活多样，提问的重点是论文的核心内容，包括研究方法和研究结论。常见的问题包括质疑某个观点，对研究方法的适用性表示怀疑，对材料的代表性和可靠性进行质询，对含糊其词的观点进行追问，对答辩陈述或论文中的知识点进行提问，对论文的引用和写作规范提出意见，对论文章节结构的合理性进行提问，对论文相关的拓展性问题进行发问，等等。

答辩人就答辩委员提出的问题进行回答。答辩环节，既是教师考查学生对相关问题的掌握和认识程度的过程，也是一种学术交流的过程。回答问题时，对答辩委员提出的质疑或问题，可以充分表述自己的学术见解。如果难以回答，则实事求是作答，并向答辩委员请教，态度要谦虚诚恳。

（三）答辩总结

答辩结束后，答辩人回避，答辩委员会进行评分、商议（若是硕士学位、博士学位论文，则需答辩委员投票表决）。商议结束后，答辩人回到现场，由答辩主席当场宣布论文答辩是否通过。答辩委员会也可对答辩人的表现进行点评，对论文提出修改意见等。

二、论文答辩前的准备

论文答辩之前，需要对自己撰写的论文进行全面梳理，全方位准备材料，为顺利通过答辩打下基础。

（一）资料准备

在论文底稿的基础上，整理答辩提纲和参考资料。

（1）熟悉全文。答辩前，对自己撰写的论文要做到非常熟悉。无论是答辩中的自我陈述，还是问答环节的回答，都需要以论文内容为主要依据。因此，答辩人要熟记论文的重点内容、重点观点。

（2）整理提纲。将一万字以上的毕业论文梳理出答辩提纲，有逻辑地呈现论文的研究对象、研究内容、研究方法、研究数据或案例、研究结果等，要力求精练，又有说服力。

（3）制作PPT。有些论文答辩需要制作PPT辅助展示，建议在答辩提纲的基础上制作PPT，切忌大段呈现论文中的原文。

（4）整理参考资料。答辩人应收集、整理撰写论文时的参考资料，做好分类，以便查找。参考资料的准备情况将会影响回答的效果。

整理答辩提纲

整理好答辩提纲，有助于答辩陈述和PPT制作。答辩提纲应包括以下内容（以10分钟陈述为例）。

（1）论文基本信息

呈现在PPT首页的信息：论文标题、姓名、专业、指导教师等。同时，设计好答辩的开场白。（用时半分钟以内）

（2）研究背景和研究现状

将论文绪论部分的内容进行提炼，概括说明论文的研究背景和研究现状。（用时1~2分钟）

（3）论文主要内容

可用目录形式呈现论文的章节结构，然后分章节展示各部分的主要内容。主要内容包括基本数据（语料）、研究方法、主要观点，这部分内容建议在PPT中分条列项展示。如果要在PPT中展示图表等数据，一定要确保数据清晰可见。（用时4~5分钟）

（4）论文的创新点

根据论文情况，可以从研究方法、研究材料、研究数据、研究结论等方面来归纳论文的创新点。（用时2分钟左右）

（5）论文的不足和结束语

实事求是地指出论文的不足之处和有待研究的问题。最后致谢。（用时1~2分钟）

（二）答辩预演

在答辩前，答辩人要反复熟悉自己的论文、答辩陈述稿和PPT内容。在反复阅读、反复修改后，进行演练，演练时，严格按照答辩要求的陈述时间来练习（具体陈述时间以各学校的规定为准）。在预演中，应尽量使用准确、简练的语言来陈述观点，避免使用模糊或过于复杂的词汇。

通过答辩预演，做好充分准备，调整心理状态，消除紧张情绪。在预演时，可以录音录像，然后自己观看，检查自己的语言是否清晰、是否符合逻辑、是否突出重点等。在预演过程中，还要预想答辩委员可能提出哪些问题，提前进行思考和准备，形成自己的回答策略。

三、论文答辩的技巧

（一）自信陈述，大方得体

自己撰写的论文，自己最熟悉，一定要有自信。在答辩陈述时，要发音清楚，语气语调自然，富有节奏感，肢体语言大方、得体。答辩是正式场合的一种教学活动，衣着要得体，举止要文雅。

（二）端正态度，实事求是

答辩委员提问时，你要虚心倾听，做好记录，将其提问当作一次学习的机会，不要认为对方在专挑问题为难你。

对于答辩委员的提问，能回答的，就要认真准备，做好回答。一时不能很好回答的问题，可以尽力而为，然后请教师指点。一时答不上来的问题，不要强词夺理，答非所问。答辩时要沉着冷静，保持谦虚的态度，尊重答辩委员的意见和建议。对于答辩委员指出的错误，要勇于承认，并承诺好好修改。在答辩结束时，感谢答辩委员的提问和建议，表达自己对答辩的收获和感悟。

（三）把握重点，控制时间

答辩委员一般会提前阅读毕业论文，因此在答辩中要避免照本宣科，而要用自己的话来阐述论文内容，做到重点突出。不仅要展示你的研究成果，还要体现你对研究领域的批判性思考。

注意控制答辩时间，确保在规定的时间内完成答辩。如果答辩时间有限，而答辩委员提出的问题较多，要优先回答答辩委员认为最重要或最相关的问题。

（四）总结经验，修改完善

在毕业论文答辩后，答辩委员会一般会对论文提出修改意见。因此，答辩时，答辩人要做好记录，答辩后要认真总结经验，分析问题，对答辩委员提出的修改意见逐一修改，修改后，再请指导教师检查，进而提高论文的质量。

沟通任务

使用本项目中学到的知识和技能，利用课余时间在本专业领域进行力所能及的研究。如果参加了大学生创新创业训练项目，请以项目组为单位，进行项目中期检查或结项考核的模拟答辩。

思考与练习

1. 请查阅并了解你所在学校对毕业论文管理的相关文件。
2. 如何进行毕业论文的选题？
3. 参考文献在论文撰写中的作用是什么？
4. 在有限的答辩时间内，如何对自己的毕业论文进行陈述？
5. 答辩委员提出的问题一时难以回答该怎么办？

扫码做练习

项目七试题

项目八 做一次商务活动

【项目导入】

身在职场，需要与同事或客户建立良好的沟通关系，特别是商务沟通关系。商务沟通是指商务活动中交流、洽谈的过程，包括商务文书的书面沟通和商务洽谈的口语沟通。了解商务活动中相关文书的撰写方法，用商务文书实现双方或多方的合作，从而建立各种类型的商务关系；在进行商务洽谈时，找准切入点和合作点，互相了解，增进互信，才有利于充分沟通，友好往来，与客户良性互动，进而促进双方的商务合作和经济发展。

本项目涉及商务活动中的一些写作任务和沟通任务。在这个项目中，我们将讲解商务活动中合同、招标书与投标书、意向书与协议书的基本写法；介绍商务洽谈的技巧和注意事项，助力商务活动的顺利开展。学习本项目后，我们需要做到以下几点：

（1）了解常用商务文书的含义和特点；

（2）掌握几种商务文书的基本写法；

（3）领会商务洽谈的一般原则和技巧。

写作任务　撰写商务文书

任务引入

　　大学毕业，初入职场，小王才发现在商务活动中需要撰写各类商务文书。在校期间，有些文种他都没听说过，更没有练习过。边干边学是一个不错的方法，但有时来不及，小王深切感受到"书到用时方恨少"。

　　在与生产商、供应商打交道的时候，小王与对方谈好条件，接下来就要签订合同。因为公司以前已经建立了一些商务往来关系，小王以为签订合同就是在合同上面签个字、盖个章。其实没这么简单，前期有意向书，后期还有协议书。要做成买卖，还要进行招投标。

　　通过学习本节，我们要了解商务文书中合同、招标书与投标书、意向书与协议书的含义和特点等，掌握常用商务文书的基本写法。

知识串讲

一、合同的写作

（一）合同的含义和种类

1. 合同的含义

《中华人民共和国民法典》（下称《民法典》）规定："合同是民事主体之间设立、变更、终止民事法律关系的协议。"合同依法成立，即具有法律约束力。当事人必须全面履行合同规定的义务，任何一方不得擅自变更或解除合同。

　　合同通常采用书面形式订立，主要以条款形式约定相关内容，一般包括：当事人姓名/名称和住所；标的（货物、劳务服务、工程项目等）；数量；质量；价款或者报酬；履行期限、地点和方式；违约责任；解决争议的方法。

2. 合同的种类

合同的种类繁杂，可根据不同的标准和维度进行多种划分。

（1）按合同的形式分类

　　口头合同，是指当事人以口头交谈等形式达成协议而订立的合同，但法律明确规定必须以书面形式订立的合同除外。

　　书面合同，是指各方当事人用书面形式表达和记载协议内容的合同。书面合同具有明确、有据、便于履行等特点，发生纠纷时也容易举证和分清责任。因此，它适用于记载比较复杂的、重要的合同内容。书面合同的形式有合同书、信件、电报、电传、传真、电子数据交换和电子邮件等。

（2）按合同的内容分类

　　主要包括买卖合同，供用电、水、气、热力合同，赠与合同，借款合同，租赁合同，融资租赁合同，保理合同，承揽合同，建设工程合同，运输合同，保管合同，仓储合同，委托合同，行纪合同，中介合同，技术合同等。

（3）按合同的期限分类

长期合同。合同期限在三年以上的经济合同为长期合同。

短期合同。合同期限在一年以下的经济合同为短期合同。

中期合同。合同期限在一年以上三年以下的经济合同为中期合同。

（4）从合同的书写格式分类

条款式合同。这类合同是用文字叙述的方式，将各方当事人协商一致的内容按逻辑关系逐条记载下来的合同。

固定式合同。这类合同是提前把合同中必不可少的相关内容分项设计、印制成一种固定格式的合同。签订合同时，各方当事人只需把达成的协议逐项填写到相应空白处即可。

文表结合式合同。这类合同是用表格形式固定共性内容，而各方当事人协商意见以条款形式记载的合同。

（二）合同的特点

1. 合法性

签订合同是双方或多方的法律行为。合同的主体必须具有相应的民事行为能力，代表经济组织或团体签订合同的签约主体必须具有法人资格。合同的撰写要严格遵守《民法典》的各项规定，在合同的内容、形式、主体等方面，要符合国家法律和行政法规等的要求。

2. 对等性

合同的当事人在法律上是平等的，双方的权利和义务是对等的。当事人的意思表示须达成一致，各方当事人必须平等相待，协商一致，本着自愿、公平、诚信的原则，订立互利互惠的合同。

3. 规范性

在格式上，国家市场监督管理总局和有关部门制定了各类合同示范文本，并在全国推广实施。因此，合同在书写格式上需要做到规范性。

（三）合同的写法

虽然合同有不同的种类，但在写作上一般可分为首部、主部和尾部三大部分。

1. 首部

（1）标题。合同的标题书写在合同首页开头的居中位置，一般由合同性质或内容加文种构成，如《20××年教学设备采购合同》《承包××大学图书馆建设工程项目合同》等。在标题下方可注明合同的编号。

（2）合同当事人。准确书写当事人的名称（姓名）和地址（住所），不使用简称。为了行文简便，可在当事人名称前标明"甲方""乙方"等，如有公证方或保证单位，可称"丙方"。联系人、联系方式可写在首部，也可写在尾部。如果是供销合同，可写明"卖方"和"买方"。

2. 主部

合同的主部一般包括引言、主要条款和其他条款。

（1）引言。引言是合同的开头部分，主要写明签订合同的目的或依据，经过平等、友好协商等表述文字。

（2）主要条款。主要条款一般包括以下内容。

① 标的。这是合同当事人权利义务所共同指向的对象，是合同的基本条款。标的可以是物品、货币、劳务、智力成果等。签订合同的当事人对标的要协商一致，写得具体、明确。

② 数量。数量是标的的具体计量，如借款金额、建设工程项目、工作量等，要明确标的的计量单位。

③ 质量。质量是对标的质的要求，如商品、工程的优劣程度，有些还应明确标的质量的技术标准、等级、检测依据等。

④ 价款或者报酬。这是合同标的的价金，是合同当事人根据国家法律、行政法规等有关规定，对标的议定的价格；是合同一方以货币方式取得对方商品或接受对方劳务所应支付的货币数量。要明确标的的单价、总价、货币种类及计算标准、付款方式和程序、结算方式。总价要用大写。

⑤ 履行期限、地点和方式。履行期限就是合同的有效期限，是合同法律效力的时限和责任界限，过时则属违约。日期用公元纪年，年、月、日书写齐全。地点是指当事人履行合同义务、完成标的义务的地点。履行方式是当事人履约的具体办法。

⑥ 违约责任。违约责任是合同当事人不能履约或不能完全履约时，所要承担的经济和法律后果。它包括违约金、赔偿金和其他承担责任的法律形式等。违约责任是履行合同的重要保证，也是出现矛盾分歧时解决合同纠纷的可靠依据。

（3）其他条款。除上述主要条款（必备条款）外，可以经当事人协商确定其他条款。

① 不可抗力条款。这项条款主要是明确在签约后如果发生了当事人不能预见或人力不可抗拒的事故，如地震、洪水、台风等，导致履行合同困难，当事人可根据这一条款免于承担不履约或延期履约的责任。

② 解决争议的方法。此条款用于约定在履行合同发生争议时解决问题的方式和程序，要明确注明是通过仲裁解决，还是通过诉讼解决。此条款主要包括约定仲裁机构、仲裁事项或管辖法院等内容。

3. 尾部

合同的尾部包括合同的结尾和落款部分。

（1）结尾。写明合同的有效期和文本保存等信息。有效期是指合同执行的起止日期，是合同必须具备的条款，只需注明合同的生效日期和终止日期。文本保存是注明合同文本的份数和保管方式。

（2）落款。落款是经济合同特定的内容和格式。在合同的最后依次写出当事人的名称、通信地址、法人代表、银行账号、联系方式、签约日期、地点等，签订合同时，当事人签名或加盖印章。

有些合同有特殊要求，或有附件，可在尾部注出。需说明合同附件的内容，可注明"本合同的附件和补充协议均为本合同不可分割的组成部分，与本合同具有同等法律效力"。

【合同模板】

仓储合同格式（GF—20**—****）

<h2 style="text-align:center">仓储合同</h2>

（示范文本）

合同编号：_____

保管人：_____ 签订地点：_____

存货人：_____ 签订时间：____年__月__日

第一条 仓储物

品名	品种规格	性质	数量	质量	包装	件数	标记

（注：空格如不够用，可以另接）

第二条 储存场所、储存物占用仓库位置及面积：_____
_____

第三条 仓储物（是/否）有瑕疵。瑕疵：_____
_____

第四条 仓储物（是/否）需要采取特殊保管措施。特殊保管措施：_____

第五条 仓储物入库检验的方法、时间与地点：_____

第六条 存货人交付仓储物后，保管人应当给付仓单。

第七条 储存期限：从____年__月__日至____年__月__日。

第八条 仓储物的损耗标准及计算方法：_____
_____

第九条 保管人发现仓储物有变质或损坏的，应及时通知存货人或仓单持有人。

第十条 仓储物（是/否）已办理保险，险种名称：_____；保险金额：
_____；保险期限：_____；保险人名称：_____。

第十一条 仓储物出库检验的方法与时间：_____

第十二条　仓储费（大写）：_____元。

第十三条　仓储费结算方式与时间：_____

_____

第十四条　存货人未向保管人支付仓储费的，保管人（是/否）可以留置仓储物。

第十五条　违约责任：_____

_____

第十六条　合同争议的解决方式：本合同在履行过程中发生争议的，由双方当事人协商解决；也可由当地工商行政管理部门调解；协商或调解不成的，按下列第_____种方式解决。

（一）提交_____仲裁委员会仲裁；

（二）依法向保管人所在地人民法院起诉。

第十七条　其他约定事项：_____

_____

存　货　人	保　管　人	鉴（公）证意见：
存货人（章）：	保管人（章）：	
住所：	住所：	
法定代表人：	法定代表人：	
委托代理人：	委托代理人：	
电话：	电话：	
开户银行：	开户银行：	鉴（公）证机关（章）
账号：	账号：	经办人：
邮政编码：	邮政编码：	年　月　日

监制部门：　　　　　　　　　　印制单位：

二、招标书与投标书的写作

（一）招标书的写作

1. 招标书的含义和特点

招标是经济活动中经常采用的一种现代经营与竞争方式。企业为营建工程项目、进行大宗商品交易或合作经营某项业务，公布有关要求和条件，公开邀请承包者、承办者，从中选择最有利于自己的合作伙伴，这种经济行为叫作"招标"。

招标书，又叫招标通告、招标广告、招标启事等，是一种说明招标的主要事项和要求的文书。它是招标人为了优选买主或承包方，通过吸引各地投资者前来投标，进而实现优选合作伙伴的目的。招标书在整个招标过程中起着关键作用，是首次对外公开的文件，具有周知性，是所有潜在投标人了解招标信息、准备投标的重要依据。

招标书有其自身的适用范围和目的，其具有如下特点。

（1）广告性。招标书具有广告的性质，通过大众传媒公开传播，使更多的投资者能够了解到招标信息和要求。

（2）竞争性。招标人通过发布招标书，邀请众多投标人参与竞争，从而优选出最合适的合作伙伴。

（3）规范性。招标书中的内容必须符合国家的相关规定。招标书对招标项目、要求和技术质量指标等内容的表达要具体，不能模棱两可。

2. 招标书的写法

招标书一般指的是投标邀请函。由于招标书不能完备地介绍各种情况，还需要制定其他配套文件。比较完整的招标文件，由投标邀请函、投标人须知、用户需求书、合同条款、投标文件格式等部分组成，详见"招标文件案例模板"。

招标书一般包括标题、正文和落款等部分。

（1）标题。标题一般由标的（招标项目）和文种构成，也可加上发标单位，如《××工程招标书》《××修建办公楼的招标通告》。

（2）正文。正文包括前言、主体和结尾三部分。

① 前言。前言部分以简要的文字说明招标单位的基本情况、招标缘由、招标目的、招标依据等。

② 主体。主体部分逐条逐项说明招标文书编号、招标项目、招标范围、质量技术规格、投标者条件、投标的方法和程序、投标时限要求、开标时间、开标地点、开标方法、招标文件索要或购买方式以及保证招标工作顺利进行的其他应知事项等。

扫码看案例

招标书案例

③ 结尾。结尾部分写明招标单位名称、地址、联系电话、邮政编码等。

（3）落款。落款部分写明招标单位（或法人代表签署）、成文日期并加盖公章。有的还应写明联系人、开户银行和银行账号等信息。

【招标文件模板】

×××项目招标文件

（项目编号：××××）

第一部分　投标邀请函

受××委托，××采购中心将以公开招标的方式，对××项目实施政府采购。现欢迎合格的供应商参加投标。

一、项目名称和编号

二、项目内容

三、项目预算

四、项目需要落实的政府采购政策

五、供应商资格要求（实质性要求）

六、获取招标文件的时间及方式

七、网上应答时间

八、投标截止时间及方式

九、开标时间及方式

十、采购代理机构项目联系人及联系方式

十一、采购人的名称、地址和联系方式

十二、采购代理机构的名称、地址和联系方式

十三、质疑方式

十四、公告期限

×××××（盖章）

×年×月×日

第二部分　招标项目要求

一、商务要求

（一）报价要求

（二）时间、地点要求

（三）付款方式

（四）投标保证金和履约保证金

（五）验收方法及标准

二、技术要求

三、评分因素及评标标准

四、投标文件内容要求

第三部分　投标须知（略）
第四部分　合同条款（略）

（二）投标书的写作

1. 投标书的含义和特点

　　投标书是投标单位按照招标书的条件和要求，向招标单位提交报价并填具标单的文书。它不仅是投标单位向招标单位展示自身实力、优势和承诺的重要途径，也是双方在投标工作中必须承认和遵守的具有法律效力的文件。

　　投标书与招标书相对应，是对招标书的应答，其具有以下特点。

　　（1）针对性。投标书必须紧密围绕招标项目的具体要求和条件进行编制，针对招标项目

的特点、规模、技术要求等，以及投标单位的实际能力和资源，提出切实可行的方案和建议。

（2）真实性。投标书对招标书的应答内容要真实，己方的资质、实力、拟采取的措施和承诺等要真实有效。

（3）竞争性。投标书作为竞争中标的重要工具，必须充分展示投标单位的竞争优势。投标单位应在投标书中突出自身在技术实力、管理水平、服务质量等方面的优势，以吸引招标单位的关注。

（4）规范性。投标书的编制必须遵循一定的格式和规范，包括标题、目录、正文、附件等部分，以确保投标书的完整性和易读性。投标书还应符合相关法律法规和行业标准的要求。

2. 投标书的写法

投标文件一般包括投标书、投标报价表、商务差异表、技术差异表等，下面介绍投标书的写法。

投标书一般包括标题、正文和落款等部分。

扫码看案例

投标书案例

（1）标题。标题一般由投标项目和文种构成，也可加上投标单位名称，如《××工程投标书》《××关于××项目的投标书》。

（2）正文。正文包括前言和主体两大部分。

① 前言。前言部分以简要的文字写明投标的依据和主导思想。

② 主体。主体部分按照招标书的要求和规定，逐一写明投标项目、数量、质量、费用、时限目标及技术指标、经营措施、投标方有利因素和条件、需招标方提供的保证条件、双方应承担的法律责任、附件附录说明材料等。

（3）落款。落款部分写明投标单位名称（加盖公章）、负责人、地址、联系方式等。

【投标文件模板】

××关于××项目的投标文件

（正/副本）

投标书

致：×××

根据贵方为×××项目（项目编号：×××）发出的投标邀请，我方×××（投标者名称）作为投标者正式授权×××（授权代表全名，职务）代表我方进行有关本投标的一切事宜。

在此提交的投标文件，正本壹份，副本×份，投标文件包括以下内容。

（主体部分，略）

投标人名称：×××（盖章）

×年×月×日

配套的投标文件如下：

一、投标报价表

1. 投标报价

二、商务响应

2. 投标函

3. 法定代表人证明书及法定代表人授权书

4. 资格证明文件

5. 退投标保证金

6. 商务响应文件

7. 商务差异表格式

8. 服务费承诺书

9. 其他资料

三、技术响应

10. 技术响应文件

11. 采购人配合条件

12. 技术差异表

13. 唱标信封

三、意向书与协议书的写作

（一）意向书的写作

1. 意向书的含义和特点

意向书是一种在商业合作或交易活动中，各方在正式签署合同或协议之前，通过初步谈判和协商，就合作事宜或交易条件表明基本态度、提出初步设想的协约性文书。它主要用于商业合作、投资、贸易等领域，是各方在达成最终协议前进行沟通和协商的重要工具。

意向书具有以下特点。

（1）意向性。意向书主要表达各方的合作意向和初步设想，而非具有法律约束力的最终协议。它更多的是作为后续正式合同的先导和基础，为各方提供一个初步的、大致的合作框架。

（2）临时性。意向书是共同协商的产物，也是今后协商的基础。意向书只是表达谈判的初步成果，为今后谈判做铺垫，在双方签署意向书之后，仍然允许协商修改，所以其具有临时性。

（3）信誉性。意向书是建立在商业信誉之上的，意向内容的约束力不强，因此意向书中可列"本意向书不具有法律约束力""双方的权利义务具体由正式的合同确定"等条款。

2. 意向书的写法

意向书一般包括标题、正文和落款等部分。

扫码看案例

意向书案例

（1）标题。标题一般由项目名称和文种构成，也可直接写文种名称，如《关于合作经营××的意向书》。

（2）正文。正文包括前言、主体和结尾三部分。

① 前言。前言部分写明各方单位的名称，并以简要的文字说明因何事进行了协商，以及合作原则，然后用"双方就有关事宜达成如下意向"之类的过渡语转入主体部分。

② 主体。主体部分是意向书的重点内容，一般写明双方的意图、达成的共识或倾向性的认识。如果事项较多，可以采用分条列项的形式来写。

③ 结尾。结尾部分一般应以"未尽事宜，在签订正式协议（合同）时予以补充"之类的语句作结。

（3）落款。落款部分写明各方单位的名称、签订时间、联系人、联系方式等，由各方洽谈代表签字。

【意向书模板】

××项目合作意向书

甲方：×××有限公司（以下简称甲方）

乙方：×××有限公司（以下简称乙方）

甲乙双方为……充分利用甲乙双方的各项优势，本着平等和互惠互利的原则，经双方友好协商，就合作经营达成如下意向，并共同遵守执行。

一、双方简介

二、合作事项

1. ×××××××

2. ×××××××

三、合作模式

1. ×××××××

2. ×××××××

四、双方的责任与义务

五、保密条款

六、违约责任

　　甲方（盖章）：　　　　　　乙方（盖章）：

　　代表（签字）：　　　　　　代表（签字）：

　　地址：　　　　　　　　　　地址：

　　电话：　　　　　　　　　　电话：

　　传真：　　　　　　　　　　传真：

　　签订地点：　　　　　　　　签订时间：×年×月×日

（二）协议书的写作

1. 协议书的含义和特点

协议书是一种具有法律效力的文件，它是由两个或两个以上的主体在平等、自愿、诚信的基础上，通过协商达成的一致意见，用于明确各方在特定事项上的权利、义务和关系。协议书在社会、经济、商业等多个领域都有广泛的应用，它是保障各方权益、促进合作与发展的重要工具。

协议书具有合法性、平等性和明确性等特点。

（1）合法性。协议书一旦签署，即具有法律效力。各方应严格按照协议书的约定履行自己的义务，否则将承担相应的法律责任。同时，协议书也为解决可能出现的争议提供了法律依据。

（2）平等性。协议书的各方在协商和签署过程中应保持平等地位，任何一方都不能强迫或操纵其他方达成协议。这体现了协议书基于平等、自愿、诚信的原则。

（3）明确性。协议书的内容应清晰、明确，具体描述各方在合作事项上的权利、义务、责任、合作期限、方式等关键要素。这有助于避免误解和纠纷，确保各方对协议内容有准确的理解。

2. 协议书的写法

协议书一般包括标题、协议各方信息、正文和落款等部分。

（1）标题。标题一般由项目名称和文种构成，也可直接写文种名称，如《×××协议书》。

（2）协议各方信息。写明参与协议的各方当事人的单位名称或个人姓名，以及联系人、联系方式等信息。

扫码看案例

协议书案例

（3）正文。正文包括前言和主体两部分。

① 前言。前言部分写明签订该协议的目的、依据和过程等。

② 主体。主体部分写明当事人议定的内容，一般应包括协议的条款、协议的时间和期限、合作方式、双方的权利和义务、在有关问题上的具体要求、违约责任、履行条款期限、协议份数和保存方式，以及其他需要说明的事项等。

（4）落款。落款部分包括各方当事人的单位名称（盖章）和法定代表人签名、签订时间等。

【协议书模板】

××合作与服务协议

甲方：×××

通信地址：×××　　　　邮政编码：******

联系人：×××　　　　电话：***-********　　　　E-mail：***@***.com

乙方：×××

通信地址：×××　　　　邮政编码：******

联系人：×××　　　　电话：***-********　　　　E-mail：***@***.com

为加快推进……促进……提高……甲乙双方本着公平、自愿、合作的原则，就××的合作事宜签署本协议。

第一条　相关定义

×××××××

第二条　合作内容

1. ×××××××

2. ×××××××

第三条　权利的许可

×××××××

第四条　甲方的权利和义务

1. ×××××××

2. ×××××××

第五条　乙方的权利和义务

1. ×××××××

2. ×××××××

第六条　其他事项

1. ×××××××

2. 在本协议履行过程中，如需补充、更改，由双方商定形成书面文件，并由双方签字盖章后生效。

3. 协议双方应积极、尽力、尽责履行本协议。因本协议产生的任何争议，协议双方应友好协商解决。协商不成，争议的任何一方均可向本协议原告所在地的人民法院提起诉讼。

4. 本协议一式四份，具有同等法律效力，甲乙双方各执两份据以履行。

甲方：×××（盖章）　　　　　　乙方：×××（盖章）

代表：×××（签字）　　　　　　代表：×××（签字）

签章日期：×年×月×日　　　　　签章日期：×年×月×日

⚙ 写作任务

1. 小王大学毕业后，想在公司附近租一套房子。他与某房东讨价还价后，商定每月租金1500元，租期超过一年可以在总价中优惠1000元。为了防止发生纠纷，小王决定与房东签订租赁合同。请你为小王拟写一份房屋租赁合同。

2. 新学期开学前，学校需要统一采购5000套学生寝具，拟面向社会公开招标，请以小组为单位模拟招投标过程，根据角色分别撰写招标书和投标书。

3. 请根据以下情境和要求，撰写一份商业意向书。

假设你在一家新兴的环保科技公司（名为"保蓝科技"）工作，该公司专注于提供高效、环保的能源解决方案。该公司与一家大型跨国企业（名为"卫蓝集团"）洽谈后，希望与卫蓝集团共同研发一款针对工业领域的清洁能源设备。为表达合作意向，需签订商业意向书。要求：（1）简要介绍保蓝科技的基本情况，包括公司背景、技术实力和市场定位；（2）分析清洁能源设备市场的现状和发展趋势，阐述合作的重要性和紧迫性；（3）描述合作的具体内容，包括合作目标、研发计划、市场推广策略等；（4）提出合作的条件和期望，如技术分享、资金投入、利润分配等；（5）强调保蓝科技的承诺和诚意，表达对合作成功的信心和期待。

沟通任务　进行商务谈判

🔍 任务引入

一个企业、一个团队的发展离不开良好的内部沟通，齐心协力共谋发展；同时，也离不开外部沟通，与其他企业、消费者等建立良好的商务关系和营商环境。

工作单位的物资采购、产品销售、售后服务等，都需要跟供应商、产品用户等进行沟通、谈判。如果单位领导指定你作为单位的谈判代表去与供货商进行谈判，你应该如何准备、如何谈判呢？

通过学习本节，我们要了解商务谈判的含义，熟悉商务谈判的过程，把握商务谈判的一般技巧和策略。

知识串讲

一、商务谈判的含义

商务谈判是买卖双方为了促成交易而进行的活动，或是为了解决买卖双方的争端，并取得各自的经济利益的一种方法和手段。商务谈判在经济贸易工作中扮演着重要的角色，是现代社会经济生活必不可少的组成部分。无论是小到日常生活中的讨价还价，还是大到企业法人之间的合作、国家与国家之间的经济技术交流，都离不开商务谈判。

商务谈判不仅仅是一个简单的交流过程，它更是一个充满策略性、技巧性和礼仪性的复杂活动。成功的商务谈判需要谈判人员具备丰富的专业知识、良好的沟通技巧和深厚的礼仪修养，以确保双方能够达成共识，实现互利共赢。

二、商务谈判的特点

商务谈判具有诚信性、灵活性、相互尊重、合作与冲突并存、互惠而非绝对公平，以及心理策略的应用等特点。这些特点使得商务谈判成为一项既需要技巧又需要策略的活动。

（1）诚信性。商务谈判是一种基于诚信的交流过程。双方都需要遵守诚实守信的原则，确保在谈判过程中提供真实、准确的信息，并遵守达成的协议。

（2）灵活性。在谈判过程中，双方可能需要根据实际情况调整自己的立场和策略，以达成互利共赢的协议。灵活性不仅有助于化解谈判中的分歧，还能促进双方建立长期稳定的合作关系。

（3）相互尊重。商务谈判强调双方之间的尊重。在谈判中，双方需要充分考虑到对方的利益和需求，通过平等、友好的方式进行沟通和协商。相互尊重有助于减少冲突，增加合作的可能性。

（4）合作与冲突并存。商务谈判既包含合作性，也包含冲突性。合作性体现在双方通过谈判达成对彼此都有利的协议，冲突性则表现在双方为争取更多利益而进行讨价还价。这种合作与冲突并存的特点，使得商务谈判成为一个既需要妥协又需要策略的过程。

（5）互惠而非绝对公平。商务谈判追求的是互惠互利，即双方都能在谈判中获得一定的利益。然而，这并不意味着谈判结果是绝对公平的。互利互惠不是利益均等。由于双方实力、资源、需求等方面的差异，谈判结果可能呈现出一定程度的倾斜。

（6）心理策略的应用。在商务谈判中，心理策略的应用至关重要。谈判人员需要根据对手的心理特征来制定针对性的谈判策略，如利用信息优势、营造竞争氛围或采用拖延战术等。

三、商务谈判的过程

完整的商务谈判是一个复杂的过程，根据谈判进度一般可分为准备阶段、开局阶段、磋商阶段和签约阶段。

（一）准备阶段

谈判前的准备，事关整个谈判的成败，不可忽视。准备阶段的工作一般包括搜集并整理谈判资料、组建谈判团队、拟定谈判方案、布置谈判现场、模拟商务谈判。

1. 搜集并整理谈判资料

（1）谈判环境因素的搜集与研判。谈判是在一定的法律制度和某一特定的政治、经济、文化影响下的社会环境中进行的，因此谈判人员需要准确把握政治状况、技术环境、法律制度、商业习惯、社会习俗、财政金融等宏观环境因素，有时也包括对经济政策的分析和理解。

（2）对自身条件的研判。根据实际情况，分析自身的需求、行业能力、经济能力、技术能力、物资供应能力、服务能力等。做好自我评估，熟知自身所具备的实力和优势。

（3）对谈判对手的调查。一般包括客商身份调查、谈判对手的资信调查、谈判对手的其他相关信息调查。具体而言，就是了解对方的企业信息、谈判权限、实际需求、谈判风格和策略、经营状况、竞争情况、履约能力等。

2. 组建谈判团队

在谈判人员的能力素质要求和谈判团队的规模要求的基础上，科学配备人员并分工协作。

（1）谈判团队的人员安排需遵循知识互补、性格互补、分工明确的原则。根据谈判项目的需要，由不同知识背景的人员组建团队，如商务人员、技术人员、法务人员、财务人员、翻译人员等。

（2）谈判团队负责人对谈判组织进行直接管理，挑选谈判人员，领导制定谈判执行方案，主管己方谈判策略的实施，负责向上级或有关的利益方汇报谈判进展。高层领导对谈判过程进行宏观管理，对谈判团队进行指导和调控，在关键时刻可对谈判进行适当的干预。

（3）区分主谈和辅谈，己方的一切重要观点和意见都应由主谈表达和掌控，而辅谈主要是配合主谈，起到参谋和协助作用。

3. 拟定谈判方案

商务谈判方案，是指企业决策层或上级领导就某次谈判的内容所拟定的谈判主体目标、准则、具体要求和规定。拟定谈判方案时，本着"战略上藐视敌人，战术上重视敌人"的原则，明确谈判的三大目标（最高目标、中间目标和最低目标）、谈判策略并制定合理灵活的谈判议程。

（1）确定谈判目标。最高目标就是对谈判者最有利的一种理想目标，可最大化满足己方的利益。中间目标就是谈判人员根据各种主客观因素，经过对谈判对手的评估，对企业利益的权衡后所确定的目标。最低目标就是在谈判中必须达到的最基本目标，毫无退让余地，否则谈判失败。

（2）部署谈判策略。根据不同的谈判目标，拟定实现这些目标所要采取的基本方法和策略。谈判策略包括多方面的策略，如开局策略、报价策略、磋商策略、成交策略、进攻策略、让步策略、打破僵局策略等。

（3）拟定谈判议程。拟定谈判议程就是把面对面谈判的流程梳理出来，一般需要包括时间安排、谈判议题、通则议程和细则议程。

谈判议题就是谈判双方提出和讨论的各种问题，确定谈判议题首先要明确己方要提出哪些问题，要讨论哪些问题，思考对方会涉及哪些问题。

通则议程涉及诸多方面，例如谈判总体时间及各分阶段时间的大致安排，双方谈判讨论的中心议题，尤其是对第一阶段谈判的安排，对列入谈判范围的各种问题及讨论顺序的合理排序，以及对谈判中各种人员的安排等。

（4）选择谈判地点。根据商务谈判的供需关系确定谈判地点，如果己方作为主方，还应考虑接待和招待事宜。

4. 布置谈判现场

布置谈判现场需要确定谈判的场地、桌椅、座次和其他环境因素。谈判地点可分为本方地、对方地和中立地三种。在本方地谈判占据"地利"优势，可以作出许多对本方有利的安排，以逸待劳。在会场布置方面，谈判的组织者应当根据谈判的性质、谈判的规模和谈判参与者的实际情况来确定是选择圆桌会议、方桌会议还是长桌会议形式。

选定谈判桌形式后，就需要进行座次安排。在传统的商务谈判中，谈判双方各据一方，面对面坐着。双方的主谈居中，其他成员围绕着主谈而坐，这样的座次显得很正式，同时也增强了双方的对立感。现在的商务谈判越来越强调双方友好合作的气氛，在商务谈判的座次安排上有意识地避免人为地制造对抗，因此"任意就座"的排位方法开始流行。

5. 模拟商务谈判

模拟商务谈判，是指在正式谈判之前，谈判团队内部将成员分为己方和对方，也就是由一部分人扮演谈判对手，以对手的立场、观点、利益来与己方人员模拟交锋，预演谈判的过程。

模拟商务谈判能使谈判人员获得一次临场的操作与实践，经过演练可以磨合队伍、锻炼并提高己方协同作战的能力。通过模拟商务谈判，谈判人员可以找到自己所充当角色的比较真实的感觉，可以训练和提高自身的应变能力，为正式谈判做好心理准备。

在模拟谈判的过程中，要合理地想象谈判全过程，尽可能地扮演谈判中将出现的所有人物，对谈判问题科学地作出假设，做到有备无患。模拟演练后，要及时总结经验，发现问题，弥补不足，进一步完善谈判方案，从而为正式的谈判奠定良好的基础。

（二）开局阶段

谈判的开局对整个谈判过程起着至关重要的作用，关系到双方谈判的诚意和积极性，关系到谈判的氛围和发展趋势，一个良好的开局将为谈判成功奠定良好的基础。一般来说，开局阶段包括导入过程和摸底过程。

1. 导入过程

谈判如何开局，是一门艺术。任何谈判都是在一定的气氛下进行的，谈判气氛的形成与变化，将影响到整个谈判的走势和最终的结果。谈判议题和议程的导入需要一个良好的开局。开局时，双方应做到坦诚相见、心平气和、言行得体，努力寻找双方共同感兴趣的话题，但要注意，刚开始不要提要求，避免在开局阶段直奔有争议的问题，这样可以帮助双方营造和谐的谈判氛围。

开局阶段，不一定会按照事先准备好的谈判方案、谈判进度来进行，因此，双方需要关注对方的议题，灵活应对，适时调整己方的谈判议题和洽谈进度安排。

2. 摸底过程

开局阶段不仅要打开场面，渐入正题，还要在这个阶段进行事先的相互探测，以了解对方的虚实。在开场陈述中，双方会表明己方的立场、观点和初步目的，同时也会向对方提出倡议。双方应就宏观的话题表明自己的观点，不宜深谈某个具体问题，在陈述的最后，向对方明确表示合作意愿。

在表达合作意愿后，各方需要提出合作倡议。倡议阶段也是合作与冲突的产生阶段。各方提出合作设想和具体方案，出现分歧时，应该求同存异，在各方通力合作的基础上共同寻求最佳方案。

在开局阶段，双方初步了解了对方的需求、合作意愿和合作方案，也会发现有待磋商的问题。

（三）磋商阶段

磋商阶段是商务谈判的实质阶段。这个阶段一般会涉及报价过程、讨价还价过程和让步过程。

1. 报价过程

在商务谈判中，报价是指谈判一方向另一方提出的所有要求。商务谈判的报价是必需程序，只有在报价的基础上，双方才能进行讨价还价。

报价阶段，谁先报价？就惯例而言，一般由发起者、卖方、投标者先报价。

（1）把握好报价次序。买卖双方，谁先报价，除了按照惯例，也是有讲究的。报价的先后次序对商务谈判的最终结果影响很大，先报价就相当于为谈判划定了一个范围。

如果己方预计价格谈判会很激烈，那么就可以先报价，争取更大的主动权。如果己方的谈判实力较弱且缺乏谈判经验，可以想办法让对方先报价，然后根据对方的报价调整己方的方案。如果双方都是谈判专家或双方有长期业务合作，谁先报价均可。

（2）把握好最初报价。不仅要把握报价的先后次序，而且要规划好最初报价。根据谈判目的的不同，一般有两种经典的报价模式：一种是"卖方报高价，买方报低价"，这符合买卖双方的一般心理，但是卖方报高价容易"吓跑"买方；另一种是"卖方报低价，买方报高价"，这种模式一般在讨论赔偿的商务谈判中使用得比较多。

2. 讨价还价过程

谈判双方为了自身利益，势必要进行讨价还价，这个过程一般是整个谈判中气氛最激烈的阶段。

（1）讨价。一般在卖方初次报价后，买方如果认为不符合自己的预期，必然会在价格评判的基础上要求对方调整报价，这就是"讨价"。讨价的方式主要有全面讨价、不同部分分别讨价、个别部分针对性讨价。

（2）还价。还价以讨价为基础。还价是指谈判一方根据对方的要价及己方的谈判目标，主动或者应对方的要求，提出己方的价格条件。卖方首先报价后，买方通常不会完全接受，也不至于完全推翻，而是通过价格评论向对方讨价。卖方对买方的讨价，通常也不会轻易应允。为了促成买卖交易，卖方往往会进一步对价格进行解释，并对报价作出适当让步。这样经过一轮或多轮讨价还价之后，为了达成交易，买方就需要根据估算的卖方保留价格和己方的理解价格及策略性虚报价格部分，按照既定谈判策略，有技巧地提出己方的还价。

（3）面对僵局。在讨价还价的过程中，很少一次性达成共识，双方可能会暂时陷入僵局。僵局常常会影响谈判效率，挫伤谈判人员的自尊心，还可能会影响谈判协议的达成。在僵局已经形成的情况下，要采取有效的对策来缓和双方的对峙气氛，使谈判出现转机。面对僵局的处理策略一般有以下几种：一是转移话题，先讨论其他议题；二是暂时休会，各方内部商议；三是寻求第三方作为调解人，缓和对峙气氛，促成协议。

3. 让步过程

商务谈判中的让步，是指谈判双方为了达成协议所必须承担的义务，也是商务谈判中比较棘手的阶段。有经验的谈判者往往会以很小的让步换取对方较大的让步，并且会使对方心满意足；没有经验的谈判者可能会作出较大的让步，但也不一定能达到想要的效果。这就是说，让步须有效。有效让步应遵循如下一些基本原则。

（1）不作无谓的让步。每一次让步都是为了换取对方在其他方面的让步和妥协。

（2）坚持让步的同步性。即不宜单方面作出让步，己方作出一些让步后，在对方作出相应的让步之前绝不能再让步。

（3）坚持步步为营的原则。每一步的让步幅度不宜过大，节奏不要太快，要给己方进一步让步留有余地。

（4）让步要遵循轻重缓急。在策略上，要先让次要的，再让较重要的，最后才考虑要不要在重要问题上作出让步。

（5）表现出让步的艰难性。己方被迫作出让步时，必须让对方体会、感受到自己作出任何一点让步都不是轻而易举的事情。

（6）及时收回不合适的让步。谈判团队就让步作出的决定有时不周全，或者考虑不周到，这时团队成员可以及时收回，不要犹豫。

（四）签约阶段

经过艰难的讨价还价和让步过程后，各方达成协议，就到了签约阶段。该阶段的主要工作包括拟定书面合同、签订书面合同、交流与总结。

1. 拟定书面合同

拟定书面合同，就是将商务谈判过程中双方达成的口头协议以书面形式固定下来，经双方修改并确认无误后，形成正式的书面合同。在起草书面合同时，应详细写明双方的权利和义务条款，不能存在漏洞或歧义；写明合同实施过程中可能存在的违约赔偿情况或免责条款；如有涉密信息，需要增加保密条款。

2. 签订书面合同

签订书面合同时，需要确保签署的合法性和有效性。签订合同的双方当事人必须具备相应的资格，如有必要，需要到相关部门核实对方所提供的个人或企业信息。

3. 交流与总结

商务谈判结束，签订合同后，谈判团队应及时总结整个谈判过程中双方的表现，分析己方的成功和失败之处，分析对方值得学习或引以为戒的地方，为今后的商务谈判提供经验和借鉴。

四、谈判的技巧和策略

商务谈判的技巧是指谈判时为达到谈判目的的最有效、最合适的一些方法和手段。不同的商务需求，不同的谈判人员，不同的实力，都会影响到谈判技巧的选用。下面仅就一般情况而言，谈谈商务谈判中常用的沟通技巧和策略。

（一）商务谈判的沟通技巧

1. 商务谈判的非语言技巧

（1）用表情营造谈判氛围。谈判的本质是一种博弈，一种对抗。双方的戒备心理越强，谈判的氛围越凝重。商务谈判时，用面带微笑的表情去开场，当双方遇到分歧时也面带笑容，语气委婉地与对手针锋相对，这样对方就不易产生本能的敌意，接下来的谈判就不容易陷入僵局。

有些商务谈判是寻求合作共赢，所以要和颜悦色。并非张牙舞爪、气势夺人就能占据主动，反倒是喜怒不形于色，情绪不被对方所引导，心思不被对方所洞悉的方式，更能促进谈判的进展。

在谈判中，要注意语气、语调的合理使用，想利用咄咄逼人的气势来压制对方，往往事与愿违，多数结果不会很理想。

（2）用倾听把握对方意图。谈判是双方意见的交锋，但达成共识需要倾听、理解对方。在谈判中往往存在一个误区，那就是一种主动进攻的思维意识，总想把己方的想法、意见灌输给对方，以为这样可以占据谈判的主动权，其实不然。

在双方谈判的过程中，并不是说得多、用时长的一方就占据优势，就能主导谈判。发生分歧时，双方都有表达自己意见的冲动，这时，我们应该保持冷静，倾听对方的意见，这样才能准确把握对方的意图。就像两个人吵架时，互相谩骂，谁也不知道对方骂了什么，只在乎"骂"这个行为，这对解决问题毫无帮助。我们可以让对方把想说的都说出来，之后再进行反击，对手可能已经没有后招了。更为重要的是，善于倾听可以从对方的话语中把握对方真正的意图。

（3）用观察洞悉对方心理。在谈判中，除了自己运用好非语言沟通技巧，还需要观察对方的肢体语言，以便更好地获取信息，在谈判中占据主动地位。例如，我们可以通过观察对方的体态语言来洞悉对方的心理。

观察对方手部动作，看看对方是否处于紧张、焦虑的状态。

观察对方双臂的动作，看看对方是保持开放还是防卫的心态。

观察对方是否在做笔记，揣摩对方是否对相关议题感兴趣。

观察对方的神情和细微的表情，感受对方对相关分歧的态度。

2. 商务谈判的语言技巧

（1）语言表述要简练准确。商务谈判是一种很正式的语言沟通行为。在谈判时，忌讳语言松散或像拉家常一样的语言方式，语言要做到简练、准确、针对性强，争取让对方清晰理解自己传递的信息。如果要表达的内容很多，信息量很大，如合同条款、项目明细等，那么在陈述时，语调要有高低、轻重的变化，重要的地方略微提高音量，并放慢语速，还可以穿插一些问句或提醒，引起对方的主动思考或注意。在谈判中，模棱两可、啰里啰唆的语言，不利于有效表达自己的意图，还可能使对方产生疑惑或反感情绪。

（2）商务谈判要善"问"。谈判常常是以一问一答的形式来进行的。商务谈判中恰当地使用"问"的技巧，不仅可以从对方的回答中获取自己需要的信息，而且可以有效地掌控谈判的话题和方向。

善"问"需要把握提问时机。可以在对方发言结束时有针对性地提问，但在对方发言过程中，不要急于打断对方发言。如果对方发言时间过长，且偏离议题，可以在对方发言的较长停顿处提问，将对方的发言引导到我们想了解的方向上来。磋商阶段和讨价还价阶段的提问，有时可以变被动为主动。

善"问"还需要选择好提问的类型。我们提出的问题，可以是选择题、判断题，也可以是问答题。如果想迫使对方正面回答一些问题，我们就可以用判断题和封闭式选择题，例如，"您是不是今天就能支付定金？""您认可第一套方案还是第二套方案？"等；如果想深入了解对方的意见和想法，建议使用开放式问答题，例如，"您对这个安排，还有什么补充意见吗？"

（3）商务谈判要巧"答"。谈判中唇枪舌剑，有问有答，如果回答得不好，并被不停追问，我们可能会陷入被动。因此，遇到难以回答的问题，我们要巧"答"。

在没有理解对方问题或没有把握时，要谨慎作答。如果对方提出让我们难以作出正面回答的问题，我们可以采用答非所问的办法，将话题引向别处。如果遇到难以回答或者不想回答的问题，可以以问代答，例如，"那您是如何看待的呢？"如果遇到需要深思熟虑或者影响心理底线的问题，还可以保持沉默，让自己有回旋的余地。

（二）商务谈判的策略

1. 着眼长远，以诚为本

在商务活动中，我们面对的谈判对象性格多种多样。有些人说，我们不能拿同样的态度对待所有谈判，需要根据谈判对象与谈判结果的重要程度来决定谈判时所要采取的态度。我认为，商务谈判行为是一个寻求合作或加深合作的过程，谈判双方都应抱有诚意，以诚相待，不要因为利益的大小、谈判重要程度来改变以诚为本的商务活动态度。今天的小客户说不定是明天的大客户，诚信走得万里路。

2. 充分了解对方

正所谓"知己知彼，百战不殆"。对对方的了解越多，越能把握谈判的主动权。了解对方时，我们不仅要了解对方的谈判目的，还要了解对方公司的经营状况、所处行业情况、公司文化，以及谈判人员的性格、习惯与禁忌等。

在合作性的商务谈判中，我们需要了解对方的实际需求，并着眼长期合作。要实现合作共赢，就需要了解对方的利益关注点。

在竞争性的商务谈判中，还需要了解其他竞争对手的情况。例如，在一场采购谈判中，我们作为供货商，就要了解其他参与竞争或潜在竞争的供货商的情况，以便以略微优惠一点的合作方式达成协议；如果我们作为采购商，也需要去了解其他供货商的竞争优势和劣势，以便我们获得物美价廉的商品。

3. 准备多套谈判方案

谈判前，谈判双方都要为自己准备谈判方案，并且是对自己非常有利的方案，毕竟双方都希望通过谈判获得更大的利益。实际上，谈判最终使用的肯定不会是双方最初拿出的那套方案，而是经过双方协商、让步、妥协后的结果。

在双方讨价还价的过程中，如果没有准备多套谈判方法，就容易迷失方向，或者被对方带入误区。因此，最好的办法就是谈判前多准备几套谈判方案，先拿出最有利的方案，没达成协议就拿出其次的方案，还没有达成协议就拿出再次一等的方案。

4. 耐心细致，不急于求成

有不少商务谈判不仅耗时，还耗精力。在谈判初期的打探虚实阶段，要耐心细致，不要直接奔向终极目标。太过直接，急于求成，很容易引起对方的警觉与对抗，所以应该通过引导，让对方的思维进入我们预设的情境。有些想法不宜直接表达时，可以通过提问的方式，让对方主动替我们说出我们想听到的答案。欲速则不达，想达到目的就要耐着性子，迂回前行；反之，越是急于求成，越可能暴露自己的意图。

谈判的拉锯战，就好像钓一条大鱼，不能直接用鱼竿拉上岸，得慢慢遛"大鱼"，配合着"大鱼"的动作，不停地调整着"遛鱼"的角度，然后有牵制地控制"大鱼"。我们的最终目的是要消耗"大鱼"的体力，当这条"大鱼"被我们消耗到精疲力竭的时候，就可以将其拉到水面了；但是一定不要掉以轻心，因为很多"鱼"还会在快接近水面的时候再次用力。只要按部就班，不急不躁，我们很容易将"大鱼"从水底遛上来。

5. 适当失去，灵活让步

在商务谈判中，让步就意味着要失去一些利益，但失去不等于失败。因此，不少人将谈判中的让步理解为"丢卒保车"或"以退为进"，这不无道理，但如何"失去"也是有策略、有方法的。例如，在谈判中可以适时提出一两个很高的要求，对方必然无法同意，在经历一番讨价还价后，我们就可以适当"失去"，把要求降低或改为其他要求。这些高要求，本来就没打算会达成协议，所以即使让步也没有损失，却可以让对方有一种谈判的成就感，认为自己拿下一城。

在谈判中，抓住主要利益，寸步不让，而在一些枝节问题上不过多计较，将其作为讨价还价的让步条件，可以让我们在表现出"失去"的同时，保住核心利益。其实，谈判就是对利益的取舍，达成协议的时候就是双方心理都达到平衡点的时候。

📇 沟通任务

1. 假如你所在的学校要举办一次大学生水果文化节，向每个在校学生发放一定数量的水果，并以水果为载体进行相关的文化创意。你作为学生代表，需要跟多家水果供货商进行洽谈。请思考：如何确定采购水果的种类？怎样才能找到合适的供货商？供货商给出的条件还可以更优惠一些吗？在采购水果的过程中，如何签订意向书或协议书？

2. 一家人工智能产品制造商的销售经理将代表公司与一家知名零售商进行首次合作谈判。公司希望将最新的智能产品引入该零售商的连锁店中销售。该零售商对于引入新产品持开放态度，但也有一些具体的要求和利益关注点。请同学分别扮演销售经理和零售商，模拟一场商务谈判。

📖🔍 思考与练习

1. 查找并阅读一份协议书（如就业协议书），总结其各个条款的写法。
2. 请谈谈意向书与协议书的区别与联系。
3. 请了解招标书的发布渠道有哪些。
4. 请谈谈商务谈判包括哪些阶段，以及在讨价还价过程中，可以使用哪些谈判技巧。

扫码做练习

项目八试题

項目九　参与一次竞聘

【项目导入】

　　机会总是留给有准备的人。大学期间，小王在大一加入学校学生会，全心全意为同学服务，受到学生会指导教师和同学们的一致好评。大二时，小王想留任学生会宣传部继续锻炼语言表达能力，需公开竞选宣传部负责人，经过一番努力，如愿以偿。大三时，小王有意竞选学生会主席一职，报名参加竞选。在全校学生代表大会上，小王自信满满地发表竞选演讲，讲述自己在学生会中的成长和具备的能力，并就如何开展学生会工作发表自己的见解，学生代表进行投票选举，小王成功当选。

　　本项目涉及职场述职与竞聘的一些写作任务和沟通任务。在本项目中，我们将介绍述职报告和竞聘报告的含义、种类和写法，填写各类表格的注意事项等，讲解竞聘演讲的一般技巧，以及就职讲话的表达技巧等。学习本项目后，我们需要做到以下几点：

　　（1）掌握述职报告和竞聘报告的基本写法；

　　（2）掌握竞聘演讲的一般技巧和答辩技巧；

　　（3）掌握就职讲话的表达技巧。

写作任务　撰写述职报告

任务引入

　　工作后，小王潜心工作，业绩突出，积累了不少工作经验，人际关系也处理得很好。有一天，他所在部门的经理调任其他职位，单位组织部门发布竞聘通告，公开竞选××部门经理，要求有意向的竞聘者在20××年×月×日之前向组织部门提交报名表和2000字左右的竞聘述职报告。通过资格审查的候选人，将进行公开竞聘演讲（竞聘演讲6分钟，问答环节4分钟，竞聘时间另行通知）。

　　小王在单位工作已有三年，满足竞聘条件，于是报名参加竞选。小王该如何撰写竞聘述职报告呢？

　　通过学习本节，我们要了解述职报告、竞聘报告的含义和作用等，掌握述职报告的写作方法和撰写规范。

知识串讲

　　岗位竞聘的一般流程：单位组织部门或人事部门确定竞聘的岗位，在一定范围内发布竞聘通告；有意竞聘的人员提交报名表；单位审核报名材料并初步筛选符合条件的人选；单位成立竞聘评审小组；竞聘者提交述职报告和竞聘演讲的PPT等材料；竞聘者公开竞聘演讲和答辩；评审小组评议并确定最终人选；正式任命、上岗、试用等。

　　竞聘报告一般包括对原岗位工作的述职报告，也包括对竞聘岗位的初步设想。下面从述职报告的写作讲起，同时介绍竞聘报告的写法。

扫码看资料

表格填写技巧

一、述职报告的含义和种类

（一）述职报告的含义

1. 狭义述职报告

狭义的述职报告是用于干部管理考核的一种专用文种，领导干部根据制度规定或工作需要，向选举或任命自己的上级领导机关及群众，汇报自己履行岗位职责的情况并接受考核和评议的书面报告。领导干部的述职报告一般按照德、能、勤、绩、廉五个方面评述履职情况。

2. 广义述职报告

随着述职报告的广泛使用，述职报告也可用于考核各级各类工作人员履行岗位职责的情况。每个工作人员都有相应的岗位，单位对不同岗位人员进行工作业绩考核时，也需要员工提交考核材料。这类材料就属于工作总结性质的报告，常被称为"工作业绩报告"，这就是广义的述职报告。

　　无论是狭义还是广义的述职报告，都是对某个时期或某项工作的全面回顾、分析和总结，旨在通过反思过去、评估现在，为未来提供指导和借鉴。同时，它也是个人或团队与上级、下属或相关方面进行沟通和交流的一种重要方式。

（二）述职报告的种类

1. 按内容划分

（1）综合性述职报告。报告内容是对某一时期或某个阶段所做工作全面的、综合的反映。

（2）专题性述职报告。报告内容是对某一方面工作的专题反映，如《抓学院党建工作述职报告》。

（3）单项工作述职报告。报告内容是对某项具体工作的汇报，这项工作往往既是临时性的工作，又是专项性的工作。

2. 按时间划分

（1）任期述职报告。这种报告是指对任现职以来的总体工作进行报告，多用于任期考核。

（2）年度述职报告。这种报告是指对年度工作的履职情况进行报告，一般用于年度考核。

（3）临时性述职报告。这种报告是指担任某一项临时性的职务，写出其任职情况。例如，干部借调或挂职锻炼任期结束后，写出其履职情况。

3. 按表达形式划分

（1）书面述职报告。书面述职报告是指向上级领导机关或人事部门提交的书面述职报告。

（2）口头述职报告。口头述职报告是指需要向选区选民述职，或向本单位职工群众述职的，用口语化的语言写成的述职报告。

4. 按功用划分

（1）考核述职报告。考核述职报告是指担任某一领导职务的干部向上级主管部门汇报自己履行干部岗位职责情况的报告，是上级主管部门考核、评估干部的依据。

（2）竞聘述职报告。竞聘述职报告是指在公开竞聘某一领导岗位时，竞聘者向聘任机构或组织汇报自己履行原岗位职责的情况和对竞聘岗位的初步工作设想的竞职材料，是上级组织部门任免、使用干部的依据。

二、述职报告的特点

1. 内容的确定性

述职报告虽然是对工作的总结，但是其内容有明确的限定，只能在职责分工范围内进行总结，不得涉及与本职工作无关的事项。

2. 作用的明确性

述职报告是上级、人事部门或群众了解和评定领导干部个人或集体的政绩，预测其发展潜力的重要材料，其作用具有明确性，是一种专用的文书。

3. 写法的自陈性

述职报告需以第一人称进行书写，使用叙述和议论的表达方式对履职情况进行回顾、分析，剖析和评价自己的工作，作出客观、公正的自我评估。

4. 分析的理论性

述职报告不应仅是对工作的简单罗列，而应是运用一定的理论观点和方法来分析和总结工作。报告人需要结合自己的实践经验，提炼出具有普遍意义的规律和认识，从而提升报告的理论水平。

5. 范围的公开性

述职报告是干部考核的专用文书，既是上级机关考核干部履职情况的重要依据，又是民主评议的必要前提。为了接受群众的监督和评价，报告人需要面向所在单位职工宣读，或在一定范围内公开阅读述职报告。

三、述职报告的内容

述职报告一般应包括以下几个方面的内容。

（一）岗位职责

述职报告首先要简明扼要地介绍自己的基本情况，如所任职务、任职时间等，然后介绍职责范围，即分管的工作、任期主要目标等。之所以要介绍这些，是因为岗位职责是群众评议和干部考核部门衡量述职者是否称职的标准。

（二）指导思想

指导思想是每一位领导干部开展工作不可或缺的前提条件。只有在正确思想的指导下，才能看清事物的本质，找出存在的问题，采取正确的方法，从而很好地完成本职工作。

（三）主要工作

主要工作是述职报告的核心内容。要向组织、群众如实汇报自己所做的主要工作，工作过程中所取得的成绩和由此带来的经济和社会效益，以及工作中出现的失误和由此造成的损失。具体来说，主要包括以下几个方面。

（1）自己主持开展了哪些工作，结果如何；

（2）协助别人开展了哪些工作，结果如何，自己所起的作用如何；

（3）党和国家有哪些方针政策出台，自己是如何贯彻执行的，效果如何；

（4）上级有哪些重要指示，自己是如何落实的，效果如何；

（5）工作中遇到了哪些新情况和新问题，自己是如何处理的。

（四）经验教训

对自身的工作实践，还要能够概括出一些规律性的认识，其中包括成功的经验有哪些，今后如何发扬；失败的教训有哪些，今后如何防范。这部分内容要有分析研究、集中概括，要提高到理论的高度来认识。对于教训，应着重分析造成失误的主客观原因，明确自己应承担什么样的责任。

四、述职报告的写法

述职报告的结构一般由标题、称谓、正文和落款四部分组成。

（一）标题

1. 单标题

（1）只用文种名称作标题，如《述职报告》或《我的述职报告》。

（2）由时间和文种构成，如《20××—20××年度述职报告》。

（3）由职务和文种构成，如《××学院党委书记述职报告》。

（4）由职务、时间、文种构成，如《××党支部书记20××年述职报告》。

2. 双标题

双标题由正标题和副标题组成，将内容的侧重点或主旨概括为一两个短语作为正标题，以职务、时间和文种等作为副标题，如《履职尽责　爱岗敬业——××主任20××年度述职报告》。

（二）称谓

若是向上级机关呈报的述职报告，应写明受文机关；若是向领导和本单位干部职工作口头述职报告，则应写明称谓（称呼）；若是用于公示的述职报告，可以不写称谓。

（三）正文

正文一般由前言、主体和结尾三个部分构成。

1. 前言

前言部分一般包括三方面内容：一是任职情况，包括任职时间、担任职务以及变动情况等；二是岗位职责和考核期内的目标任务；三是自我评价，即对任职期间的履职情况进行总体自评。这三方面的内容写一个自然段即可。由于工作变动等原因，上述三方面内容在写作中可以灵活处理，有些内容可写入主体部分。

2. 主体

主体部分是述职报告的核心，是考核评议的主要依据，主要写工作思路、工作业绩、经验体会、问题及教训，以及今后的努力方向、目标或打算。用于考核的述职报告，应当侧重于陈述工作业绩、总结经验教训；用于竞聘的述职报告，需重点说明现任岗位的工作思路、对应聘岗位的初步设想，向组织部门或选聘单位展示自己的工作水平和领导能力。

主体部分的写法大致有以下三种。

（1）工作项目归类式。这种写法是把自己所做的工作按职责范围加以分类，如教学、科研、人事、财务、后勤等，一类作为一个层次依次陈述。自己主持开展的工作和协助别人开展的工作要分开写；对取得突出成绩的工作，有创造性、开拓性进展的工作要重点写；一般性、日常事务性的工作要简略写。

（2）时间发展顺序式。这种写法是把任期内的工作情况按时间先后顺序分成几个阶段来写。任期述职报告经常采用这种形式，因为任期时间较长、涉及面广，所做的工作和存在的问题较多，这样写便于归纳总结，以展现工作的全貌。

（3）内容分类集中式。这是最常用的形式，一般分为主要工作思路及成效、存在的问题及原因分析、下一步的工作打算三大部分。

3．结尾

结尾可以对自己的履职情况作一个总结性评价，也可简要说明自己的一些体会或今后的打算。这些内容如果前面已经提及，也可不写。

结束语一般用"专此述职""以上报告，请审阅""特此报告，请审查""以上报告，请领导和同志们批评指正"等语句作结。

（四）落款

可以在正文右下方署名署时，也可在标题之下居中署名，并在署名的下方括注述职日期。

五、述职报告的案例分析

扫码看视频

撰写述职报告的注意事项

结构名称		案例	简析
标题		**党政办公室主任20××年述职报告**	标题由职务、时间、文种构成。
署名署时		××× （20××年×月×日）	署名署时可居中写于标题下，也可写在正文右下角。
正文	开头	20××年是极不平凡的一年，在领导的指导和各部门的大力支持下，担任办公室主任以来，我团结带领办公室人员立足本职岗位，自觉加强学习，积极开拓进取，表现出高度的政治觉悟、严明的组织纪律意识、过硬的业务本领和优良的工作作风，整体工作迈上了一个新的台阶。	开头较为简略，总体自我评价后转入主体部分。
	主体	**一、立足服务，强化管理，自身素质全面提高** 　办公室作为党委、行政的参谋部和后勤部，每个人的一言一行、一举一动都可能影响党委、行政的形象。我们时刻以良好的形象来高定位、高要求，不论对内对外，说话办事，待人接物，都努力做到有形象、有品位、有人格。不论是参与政务还是管理事务，不论是搞文字服务还是搞行管服务，都牢固树立精品意识，力争多出有影响、有档次的精品。工作中，我们着力强化了三种意识。 　**1. 建章立制，规范意识显著增强。**规范办公室的各项工作、各个步骤、各个环节，建立科学、合理的机制和制度，并以制度保证全体工作人员都能严格、自觉地按照规范开展工作。出台公务用车管理、文件打印、接待用餐、秘书人员工作制度，制定各项规章制度，不断强化办公室人员的规范意识，使机关工作处处有章法，人人懂规矩；使办公室每个同志工作有序、行为规范。今年，办公室成功迎接了省委书记×××、检察院检察长×××等领导的视察和检查，同时，办公室更加注重对机关人员的服务，机关服务质量逐步提升，领导、部门和群众的满意度越来越高。	主体部分从三个方面展开，这是工作项目归类式的写法。 第一个方面从"三种意识"的强化和提升来总结办公室工作的成效。"三种意识"具有较强的概括性，在每个小点中，以工作实例进行支撑。

续表

结构名称		案例	简析
正文	主体	2. 主动作为，责任意识得以强化。（略） 3. 改进作风，形象意识逐步树立。（略） 二、以人为本，抓住重点，干部队伍建设全面加强 1. 围绕中心工作，重点工作亮点纷呈。（略） 2. 加强业务培训，干事创业氛围浓郁。（略） （以下内容略） 三、统筹推进，协调发展，各科室工作稳步推进 （以下内容略）	第二个方面和第三个方面分别从干部队伍建设和各科室工作的角度进行总结。党政办公室主任述职时，将办公室工作进行总体总结。
结尾		以上是××党政办公室一年来的主要工作，我们深深地认识到，工作中还有很多缺点与不足。下一步，办公室将以开放的意识、广阔的视野，不断学习新的知识、掌握新的技能，朝着提笔能写、张口能说、有事能干的方向不断努力，着力提高自身素质，尽快增长多方面才干，努力成为党政领导放心、部门群众满意的好参谋、好助手。	"工作中还有很多缺点与不足"未展开陈述，建议具体分析不足，并提出下一步改进措施。

【考核述职报告模板】

20××年述职报告

××××（职务）　×××

（20××年×月×日）

开头：×××，男，中共党员，20××年×月×日起担任××办公室主任，负责办公室的全面工作，具体分管××科、××科。任职期间，在××党委的领导下，我认真履行职责，按照××的统一部署，落实……工作，推动……改革，在××、××方面开拓创新，圆满完成了岗位职责内的各项任务。现将近×年的履职情况汇报如下。

（用一个自然段写明任职情况、岗位职责和考核期内的目标任务、自我评估。）

主体：

一、主要工作及成效

1. ×××××××

2. ×××××××

二、存在的问题及原因分析

1. ×××××××

2. ×××××××

三、下一步工作思路

1. ×××××××

2. ×××××××

结尾语："专此述职""以上报告，请审阅"等。

【竞聘述职报告模板】

竞聘述职报告

（×××同志工作业绩报告）

（标题：竞聘述职报告的标题有时候可写"工作业绩报告"。）

×××（称谓）：

开头：大家好！我是×××，来自××部门，20××年×月×日起担任××（职务）至今，在工作中……很荣幸能有机会竞聘××岗位，下面将现岗工作情况和竞聘岗位的工作思路向大家进行汇报。

（开头部分主要介绍基本信息，如姓名、年龄、政治面貌、现任职务等。）

主体：

一、竞聘理由及自身条件

1. ×××××××

2. ×××××××

二、现岗工作思路及成效

1. ×××××××

2. ×××××××

（结合现岗工作情况和竞聘岗位的报名条件，从政治素质、业务水平、工作能力、工作业绩等方面展示自己优于其他候选人的竞聘条件。）

三、应聘岗位工作思路设想

1. ×××××××

2. ×××××××

（假设自己竞聘成功，设想一下任职后的工作计划。）

结尾：×××××××

（用最简洁的话语表明自己的决心和请求。）

结束语："以上报告，请领导和同志们批评指正"等。

×××

×年×月×日

（如果是口头的竞聘述职报告，不需要署名署时；如果是需要提交的书面竞聘报告，需署名署时。）

🔍 写作任务

1. 你所在的学院将要举行学生代表大会，大会筹备组决定采用演讲的形式进行公开竞选，选举产生新一届学院学生会主席团，你符合竞选条件，请写一篇竞选稿。

2. 假设你是一家电子商务公司的市场部经理，负责公司市场营销活动的策划与执行。在过去的一年里，你带领团队完成了多项重要的市场营销项目，并取得了显著的业绩。你需要撰写一份年终述职报告，向公司的高层领导汇报你的工作情况和成果。述职报告应包含以下内容。（1）工作总结：对过去一年市场部的整体工作进行总结，包括完成的主要项目、取得的业绩、遇到的问题及解决方案等。（2）经验教训：分析工作中遇到的困难和挑战，总结经验教训，提出改进措施。（3）未来展望：结合公司的发展战略和市场趋势，提出市场部未来一年的工作计划和目标。

沟通任务一　做好竞聘演讲

任务引入

小王报名竞聘所在部门的经理一职，填写了报名申请表，向单位人事部门提交了书面竞聘述职报告。报名截止后的第二天，小王接到人事部门通知，两天以后，在××会议室进行公开竞聘。

小王立即着手准备竞聘演讲，他知道书面竞聘述职报告和口头竞聘演讲是不一样的，不能照着书面述职报告来念，必须重新撰写一份竞聘演讲稿。

经过加工，小王把书面述职报告修改为演讲稿，并且将演讲稿梳理出提纲，制作成PPT。接下来，小王开始一遍又一遍地演练，演练中发现有些句子还是比较拗口，书面色彩太浓，又进行了好几遍修改。演练满意后，小王开始琢磨，评审小组会问哪些问题呢？该怎么准备应答呢？

通过学习本节，我们要了解竞聘演讲的含义和特点，掌握竞聘演讲的一般技巧，沉着应对竞聘问答，充分展示自身的工作能力和领导潜力。

知识串讲

一、竞聘演讲的含义和特点

（一）竞聘演讲的含义

竞聘演讲又叫竞职演讲，是竞聘者针对某一岗位或职位，用口头表达的形式向在场的评审小组和其他观众比较全面地介绍自己的基本情况、能力素质和工作构想，以说明自身具备胜任竞聘岗位条件的一种演讲形式。

（二）竞聘演讲的特点

竞聘演讲是演讲的一种，具有一般演讲的共性特点，如口语性、群众性、交流性等，但由于它是针对某一竞聘岗位而进行的，所以它还具有以下特点。

1. 目标的明确性

目标的明确性是竞聘演讲区别于其他演讲的主要特征，具体体现在两个方面：一是所要竞聘的目标岗位是明确的；二是演讲的目的是明确的。

2. 内容的竞争性

竞聘演讲的全过程，其实是候选人之间就未来推行的工作目标、工作构想、工作方案进行比较与选择的过程。竞聘者无论是讲自身所具备的条件，还是讲自己以后的工作思路、工作构想，都要尽最大可能体现出"人无我有""人有我强""人强我新"的优势。

3. 材料的针对性

竞聘演讲不同于工作中先进个人评选的展示，也不同于先进事迹的口头报告。竞聘目标的明确性也决定了竞聘演讲的针对性。竞聘就是要证明自己有能力胜任目标岗位的工作，并且比其他候选人要更具优势，因此要围绕目标岗位所需能力来组织材料。

二、竞聘演讲的技巧

在单位内部的竞聘演讲中，听众一般由专家评委、组织部门、人事部门、岗位所在部门的人员组成，专家评委具有投票表决权，群众可参加对竞聘者的民主测评。因此，竞聘演讲要针对竞聘岗位以及评判团来进行展示，时间一般是5～15分钟。演讲的内容主要涉及以下方面：个人基本信息、报名理由、自身优势与不足（现岗工作思路及业绩）、竞聘岗位的初步工作思路和措施等。下面介绍竞聘演讲的一般性技巧。

（一）理清竞聘演讲思路

竞聘演讲的内容结构一般由组织部门事先规定，大致包括以下内容。

（1）介绍基本情况。简要介绍姓名、年龄、政治面貌、学历、现任职务等（可在PPT中呈现）。

（2）说明竞聘动机和竞聘理由。

（3）结合现岗工作情况和竞聘岗位的报名条件，从政治素质、业务水平、工作能力、工作业绩等方面展示自己优于其他候选人的竞聘条件。

（4）假设自己竞聘成功，设想一下任职后的工作思路和措施。

（5）用最简洁的话语表明自己的决心和请求。

以上五步只是简单的演讲思路，需要根据实际需要略加变通。

尊敬的各位评委、各位领导和同志们：

大家好！我是来自××部门的×××，首先感谢大家给我这次竞聘的机会，我竞聘的岗位是××部门经理。

下面，我将从四个方面介绍我的竞聘条件和竞聘设想。

一、个人基本情况

××××××××××。

二、对竞聘岗位的认识和竞聘理由

×××××××××。

三、现岗工作情况

×××××××××。

四、竞聘岗位的初步设想（工作思路）

×××××××××。

（此部分为核心内容，以假设为前提，阐明自己的工作目标、工作措施和工作方案等。）

结束语：×××××。谢谢大家！

（竞聘者在不知道竞聘是否成功的情况下，对可能出现的竞聘结果进行表态，表明自己对受聘的决心和信心，希望获得大家的支持。）

（二）重点展示工作思路

岗位不同，竞聘时展示自身优势的方式就不同，侧重点也不同。

如果是竞聘自己所在部门的领导岗位，以前的工作内容、工作能力与竞聘岗位的相关度高，竞聘时，在突出自己对工作的熟悉程度的同时，要重点展示今后的工作思路，这是优势。

如果是跨部门竞聘，我们会缺乏竞聘岗位的工作经验，并且可能不太熟悉竞聘岗位的大部分工作内容，这时就可以重点展示现岗的工作思路和自身的工作能力，证明自己有能力胜任，并且还可以突出自己的创新意识、开拓精神等，这方面会成为优势。

另外，如果是公开竞聘，还需要分析竞争对手的优势和劣势，以便自己选准角度，扬长避短。

（三）演讲内容逻辑清晰

陈述工作思路时，一般会提及以前采取过的措施和以后的初步打算。讲工作措施时，不宜笼统陈述，最好整理出几条措施来，以体现措施的条理性。为了把措施讲得有条理、有逻辑，可采用分条列项的方法，例如使用"首先、其次、最后""第一、第二、第三""其一、其二、其三"等来引出具体内容。

例如：在介绍完个人基本信息之后，可以用"我报名参加竞聘，针对这个岗位，我具备以下三方面的优势"来引出下文。讲完优势之后，再用"过渡段"引出今后拟采取的工作思路和措施部分，如"以上是我现岗的工作情况和竞聘条件，如果能竞聘成功，我有以下初步设想"。这样承上启下，不仅逻辑清晰，而且能使演讲上下贯通，浑然一体。

（四）演讲主题重点突出

不管是对现岗工作情况的展示，还是对竞聘岗位工作思路的初步设想，都应做到主题集中，重点突出。竞聘演讲不同于现岗工作述职报告，没有必要对自己的工作进行全面汇报，要找准竞聘岗位需要的核心能力并进行举证陈述，不搞多重点、多中心。对未来工作的设想，也需要抓住核心工作领域的问题，提出初步的工作措施，不要企图在简短的竞聘演讲中说明或解决很多问题。

（五）数据材料实事求是

实事求是地展示自己的工作业绩和水平，体现在表达上就是语言要准确，材料要准确，数据要准确。在竞聘演讲中所讲述的事例和所用的材料、数据都要真实可信，准确无误。例如，在谈到自身工作能力时，曾两次获奖，就不能笼统表达为"曾多次获奖"；涉及业绩数据时，尽量具体，需分清个人业绩与集体业绩，不能把团队成绩都往自己身上堆，自己起到主要作用的团队成绩才能拿出来说，且要把握好分寸，不夸大其词。

三、竞聘答辩

在公开竞聘和竞争上岗的过程中，评委不仅要听取竞聘者的竞聘陈述，还要针对岗位需求和工作实际进行提问。

（一）浅显问题需要谨慎思考

在非结构化竞聘中，评委的提问大多是自由提问，有些是从竞聘者的陈述中找问题，有些是根据岗位的需求来提问。评委提出的问题，有些看上去浅显、简单，竞聘者可能觉得很容易回答，这时候需要谨慎思考，不要让自己的回答流于表面。

问：你认为作为一名领导干部，如何管住自己的嘴？

答：谢谢评委的提问。众所周知，中央"八项规定"要求厉行勤俭节约，严格遵守廉洁从政的有关规定。作为领导干部，不得有"公款吃喝"行为，不得"吃吃喝喝"，搞拉帮结派，一定要管住自己的嘴，做一名清正廉洁的干部。

分析：这样的回答，仅仅是从一个方面进行了回答，将"嘴"表面理解为与"吃喝"有关的问题，不够全面。深入分析后，我们发现还可以从更多的角度来回答。例如，"嘴"可以用来说话，用来发号施令，领导干部管住自己的嘴，还体现在"提高会议实效，开短会、讲短话，力戒空话、套话"方面，在工作中，讲话要谨慎，防止出现违背原则、毫无根据、夸大其词的话。这样，对"管住嘴"的理解就会更全面、更深入。

（二）实践问题需提升为理论

评委提出的问题，有些属于实践层面的问题，一方面是考查竞聘者的具体实践经历，另一方面是考查竞聘者能否从具体实践中进行归纳总结、提炼升华，能否讲出有理论性的认识。领导干部不能只是"勤于实践"，还要"勤于思考"，不断地总结经验，以便指导以后的工作。

问：请讲一个你过去的工作中最失败的经历。

答：谢谢评委。工作中，我们经常会面临新的问题或者做出一些新的尝试，在这个过程中，免不了有工作的失误或失败。在过去的工作中，我遇到的最失败的一次经历是，我在组织一次会议时，把会议任务进行了分解，分派给几个同事共同完成，我相信大家都能按时完成任务，等到会议召开时，我才知道有一两个同事因为其他事情耽误了工作进度，没有按时完成，结果弄得整个会议秩序混乱，把会议办砸了。

分析：这类问题是想让竞聘者先讲述一次实践经历，并且是"最失败"的经历，因此，在选择话题时，不仅要真实，还需要通过失败的经历来反映自己认识上的提升。因此，不能只讲失败的事情，重点在对失败经历的分析和认识上，要从失败的经历中获得人生感悟、工作启示等认识层面的收获或能力提升，所举事例最好与竞聘岗位所需能力和要求有较高的契合度，因而不宜就事论事。如果从这次失败的会议中总结了办会经验，促进了自己管理、组织和协调能力的提升，从而证明自己现在具备了较强的管理和组织能力，也许正好符合竞聘岗位的需求，把失败的实践经历变成了竞聘优势，岂不更好！

（三）理论问题用实践去回答

评委提出的问题，有些属于理论层面的问题。竞聘者一听，感觉理论性极强，一时不知道从何回答。这时候，就需要理论联系实践，结合自己所掌握的知识，利用简单的事实去分析理论，避免就理论谈理论。

问：请谈谈你对干部年轻化的认识。

答：谢谢评委。培养选拔年轻干部，事关党的事业薪火相传，事关国家长治久安。我认为，干部年轻化是时代发展的要求，是干部队伍建设的有效途径，是培养和储备干部的重要举措。干部队伍年轻化，与革命化、知识化、专业化同样重要……

分析：如果竞聘者这样说下去，很难谈出自己独到的认识，比较空洞的说法缺乏说服力。回答时，可以从如何正确认识"年轻化"入手，谈谈如何科学把握干部"年轻化"的要旨，说明干部"年轻化"并非"低龄化"，也不能把"年轻化"当成选拔干部的唯一标准。可以举一些实例来说明，例如对一大批优秀人才的教育培养、实践锻炼，可以优化干部队伍结构，增强干部队伍生机活力，提高我们党治国理政的效能。

沟通任务

1．你所在班级拟进行班委换届，你有意竞选班长一职，请面向全班同学作一次竞选演讲。

2．为了进一步加强宣传工作，你所在的学校拟面向全校学生选拔"××大学学生形象大使"，请写一篇竞选演讲稿，并在课堂上进行竞选练习。

3．假设你所在的单位即将进行部门经理岗位的公开竞聘，作为竞聘者之一，请根据以下情境，准备一篇竞聘演讲。你在一家中型企业已经工作了五年，从基层员工逐步晋升为项目经理，负责过多个重要项目的实施与管理。你拥有丰富的项目管理经验，对产品研发流程和市场趋势有深入的了解。此外，你还具备较强的沟通协调能力和团队合作能力，曾多次带领团队解决复杂问题，赢得了同事和上级的认可。竞聘演讲要求：（1）简要介绍个人基本情况和工作经历，突出与部门经理岗位相关的经验和能力；（2）分析当前公司面临的挑战和机遇，提出作为部门经理的应对策略；（3）阐述个人对部门经理岗位的理解和认识，包括岗位职责、能力要求等；（4）表达竞选该岗位的决心和信心，以及对未来工作的展望和规划。

沟通任务二　做好就职讲话

🔍 任务引入

小王竞聘所在部门的经理一职后，不久人事部门就发布公示，小王竞聘成功！公示期过后，人事部门的领导告知小王，×月×日将召开××部门会议，会上正式宣布对小王的任职决定。

小王一直悬着的心终于踏实了，信心满满地等待任命会议。

在会上，人事部部长宣读完人事任免决定后，请小王讲几句。小王被突如其来的"即兴讲话"搞蒙了，没想到还有"就职讲话"，一点儿没准备，这可怎么办？

通过学习本节，我们要了解就职讲话的含义和内容，掌握就职讲话的常用模式和表达技巧。

⚓ 知识串讲

一、就职讲话的含义和特点

（一）就职讲话的含义

就职讲话，是指新任职者在就职仪式或会议上，针对新岗位、新职责所发表的正式讲话。就职讲话是新任职者向公众、组织或团队展示其个人形象、风格和理念的重要机会，也是新任职者阐述工作计划和目标的重要平台。

职位级别较高的领导，在就职讲话之前，常常需要准备讲话稿；一般性的领导岗位，就职讲话多以即席讲话为主。

（二）就职讲话的特点

1. 庄重性和正式性

作为新任职者在重要场合的首次公开表态，就职讲话通常会在一个庄重、正式的场合进行，如就职仪式、全体职工大会等。讲话的内容和形式都需要符合这一场合的氛围，语言要准确、严谨，态度要庄重、认真。

2. 针对性和目标性

新任职者需要针对自己的岗位特点和组织现状，提出具体的工作目标和计划。这些目标和计划应该既符合组织的整体发展战略，又能够解决当前面临的实际问题。通过明确的目标和计划，新任职者可以向听众展示其工作重点和决心。

3. 激励性和鼓舞性

新任职者需要通过讲话激发团队成员的积极性和创造力，让大家对新的工作目标和计划充满信心。因此，讲话通常会包含一些鼓舞人心的语句和理念，以及对团队成员的认可和感谢，以营造积极向上的工作氛围。

4. 承诺性和责任性

新任职者在讲话中通常会向听众表达自己的承诺和决心，以及对未来工作的责任和担当。这些承诺和决心不仅是对自己的要求，也是对听众的期望和承诺。通过明确的承诺和责任，新任职者可以建立起与听众之间的信任和联系。

5.　个性化和创新性

每个新任职者都有自己独特的风格和理念，因此就职讲话也应该具有个性化和创新性。新任职者可以在讲话中展示自己的个性和才华，同时提出一些新颖的观点和想法，以吸引听众的注意力和兴趣。

二、就职讲话的基本内容

新任职者的就职讲话，一般包括以下几个部分的内容。

（1）称谓。讲话开始时，对在场听众进行概括性的统称，如"各位领导、各位同事"或"各位领导、各位老师、各位同事们"，然后问好。

（2）开头。就职者一般先致谢，表达对组织、选民、代表、群众的谢意，感谢组织和大家的信任。

（3）主体。主体部分的内容根据岗位级别的高低有所不同。

如果是级别比较高的职位，可以先肯定上一任领导带领大家取得的成绩和形成的优良传统，然后阐述自己的工作思路、初步措施、近期重要工作等，并指明预期效果、目标等，要具体充实，激发大家的斗志。

如果是级别比较低的职位，可以先简单说说自己以前的工作情况，让大家有所了解，然后表示要继续学习上一任领导的好思想、好作风，并谦虚表态，如"非常高兴和大家一起工作、共同学习、共同进步，希望大家多多支持与帮助"。

（4）结尾。最后表示决心，展望未来，作出承诺，鼓舞斗志，以期与大家齐心协力，携手共进。

扫码看视频

就职讲话
常用模式

三、就职讲话的常用模式

我们先来观察一个就职会议，了解就职讲话的一般程序并总结其中的讲话模式。

会议的主题：某大学宣布任命某学院党委书记

会议参与人：学校党委副书记，学校组织部部长，某大学某学院党政领导班子成员，该学院各教学科研单位负责人、各教工党支部书记、行政管理人员、教师代表、学生代表等。

会议主持人：学校组织部部长

会议程序：

（1）会议主持人：宣布会议开始，说明会议目的，宣读人事任免决定或任免通知。

（2）主持人请某学院党委前任书记讲话。

（3）某学院党委前任书记离任讲话。某学院党委前任书记调往其他部门任职，他的讲话属于离任领导讲话。他离任讲话的逻辑结构和内容提纲如下。

① 致谢。感谢学院师生员工多年来的支持与帮助，学院党委团结带领全院上下取得了

××成绩（讲几个具有代表性的成绩）。

②表态。服从组织安排，前往某部门继续努力工作。

③祝愿。祝愿学院的教育事业在新一届领导班子的带领下取得更大的成绩。今后还将继续关注学院的发展。

（4）会议主持人：先感谢某学院党委前任书记，并对其工作表示肯定，然后请新任命的某学院党委书记发表就职讲话。

（5）某学院党委新任书记就职讲话。他就职讲话的逻辑结构和内容提纲如下。

①表示感谢。先表达很荣幸能就任某学院党委书记一职，然后感谢组织的信任。

②继承传统。先简要介绍自己以前工作岗位的情况，并与新岗位相结合来谈对新岗位的认识（或表明工作的延续性，或表明自身的优势以证明自己有能力胜任这个职位）。

③谦虚表态。对要承担的职责进行表态，表示要继续学习上一任领导的好做法、好传统，希望尽快融入新的领导班子，并希望得到大家的支持和帮助。

④展望未来。提出自己将如何尽快适应新岗位的工作要求，近期目标是什么，最后号召大家一起努力，共创新的辉煌。

（6）会议主持人：感谢某学院党委新任书记的就职讲话，然后请某学院院长讲话。

（7）某学院院长讲话。某学院新一届党政领导班子组建后，作为院长，也需要讲话表态。他讲话的逻辑结构和内容提纲大致如下。

①感谢并欢送前任书记。

②欢迎新任书记。

③表示愿意与新任书记一道，团结带领学院师生继续拼搏。

（8）会议主持人：感谢某学院院长的讲话，然后请学校党委副书记作总结讲话。

（9）学校党委副书记总结讲话。他讲话的逻辑结构和内容提纲大致如下。

①感谢与会者参加这次会议。

②对某学院以前的工作进行一定程度的肯定（举一些成绩或实例）。

③希望某学院新一届领导班子团结奋进，为学院的发展作出贡献，并借此机会提出几点要求或希望。

（10）会议主持人：感谢学校党委副书记。宣布会议结束。

从这个案例中，我们可以发现不同领导的讲话都有一定的模式，值得总结、借鉴。在这个就职仪式上，不同岗位的人员分别作了即席讲话。在本书"项目四"中，我们介绍了即兴发言的四种模式，其中"感谢+回顾+愿景"和"过去+现在+未来"是常用的发言模式。在这个案例中，某学院党委前任书记、某学院党委新任书记、某学院院长和学校党委副书记的讲话基本遵循了这两种发言模式，体现出了较强的逻辑性。

四、就职讲话的表达技巧

就职讲话不像述职报告、竞聘演讲那样有较为固定的内容要求和表达模式，新任职者可以根据自身实际进行即兴发挥。下面介绍领导干部就职讲话的一些表达技巧。

（一）借"时"发挥

就职讲话总有具体化的特定时间，有的领导干部巧借就职年份、月份等这些特定的时机尽情发挥。

××县长李××代表正副五位县长在县人民代表大会闭幕式上作就职演讲，其中有一段话就是借就任"时间"作了精彩的发挥。

"今年是马年，过马年，大家扶我们上马背，我们五个'马上人'的态度是骑马背、扬马鞭、唱马歌、讲马话。那就是立马行动，一马当先，五马齐驱，快马加鞭，马不停蹄，抢立汗马功劳，争取马到成功。"第二句话是表态。就是对今后三年和三个决议表个态。

以上这段就职讲话很成功、很精彩，巧借就任年份正值"马年"尽情发挥，从"马年"的"马"字出发，以"马背"喻指县政府的领导要职；以"五个'马上人'"喻指五位新上任的县政府正副县长；以"骑马背、扬马鞭、唱马歌、讲马话"喻指任劳任怨地埋头苦干；以"立马行动，一马当先，五马齐驱，快马加鞭，马不停蹄，抢立汗马功劳，争取马到成功"，比喻县政府五位主要领导就任后立即行动、团结拼搏，抢创大业的决心和争取各项工作全面获得成功的信心。这里一连串"马"的词语构成博喻，妙语连珠，贴切生动，使这次表态情真意切，颇具感染力。

（二）借"地"发挥

领导就任，离不开就任地点。有不少领导干部就职讲话，很注重借助就职所在地的历史传统和地理环境来尽情发挥，溢于言表，使整个演讲很接地气，从而打动观众。请看×县新任县长的部分演讲辞。

各位代表：

在×县第×届人民代表大会第三次会议上，我荣幸地当选为×县人民政府县长。在此，我谨对各位代表对我的信任和大力支持表示最衷心的感谢！

×县是一个具有悠久历史和光荣革命传统的文明古镇。时至今日，我们×县已有2212年的历史。在这2200多年的历史长河中，×县经历了多少任知县、县令和县长，诞生和哺育了多少名人志士，在这里我无法统计，同样，我也无法评价他们每一位的历史功过是非。从1949年7月25日×县第一届人民政府建立以来，已经召开了×届人民代表大会，而我又恰巧是第×位县长。尽管我的德、智、才、学低微疏浅，难当此任，但凭着我对×县无比深厚的感情，我将努力工作，不负众望，为×县人民奉献自己的一切。我不祈求历史对我褒扬，也不苛求人们对我赞誉，我唯一的企望就是在×县迈出更坚定的改革步伐时，当×县人民实现小康时，在这个用我们的心血和汗水构筑成的无比幸福和甜美的蜂巢中，有我那微不足道的一滴蜜，这就是我最大的快慰。

领导的就职讲话，如果能巧妙地把地理特点、历史传统和名人志士的丰富资源作尽情发挥，也会有很大的特色。这位县长的就职讲话，通篇洋溢着浓厚的家乡盛情，强烈的家乡之情流露于字里行间，足见演讲者的构思精巧，演讲又极善言辞，因而能以情动人。借"地"发挥，除了结合"地点"来发挥，还可以从单位的历史来借题发挥。

（三）借"人"发挥

成功的就职演讲者很善于根据会议的场景、与会人员的情况进行即兴讲话。请看下面这篇就职讲话。

各位同事：

大家好！我一到会场，就收到了大家送来的不少礼品（做惊讶状），而且现在，准确地说，在我说话这一刻，很多同志，几乎百分之百的同志，还在源源不断地送来。

大家可能会疑惑："我没送什么给你呀。"其实，大家确实送了，只不过没有在意，或者说不自觉罢了。你们送给我的礼品就是你们的目光，算是见面礼吧。（笑）

目光？是的。我发现，大家向我投来了各种各样的目光：有信任的，有期待的，有疑惑的，也有无所谓的。我觉得，大家的这些目光，就像为我走马上任而准备的一堆礼品：有玫瑰，有玉兰，有仙人掌，也有霸王鞭。（大笑）不管什么样的目光，我都愿意收下，我都收下了！（热烈鼓掌）并且，我还要说上一句：谢谢大家！（再次鼓掌）

诚然，来到这个部门，我深感责任重大，要革故鼎新、开拓创新，实非易事。不过，从大家信任、期待、疑惑的目光里，我看到了动力之所在，意识到了压力之所在、责任之所在；从少数同志无所谓的目光里，我也觉察到了阻力之所在、障碍之所在。不管动力也好，压力也好，阻力也罢，我相信自己，相信大家的力量和智慧，相信阻力终究能变成动力！

上面这篇就职讲话，完全以会议现场不同人的"目光"为线索，贯穿整个讲话，作了尽情发挥。开场以送来"礼品"故设悬念，引起观众的惊讶和疑惑，从而自然地引出"礼品"就是指观众的"目光"，接着对"目光"作了饶有趣味的分类，并运用比喻的手法诠释不同的"礼品"。讲话者表示这些礼品一并收下。根据不同的"目光"来表达工作中的动力、压力和阻力，最后以自信和信任作结，紧扣环境，有机统一。

（四）借"势"发挥

有些就职讲话是在选举结束之后进行的。此时，就职讲话就可以根据选票情况就"势"发挥。某基层党支部选举结束后，党支部书记就职讲话的开头如下。

各位同志：

大家好！这次党员大会选举，我再次当选支部书记，得了×票。（台下笑声）

不要笑，这其中80%是大家投的票，还有100%是我自己投的票。这两个百分比中，80%的选票，最少可以说明三点：一是大家对我任上一届支部书记不够满意；二是有部分同志对我能再当好支部书记持有怀疑；三是多数同志对我还有信心和希望。

我投了自己的票，大家看得出我还想当这个书记。不怕大家笑话，我是基于三方面考虑：一是因为我是党员，带领群众改变管区贫穷面貌，我有义不容辞的责任，不能因为有困难而退却；二是我在上一届干得不尽如人意，决心在这一届任期内"将功补功"；三是有了上一届的实践锻炼，我积累了一些经验，比较有把握在这一届干好。

　　这段就职讲话出自一位农村基层的领导干部，开场白出人意料，独特新颖。他根据选票票数的结果作了尽情发挥，妙趣横生，入情入理。语言幽默诙谐，又令人觉得他诚实、可信、可敬。

沟通任务

　　1．假如你被选举为学院学生会主席，请你针对全院同学或学生会的同学作一场就职演讲。

　　2．大学毕业，你进入一家对外贸易公司的销售部门。入职时，部门经理请你向销售部门同事说几句，你会怎么说？

　　3．你成功竞聘为某公司的市场部经理，在正式上任的第一天，公司为你安排了一场就职典礼。你需要准备一篇就职讲话，向在场的领导、同事和合作伙伴表达你的感激之情，阐述你的工作理念，并展示你对未来工作的信心与决心。准备好就职讲话稿后，请尝试在模拟环境中进行演讲。

思考与练习

　　1．述职报告与竞聘报告有何异同？

　　2．述职报告与年终工作总结有何异同？

　　3．竞聘演讲之后的答辩环节需要注意什么？

　　4．就职讲话的常用模式与即兴发言的常用模式有何异同？

扫码做练习

项目九试题

项目十 做一次调查策划

【项目导入】

了解经济市场现状,分析市场情况,把握市场发展趋势,赢得发展机遇,离不开对经济市场的调查。

酒香也怕巷子深,生产商、供应商、服务商等,都需要做好营销策划。新产品投放市场,老品牌继承创新,为赢得消费者信赖,同样需要企业善于分析市场,精于营销策划,这些都将助力企业经济发展,进而促进社会经济的发展。

本项目涉及市场调查与产品推广方面的一些写作任务和沟通任务。在本项目中,我们将讲解市场调查报告和营销策划方案的基本写法,介绍推销宣传的沟通技巧和注意事项。学习本项目后,我们需要做到以下几点:

(1)掌握市场调查报告和营销策划方案的基本写法;

(2)领会营销宣传的沟通方式和沟通技巧。

写作任务　撰写财经文书

任务引入

在经济活动中，为了解经济发展现状、掌握经济规律、加强经营管理、提高经济效益，企业经常要使用财经报告类文书。

单位领导安排小王定期搜集有关商品生产、供应、需求等的情报资料，及时掌握市场发展变化情况，形成市场调查报告，供企业领导决策参考。

小王所在单位刚研发了一款新产品，很快就要投产，领导又让小王尽快组建一个宣传团队，就新产品上市做好前期准备。小王知道，领导是想让他负责撰写营销策划方案。

通过学习本节，我们要了解财经报告类文书中市场调查报告的含义和特点等，并掌握其基本写法；掌握营销策划方案的基本写法。

知识串讲

在企业的经济活动中，财经报告类文书有着重要的地位和作用。财经报告类文书是围绕财经活动，对客观经济形势及未来发展趋势进行调查、分析和预测，对经济活动情况进行分析、评估、审核，通过深入实际进行调查研究而写成的书面材料。下面主要讲解市场调查报告和营销策划方案的写作。

一、市场调查报告的写作

（一）市场调查报告的含义和特点

1. 市场调查报告的含义

市场调查报告是一种系统地收集、整理、分析和解释市场数据，并以书面形式呈现的报告。它旨在揭示市场的现状、趋势、潜在机会以及存在的问题，为企业决策提供依据。市场调查报告不仅包含对市场数据的描述性信息，还包括深入的分析和评估，以及基于数据的预测和建议。

2. 市场调查报告的特点

（1）针对性强。市场调查报告是针对某一具体市场现象、问题或需求进行的深入调查和分析。它通常是为解决特定的问题或满足特定的需求而编写的，因此具有很强的针对性。

（2）数据翔实。市场调查报告以大量的市场数据为基础，这些数据通常来源于多种渠道，如问卷调查、访谈、观察、公开资料等。报告中的数据翔实可靠，能够客观地反映市场的实际情况。

（3）分析深入。市场调查报告不仅提供市场数据的描述性信息，还要对市场现象进行深入分析和解读，运用各种分析工具和方法对市场结构、竞争态势、消费者行为等方面进行深入剖析。这种深入分析有助于揭示市场的内在规律和潜在机会，为企业决策提供有力的依据。

（4）建议明确。市场调查报告的最终目的是为企业决策提供参考。因此，报告通常会提出明确的建议和对策，针对市场存在的问题和机会提出解决方案和改进措施。

（二）开展市场调查

撰写市场调查报告之前，开展市场调查是至关重要的步骤。市场调查旨在收集和分析关于目标市场的信息，为后续的报告编写提供坚实的数据支持。以下是开展市场调查的主要步骤。

1. 明确调查目的与调查范围

首先，需要确定调查的目的，例如了解市场趋势、分析竞争对手、评估潜在消费者需求等。其次，根据经营需要确定调查的范围，包括行业领域、地域范围以及涉及的产品或服务。

2. 设计市场调查方案

根据调查目的，设计合适的调查方案。其中包括选择调查方法、确定调查对象、确定调查工作人员以及制定调查时间表。根据调查目标拟定调查方法。常用的调查方法有以下几种。

（1）现场调查法。调查人员到现场直接走访、观察，记录调查对象的行为和言辞等信息，例如向用户直接了解购买意愿，了解用户对商品的意见和建议。

（2）问卷调查法。调查人员提前设计好问卷，用这种控制式的测量对所调查的问题进行度量，从而搜集到可靠资料。可采用邮寄、个别分发或集体分发、网络发布（问卷星等）等方式发送问卷。

（3）统计分析法。利用企业的经营情况统计表、会计报表等现成资料进行统计分析，这种方法适用于总结本企业目前的产品及现行的经营策略是否能适应市场发展的需求。

（4）意见征集法。可以通过个别走访、意见征集座谈会、电话回访、邮件询问等方式获取相关调查信息。

3. 收集、整理并分析数据

通过各种渠道收集数据，包括线上和线下的方式。收集到的数据需要进行整理和分类，以便后续进行分析。利用统计软件或工具对数据进行处理，提取关键信息。然后，对数据进行深入分析，揭示市场的结构、趋势以及存在的问题。

（三）市场调查报告的写法

市场调查报告一般由标题和正文（前言、主体、结尾）两部分构成。

1. 标题

市场调查报告的标题没有固定的格式，一般由开展调查的单位名称、内容、范围和文种构成，如《××关于××产品滞销的调查报告》；也可以用新闻报道式标题，直接指出调查对象的状况或直接陈述调查的结果。

2. 正文

（1）前言。前言部分写明市场调查的目的和意义，介绍市场调查工作基本情况，包括调查的时间、地点、内容、对象，以及采用的调查方法。也可以在前言部分先写明调查之后得出的结论，或者直接提出问题，说明调查报告的内容主旨等。

（2）主体。主体部分是市场调查报告的核心内容。要客观、全面地阐述市场调查所获得的材料、数据，用它们来说明有关问题，得出有关结论；对有关问题或现象进行深入分析，提出意见等。主体部分内容较多，一般遵循以下逻辑结构。

首先，陈述基本情况。根据客观实际陈述现状，如市场覆盖面、购销情况，以及存在的问题，然后介绍通过调查获得的资料数据、图表，说明被调查对象的相关信息。

其次，科学分析并得出结论。根据调查获得的资料进行分析研判，发现问题，得出结论，找出规律性的认识，为生产、购销、开发新产品提供可靠依据。

最后，提出建议。根据调查分析得出的结论，有针对性地提出对策或措施，同时还可对未来的经济活动作出预测。

（3）结尾。结尾不是必需的部分。结尾可以概括全文观点，写出总结式的意见，或说明调查中存在的问题、发展趋势，或预测未来可能遇到的风险等。

有些市场调查报告还有附录部分。附录的内容可以是正文中不便表述的图表，也可列出参考文献。

扫码看案例

市场调查报告案例

【市场调查报告模板】

××单位××市场调查报告

前言：×××××

（写明市场调查的目的和意义，介绍市场调查工作的基本情况，包括调查的时间、地点、内容、对象，以及采用的调查方法。）

一、关于××的市场调查数据

（客观、全面地阐述市场调查所获得的材料、数据。）

二、××的影响因素分析

1. ×××××××

2. ×××××××

3. ×××××××

（根据调查获得的资料进行分析研判，发现问题，得出结论，获得规律性的认识，为生产、购销、开发新产品提供可靠依据。）

三、关于××的建议

（提出建议。根据调查分析得出的结论，有针对性地提出对策或措施，同时还可对未来作出预测。）

结尾：×××××

（可概括全文观点，写出总结式的意见，或说明调查中存在的问题、发展趋势，或预测未来可能遇到的风险等。也可不写结尾。）

二、营销策划方案的写作

（一）营销策划方案的含义

营销策划方案是指企业为达到特定的营销目标而制定的一套全面的计划和策略，内容可涵盖市场调研、目标市场定位、产品定价、推广策略、销售渠道等多个方面的内容。营销策划方案是企业整体市场营销活动的指导性文件，它直接影响着企业的运作方向和方式，有助于企业实现商业目标，如提高销售额、增加利润、扩大市场份额等。

（二）营销策划方案的写法

一份完整的营销策划方案应至少包括三个方面，即基本问题、项目市场优劣势、解决问题的方案。从文本的呈现形式来看，一般包括标题、策划说明、市场状况分析、策划方案。

1. 标题

营销策划方案的标题通常由策划的对象名称和文种构成，如《××（产品）营销策划方案》。

2. 策划说明

这部分就是策划方案的前言部分，用来阐述策划的缘起、背景、现状和问题、挑战与机会、创意的关键等。

3. 市场状况分析

市场状况分析可以分为宏观环境分析和微观环境分析。

（1）宏观环境分析。这部分可以从以下方面入手。①政治法律环境。政治环境主要包括政治制度与体制、政府的态度等；法律环境主要包括政府制定的法律法规。②经济环境。构成经济环境的关键战略要素包括国内生产总值、利率水平、财政货币政策、通货膨胀、失业率水平、居民可支配收入水平、汇率、市场机制、市场需求等。③社会文化环境。影响最大的是人口环境和文化背景。人口环境主要包括人口规模、年龄结构、人口分布及收入分布等因素。④技术环境。技术环境不仅包括发明，还包括与企业市场有关的新技术、新工艺、新材料的出现、发展趋势及应用背景。

（2）微观环境分析。这部分可以从以下方面入手。①企业自身分析。对企业自身的分析，可采用SWOT分析法，即逐一分析优势（Strengths）、劣势（Weaknesses）、机会（Opportunities）、威胁（Threats）。②供应者分析。包括供应商的竞争力、供应商行业的市场状况以及它们所提供物品的重要性等。③营销中介分析。包括各营销渠道的销量和销售额的比较分析等。④竞争对手分析。包括潜在的行业新进入者和替代品在内的各种竞争品牌的市场占有率比较分析、促销活动比较分析、公关活动比较分析等。⑤消费者分析。包括消费者年龄、性别、籍贯、职业、学历、收入、家庭结构等分析。

以上内容可以作为营销策划方案拟定的依据，撰写时，可以有所选择，重

扫码看案例

99个创意
促销方案

点是对市场特征、行业现状、竞争对手、消费趋势、销售状况等进行分析。

4. 策划方案

这部分内容是营销策划方案文本的核心，是企业未来的经营策略。策划方案的内容一般包括产品开发、销售目标、定价策略、营销渠道、推广计划、效果测评等。在推广方案或促销方案中又包含产品策略、价格策略、渠道策略、推广策略、执行计划、预期效果与风险评估等。撰写营销策划方案时，可以根据营销目标或要解决的问题有所侧重。

（1）产品策略。明确产品的定位、特点和优势，以及与市场竞争对手的差异。制定产品组合策略，包括产品线规划、新产品开发等。

（2）价格策略。根据成本、市场需求和竞争状况，制定合理的定价策略。可考虑价格弹性、促销折扣等因素，以吸引消费者并提升销售额。

（3）渠道策略。选择合适的销售渠道，包括线上平台、实体店、代理商等。制定渠道管理策略，确保渠道畅通、高效，降低渠道成本。

（4）推广策略。制定广告、促销、公关等推广活动的具体计划和预算。利用新媒体、社交媒体等渠道，提升品牌知名度和美誉度。

（5）执行计划。制定详细的营销执行时间表，包括各项活动的启动时间、执行周期等。分配营销资源和预算，确保各项活动顺利进行。

（6）预期效果与风险评估。预测营销活动的预期效果，包括销售额、市场份额等指标。风险评估就是对可能出现的风险进行评估，制定相应的应对措施。

【营销策划方案模板】

×××营销策划方案

一、策划说明

×××××

（阐述策划的缘起、背景、现状和问题、挑战与机会、创意的关键等。）

二、市场状况分析

1. ×××××××

2. ×××××××

（根据需要，对宏观环境和微观环境进行分析。）

三、策划方案

1. ×××××××

2. ×××××××

（根据营销目标或要解决的问题，写明具体策划的内容。）

写作任务

1. 假设你打算做某商品的代理商，请就这一商品的市场情况进行调查，并形成一份市场调查报告。

2. 假如你暑假在某生产健身器材企业的销售部门实习，参与撰写某款健身器材的营销策划，请自选一款健身器材并撰写一份营销策划方案。

沟通任务　　做好推销宣传

任务引入

"顾客就是上帝"，这是一种营销理念。没有顾客，一个企业就不能发展。从企业整体来说，要拓展市场，就要了解顾客的需求；要赢得顾客，就要会营销。从个人来说，要推广产品或服务，就要会推销。

如果作为企业生产部门的人员，你如何规划产品的研发和生产，从而助力公司的长远发展呢？如果作为企业产品的销售人员，你如何把公司已经生产的产品推销出去呢？

通过学习本节，我们要了解营销和推销的含义和区别，掌握推销的一般技巧，懂得如何打探、理解、满足顾客需求，妥善处理顾客异议，学会与顾客沟通的一般方法。

知识串讲

一、营销与推销

（一）营销的含义

营销是指企业发现或挖掘消费者的潜在需求，从整体氛围的营造以及自身产品形态的营造去推广和销售商品，主要是深挖商品的内涵，切合消费者的需求，从而让消费者深刻了解该产品进而购买该产品的过程。

研究营销的学问可称为营销学。营销学是一门研究企业经营与销售活动的学科，它涵盖了产品、价格、渠道、促销以及消费者的心理和行为等方面。营销学的核心在于建立企业与消费者之间的良好关系，通过调查和分析消费者需求，制定有效的营销策略，以满足消费者需求并实现企业利润最大化的目标。

（二）推销的含义

推销是一个涉及商业交流和产品销售的广泛概念，它可以从广义和狭义两个角度来理解。

从狭义的角度来看，推销侧重于销售人员与顾客之间的直接互动和交易达成。在这个过程中，销售人员通过口头陈述、产品展示、价格谈判等方式，努力说服顾客购买产品或接受服务。这种推销方式强调的是销售人员的技巧和策略，包括如何有效沟通、如何识别顾客需求、如何展示产品优势等。

从广义的角度来看，推销是一种说服、引导顾客购买产品或接受服务的过程。这个过程不仅局限于直接的产品销售，它还包括通过各种营销手段来影响和加深顾客对产品或服务的认识和接受度。广义的推销涉及市场分析、顾客需求理解、产品展示、售后服务等多个环节，是一个系统性的商业活动。

（三）推销与营销的区别

推销与营销是两个不同的概念。

从出发点和重点来看，推销主要聚焦于产品，其重点是推销现有产品，出发点是企业；营销则更注重消费者，以满足消费者的需求为核心，其出发点是市场。这意味着推销更关注如何将产品卖给顾客，而营销则更关注如何理解并满足顾客的需求。

从方法和手段来看，推销主要依赖加强推销活动，如倾力推销、强行推销等，而营销则更注重运用各种营销组合活动，包括产品、定价、分销、促销、公关和权力等要素的有机结合。这意味着营销更强调整体策略和多元化的手段，而推销则可能更注重直接的销售技巧。

从目标和终点来看，营销的目标是满足消费者需求并取得长期盈利，它是一个包括市场调查、消费者需求分析、产品设计和生产、定价、渠道、促销、反馈、公关和客户管理等在内的循环管理过程；而推销的终点则是产品的销售，更侧重于短期内的销售成果。

从实施主体来看，推销多以个人为单位，如企业推销人员，他们通过传递信息、说服等技巧来激活顾客需求；而营销则更多以企业、公司为单位，涉及更广泛的团队和部门合作。

二、推销的沟通艺术

从推销的主体来看，工商业推销的类型可以分为非人员推销和人员推销。非人员推销一般采用宣传媒体、刊登广告、公共关系等多种形式来完成。人员推销则主要依靠推销人员发挥其主观能动作用，运用各种说服技巧达到销售的目的。人员推销比非人员推销有更重要的意义，这是因为人员推销的效果往往高于其他形式的推销。

下面主要介绍人员推销中的推销及沟通技巧。

（一）推销的要素

（1）推销主体。推销主体主要是指进行推销活动的组织或个人。

（2）推销客体。推销客体即推销品，是推销活动所要推销的产品或服务，包括各种有形的产品和无形的服务。

（3）推销对象。推销对象是指推销活动的目标顾客或客户（消费者）。

（4）推销环境。推销环境包括宏观环境和微观环境两部分。宏观环境涉及政治、经济、社会、技术等因素，微观环境则包括竞争对手、供应商、消费者等。

（5）推销手段。推销手段是指推销者在推销过程中所使用的各种方法和工具，包括人员推销、广告、公关等多种方式。

（6）推销艺术。推销艺术是指在推销过程中，推销者所展现出的个人魅力和沟通技巧。推销艺术包括语言表达、情绪控制、人际交往等多个方面。

（二）推销前期准备

1. 熟悉推销的产品和服务

推销前，推销人员必须熟悉产品或服务的性质、类别、功能、特点及其能为顾客带来什么好处等，这样才能把所推销的产品与顾客的需求联系起来，利于顾客接受。随着市场经济的发展，同类产品众多，当人们面临太多选择而感到困惑时，推销人员要能够给出合理的指导意见，帮助顾客解决问题，协助其得到想要的产品和服务，只有这样才能赢得顾客的信赖。

2. 准备推销产品和资料

推销不能仅凭语言去沟通，需要准备好用于推销的产品和相关辅助资料。

（1）推销品。根据产品的具体情况，考虑是随身携带推销品，还是提前布展，以便向顾客展示产品。如果是大型产品且难以携带或布展的，可以利用推销品的模型进行展示。

（2）文字资料。推销人员应携带与产品有关的一些文字资料，包括企业简介、产品种类介绍及说明书、产品价目表等。如有必要，还可以制作产品宣传册或宣传单，对推销品进行详尽、系统的介绍。在推销时，推销人员可根据顾客的需求进行有针对性的介绍。

（3）图片、视频资料。图片资料主要有图表、图形、照片等，视频资料主要是为推销产品而录制的宣传视频。这些生动、形象的图片、视频材料能对顾客产生较强的说服力，加深顾客的视觉印象，激发顾客的购买欲望。

（4）推销证明资料。推销人员应尽量收集和准备各种有说服力的推销证明资料，以此增加产品的可靠性和认可度，有利于顾客在心理上产生安全感。

（5）其他资料。视情况准备推销人员名片、介绍信、订购单、合同书等资料。

3. 了解并评估推销对象

推销前，要根据产品来定位推销重点对象和潜在对象。推销对象可以是企业，也可以是顾客个人。了解顾客的基本情况，如姓名、年龄、职务、性格、偏好、顾客本人及其所在公司的状况、需求等；顾客是否有购买决定权，是否有支付能力，分析其购买动机、态度、阻力等，了解这些情况之后加以评估，只有这样才能制定相应的推销策略和方法，才能有针对性地进行推销。

4. 确定推销的时间和地点

确定何时何地与顾客推销洽谈是制订推销计划的主要内容之一。推销时间和地点的选择，既要方便自己又要方便顾客，且以顾客为重；既要考虑自身的利益，又要考虑顾客的利益。

5. 拟定推销策略和方法

推销是一门艺术，它需要推销人员针对不同的推销品、不同的顾客，灵活采用不同的推销策略和方法，甚至可以制订推销面谈计划，从而增强推销人员的信心。同时，推销人员还需要做好相关心理准备：一要树立自信，对自己推销的产品有足够的自信，对自己的推销能力有信心；二要坦诚相对，对顾客坦诚相待，有帮助顾客解决问题或需求的诚意；三要意志坚强，面对推销中遇到的困难，不要灰心，不要放弃，锲而不舍地做好推销工作。

（三）推销的语言艺术

向顾客进行产品推销，是一个循序渐进的过程，很少一拍即合。推销大致要经历打探顾客需求、理解顾客需求、满足顾客需求、识别并处理顾客异议等过程。

1. 打探顾客需求

初次接触，向顾客传递推销信息后，顾客很少会直接表露出自己的购买意愿。因此，推销人员需要依靠问询的方式去打探顾客的需求。与顾客搭上话后，如何持续沟通下去，将决定推销的走向。可以通过"善问"来保持持续的沟通。向顾客提出的问题，可以是开放式问题，也可以是封闭式问题。

使用开放式问题来引导顾客表达他们的需求和想法。例如，"您对这款产品有什么期待？"或"您目前的顾虑是什么？"这样的问题可以鼓励顾客提供更多的信息，以便从中寻找有价值的线索。封闭式问题意在引导顾客谈话的方向，但这种提问方式给对方回答的选择余地较小。

同时，要注意倾听和反馈。在提问后，要全神贯注地倾听顾客的回答，并通过点头、微笑或简单的反馈语句（如"我明白了"或"请继续"）来表示你在关注。

2. 理解顾客需求

在打探顾客需求后，推销人员要能正确理解顾客需求，并思考如何去满足顾客需求，提升顾客满意度。因此，在推销前期，推销人员需要有效倾听顾客提供的信息，将有价值的信息挑选出来，形成对顾客需求的正确判断。如有必要，可以向顾客确认其需求。

在语言表达上，可以采用复述与确认的方法，用自己的话复述顾客的需求，以确保自己理解无误。例如，"所以，您需要的是一款既实用又经济实惠的产品，对吗？"在确认需求后，进一步询问以获取更多细节。例如，"您对这款产品的性能有哪些具体的要求？"或"您预估对这款产品的使用频率有多高？"等。

3. 满足顾客需求

想要如何满足顾客需求，就需要推销人员结合产品的特性、功能等进行有针对性的介绍，使用生动、具体的描述来增强说服力。产品的质量、功能等决定着推销品能在多大程度上满足顾客需求。为了说服顾客，推销人员需要全面了解推销品，回答顾客的提问或疑虑，找准卖点，从而指导顾客如何选择并使用推销品。

在推销过程中，除了使用事实和数据来增强说服力，推销人员也要使用情感化的语言来触动顾客。例如，描述产品如何提升生活质量或解决顾客的痛点，描述产品的使用体验等。

4. 识别并处理顾客异议

在推销过程中，顾客往往有所顾虑，可能对质量、价格、功能、售后服务等提出各种异议，这时就需要推销人员准确识别顾客的异议点，有针对性地打消其顾虑。针对不同的异议，采用不同的沟通策略。

（1）需求异议。顾客对推销品不感兴趣，没有消费需求，当面回绝。这可能是顾客不了解产品，这时推销人员要加强对产品功能的讲解，争取在潜在消费群体中有所突破。

（2）价格异议。顾客认为推销品的价格过高而拒绝购买。这时就需要推销人员对心理售价底线有所把握后，善于讨价还价，让顾客在合理的价格区间达成购买意愿。

（3）权力异议。顾客以没有购买决策权为由拒绝购买。这时就需要推销人员顺藤摸瓜，做好记录，争取与有购买决策权的人员取得联系。

（4）质量异议。顾客认为推销品的质量与自己的期望不符。这时可以采用平衡法，不要回避产品的缺点，同时又要突出产品的优点，在优点和缺点中达到一定程度的平衡。

（5）信任异议。顾客可能对推销人员的言辞产生异议。这时推销人员最好不要反驳，采用冷处理方法应对即可，以免发生争执。

（6）时间异议。顾客不是不购买，而是在何时购买上有所顾虑。这时推销人员不宜急于说服顾客马上购买，而是做好记录，以便日后回访。

（四）推销的注意事项

1. 用语言调节与顾客的关系

在推销过程中，推销人员要与顾客打招呼，尊重顾客；与顾客道别时，要有礼有节。无论推销是否成功，都应表现出客气、尊重，多用敬谦辞，赢得顾客的好评。如果推销失败，也要为下一次推销留有余地。例如，因推销占用顾客时间，可以向对方致歉。

2. 实事求是推介产品

推销人员需要对自己推销的产品有深入的了解，包括其功能、特点、优势以及可能存在的缺陷。只有对产品了如指掌，推销人员才能自信地向顾客介绍，并解答他们可能提出的任何问题。

不同产品有不同的市场定位和市场需求。对于试销产品，介绍时应重点讲解其"新"的功能、特点；对于畅销产品，可重点介绍其畅销的原因和用户的反馈；对于滞销产品，可重点突出其价格低廉的优势，或者某一方面的实用价值。

任何产品都不可能十全十美，所以应实事求是地推介产品，让顾客对产品的价值产生信任感。介绍产品时，不能通过贬低同行业的其他产品来突出自己推销品的优点，要有商业道德。

3. 合理取悦顾客

只有顾客满意了，才能促成买卖，因此，推销人员要通过一定的推销策略来满足顾客的心理需求。取悦顾客，不失为一个很好的推销方式。

推销人员要满足顾客自尊心理的需求，就可以用直接、鲜明的赞扬之语来满足对方，使对方在获得强烈的自豪感、成就感之余决定采取购买行动。

有些顾客在产品的功能、特性等方面了解较多，体现出一种"强势"心理，这类顾客有意无意地希望有机会向别人显示自己的知识、经验、地位等优势，推销人员不妨求教于这类顾客，以便有效突破对方对推销人员的心理防线，使其在欢悦中接受产品。

4．跟进并维护关系

在推销过程中，跟进并维护与顾客的关系是至关重要的，这不仅有助于提升顾客满意度，还能增加重复购买的可能性，进而促进业务增长。可采用以下策略跟进并维护与顾客的关系：定期沟通与回访，提供优质售后服务，关注顾客动态，进一步分析顾客需求，制定个性化策略，提供定制化的产品和服务，处理好顾客投诉与纠纷，提高顾客满意度。

沟通任务

1．暑假期间，你在某家用电器卖场做产品推销员，在推销过程中，顾客表达了如下的拒绝理由。请分组讨论，提出相应的解决办法。

（1）顾客A：你们的产品很不错，但我已经习惯了使用××的产品。

（2）顾客B：你们的产品看起来挺好，就是价格太贵了。

（3）顾客C：不好意思，我现在还不打算买这类产品。

（4）顾客D：谢谢你的介绍，我现在还有其他事情，有空我再了解吧。

（5）顾客E：产品很好，但我暂时做不了决定，我回家商量后，再联系你吧。

2．假设你是一家新兴智能家居公司的销售代表，负责通过网络平台推广和销售公司的智能照明产品。你的目标是在接下来的一周内，通过有效的网上推销策略，吸引至少10个潜在顾客，并促成至少3笔交易。

训练要求：（1）制订一个详细的网上推销计划，包括目标顾客定位、产品亮点提炼、推销话术创作、推广渠道选择等。（2）利用社交媒体平台（如微博、微信、抖音等）发布关于智能照明产品的推广内容，包括产品介绍、使用场景展示、顾客评价等，吸引潜在顾客的关注。（3）主动联系潜在顾客，通过私信、评论回复等方式与他们建立联系，并解答他们关于产品的疑问。（4）跟进潜在顾客的购买意向，提供个性化的购买建议和优惠活动，促成交易。（5）在推销过程中，注意收集顾客的反馈和建议，为后续产品改进和市场推广提供参考。

思考与练习

1．调查报告与调研报告有何异同？市场调查报告的调查方法有哪些？

2．请谈谈你对营销和推销的理解和认识。

3．在日常生活中，你去商场购买服装时，请观察推销人员是如何与你沟通的，看看自己能从中学习到哪些经验。

4．请谈谈线上推销和线下推销各自的优势和劣势。

扫码做练习

项目十试题

附录 党政机关公文格式

为提高党政机关公文的规范化、标准化水平，2012年6月29日，国家质量监督检验检疫总局、国家标准化管理委员会发布了《党政机关公文格式》国家标准（GB/T 9704—2012）。该标准于2012年7月1日起正式实施。此标准是对国标《国家行政机关公文格式》（GB/T 9704—1999）的修订。

前 言

本标准按照GB/T1.1—2009给出的规则起草。

本标准根据中共中央办公厅、国务院办公厅印发的《党政机关公文处理工作条例》的有关规定对GB/T 9704—1999《国家行政机关公文格式》进行修订。本标准相对GB/T 9704—1999主要作如下修订：

a）标准名称改为《党政机关公文格式》，标准英文名称也作相应修改；

b）适用范围扩展到各级党政机关制发的公文；

c）对标准结构进行适当调整；

d）对公文装订要求进行适当调整；

e）增加发文机关署名和页码两个公文格式要素，删除主题词格式要素，并对公文格式各要素的编排进行较大调整；

f）进一步细化特定格式公文的编排要求；

g）新增联合行文公文首页版式、信函格式首页、命令（令）格式首页版式等式样。

本标准中公文用语与《党政机关公文处理工作条例》中的用语一致。

本标准为第二次修订。

本标准由中共中央办公厅和国务院办公厅提出。

本标准由中国标准化研究院归口。

本标准起草单位：中国标准化研究院、中共中央办公厅秘书局、国务院办公厅秘书局、中国标准出版社。

本标准主要起草人：房庆、杨雯、郭道锋、孙维、马慧、张书杰、徐成华、范一乔、李玲。

本标准代替了GB/T 9704—1999。

GB/T 9704—1999的历次版本发布情况为：

——GB/T 9704—1988。

党政机关公文格式

1 范围

本标准规定了党政机关公文通用的纸张要求、排版和印制装订要求、公文格式各要素的编排规则，并给出了公文的式样。

本标准适用于各级党政机关制发的公文。其他机关和单位的公文可以参照执行。

使用少数民族文字印制的公文，其用纸、幅面尺寸及版面、印制等要求按照本标准执行，其余可以参照本标准并按照有关规定执行。

2 规范性引用文件

下列文件对于本标准的应用是必不可少的。凡是注日期的引用文件，仅所注日期的版本适用于本标准。凡是不注日期的引用文件，其最新版本（包括所有的修改单）适用于本标准。

GB/T 148 印刷、书写和绘图纸幅面尺寸

GB 3100 国际单位制及其应用

GB 3101 有关量、单位和符号的一般原则

GB 3102（所有部分） 量和单位

GB/T 15834 标点符号用法

GB/T 15835 出版物上数字用法

3 术语和定义

下列术语和定义适用于本标准。

3.1 字 word

标示公文中横向距离的长度单位。在本标准中，一字指一个汉字宽度的距离。

3.2 行 line

标示公文中纵向距离的长度单位。在本标准中，一行指一个汉字的高度加3号汉字高度的7/8的距离。

4 公文用纸主要技术指标

公文用纸一般使用纸张定量为$60g/m^2\sim80g/m^2$的胶版印刷纸或复印纸。纸张白度80%～90%，横向耐折度≥15次，不透明度≥85%，pH值为7.5～9.5。

5 公文用纸幅面尺寸及版面要求

5.1 幅面尺寸

公文用纸采用GB/T 148中规定的A4型纸，其成品幅面尺寸为：210 mm×297 mm。

5.2 版面

5.2.1 页边与版心尺寸

公文用纸天头（上白边）为37 mm±1 mm，公文用纸订口（左白边）为28mm±1mm，版心尺寸为156 mm×225 mm。

5.2.2 字体和字号

如无特殊说明，公文格式各要素一般用3号仿宋体字。特定情况可以作适当调整。

5.2.3 行数和字数

一般每面排22行，每行排28个字，并撑满版心。特定情况可以作适当调整。

5.2.4 文字的颜色

如无特殊说明，公文中文字的颜色均为黑色。

6 印制装订要求

6.1 制版要求

版面干净无底灰，字迹清楚无断划，尺寸标准，版心不斜，误差不超过1mm。

6.2 印刷要求

双面印刷；页码套正，两面误差不超过2mm。黑色油墨应当达到色谱所标BL100%，红色油墨应当达到色谱所标Y80%、M80%。印品着墨实、均匀；字面不花、不白、无断划。

6.3 装订要求

公文应当左侧装订，不掉页，两页页码之间误差不超过4mm，裁切后的成品尺寸允许误

差±2mm，四角成90°，无毛茬或缺损。

骑马订或平订的公文应当：

a）订位为两钉外订眼距版面上下边缘各70mm处，允许误差±4mm；

b）无坏钉、漏钉、重钉，钉脚平伏牢固；

c）骑马订钉锯均订在折缝线上，平订钉锯与书脊间的距离为3mm～5mm。

包本装订公文的封皮（封面、书脊、封底）与书芯应吻合、包紧、包平、不脱落。

7 公文格式各要素编排规则

7.1 公文格式各要素的划分

本标准将版心内的公文格式各要素划分为版头、主体、版记三部分。公文首页红色分隔线以上的部分称为版头；公文首页红色分隔线（不含）以下、公文末页首条分隔线（不含）以上的部分称为主体；公文末页首条分隔线以下、末条分隔线以上的部分称为版记。

页码位于版心外。

7.2 版头

7.2.1 份号

如需标注份号，一般用6位3号阿拉伯数字，顶格编排在版心左上角第一行。

7.2.2 密级和保密期限

如需标注密级和保密期限，一般用3号黑体字，顶格编排在版心左上角第二行；保密期限中的数字用阿拉伯数字标注。

7.2.3 紧急程度

如需标注紧急程度，一般用3号黑体字，顶格编排在版心左上角；如需同时标注份号、密级和保密期限、紧急程度，按照份号、密级和保密期限、紧急程度的顺序自上而下分行排列。

7.2.4 发文机关标志

由发文机关全称或者规范化简称加"文件"二字组成，也可以使用发文机关全称或者规范化简称。

发文机关标志居中排布，上边缘至版心上边缘为35mm，推荐使用小标宋体字，颜色为红色，以醒目、美观、庄重为原则。

联合行文时，如需同时标注联署发文机关名称，一般应当将主办机关名称排列在前；如有"文件"二字，应当置于发文机关名称右侧，以联署发文机关名称为准上下居中排布。

7.2.5 发文字号

编排在发文机关标志下空二行位置，居中排布。年份、发文顺序号用阿拉伯数字标注；年份应标全称，用六角括号"〔〕"括入；发文顺序号不加"第"字，不编虚位（即1不编为01），在阿拉伯数字后加"号"字。

上行文的发文字号居左空一字编排，与最后一个签发人姓名处在同一行。

7.2.6 签发人

由"签发人"三字加全角冒号和签发人姓名组成，居右空一字，编排在发文机关标志下空二行位置。"签发人"三字用3号仿宋体字，签发人姓名用3号楷体字。

如有多个签发人，签发人姓名按照发文机关的排列顺序从左到右、自上而下依次均匀编排，一般每行排两个姓名，回行时与上一行第一个签发人姓名对齐。

7.2.7　版头中的分隔线

发文字号之下4 mm处居中印一条与版心等宽的红色分隔线。

7.3　主体

7.3.1　标题

一般用2号小标宋体字，编排于红色分隔线下空二行位置，分一行或多行居中排布；回行时，要做到词意完整，排列对称，长短适宜，间距恰当，标题排列应当使用梯形或菱形。

7.3.2　主送机关

编排于标题下空一行位置，居左顶格，回行时仍顶格，最后一个机关名称后标全角冒号。如主送机关名称过多导致公文首页不能显示正文时，应当将主送机关名称移至版记，标注方法见7.4.2。

7.3.3　正文

公文首页必须显示正文。一般用3号仿宋体字，编排于主送机关名称下一行，每个自然段左空二字，回行顶格。文中结构层次序数依次可以用"一、""（一）""1.""（1）"标注；一般第一层用黑体字、第二层用楷体字、第三层和第四层用仿宋体字标注。

7.3.4　附件说明

如有附件，在正文下空一行左空二字编排"附件"二字，后标全角冒号和附件名称。如有多个附件，使用阿拉伯数字标注附件顺序号（如"附件：1.××××××"）；附件名称后不加标点符号。附件名称较长需回行时，应当与上一行附件名称的首字对齐。

7.3.5　发文机关署名、成文日期和印章

7.3.5.1　加盖印章的公文

成文日期一般右空四字编排，印章用红色，不得出现空白印章。

单一机关行文时，一般在成文日期之上、以成文日期为准居中编排发文机关署名，印章端正、居中下压发文机关署名和成文日期，使发文机关署名和成文日期居印章中心偏下位置，印章顶端应当上距正文（或附件说明）一行之内。

联合行文时，一般将各发文机关署名按照发文机关顺序整齐排列在相应位置，并将印章一一对应、端正、居中下压发文机关署名，最后一个印章端正、居中下压发文机关署名和成文日期，印章之间排列整齐、互不相交或相切，每排印章两端不得超出版心，首排印章顶端应当上距正文（或附件说明）一行之内。

7.3.5.2　不加盖印章的公文

单一机关行文时，在正文（或附件说明）下空一行右空二字编排发文机关署名，在发文机关署名下一行编排成文日期，首字比发文机关署名首字右移二字，如成文日期长于发文机关署名，应当使成文日期右空二字编排，并相应增加发文机关署名右空字数。

联合行文时，应当先编排主办机关署名，其余发文机关署名依次向下编排。

7.3.5.3　加盖签发人签名章的公文

单一机关制发的公文加盖签发人签名章时，在正文（或附件说明）下空二行右空四字加盖签发人签名章，签名章左空二字标注签发人职务，以签名章为准上下居中排布。在签发人签名章下空一行右空四字编排成文日期。

联合行文时，应当先编排主办机关签发人职务、签名章，其余机关签发人职务、签名章依次向下编排，与主办机关签发人职务、签名章上下对齐；每行只编排一个机关的签发人职

务、签名章；签发人职务应当标注全称。

签名章一般用红色。

7.3.5.4 成文日期中的数字

用阿拉伯数字将年、月、日标全，年份应标全称，月、日不编虚位（即1不编为01）。

7.3.5.5 特殊情况说明

当公文排版后所剩空白处不能容下印章或签发人签名章、成文日期时，可以采取调整行距、字距的措施解决。

7.3.6 附注

如有附注，居左空二字加圆括号编排在成文日期下一行。

7.3.7 附件

附件应当另面编排，并在版记之前，与公文正文一起装订。"附件"二字及附件顺序号用3号黑体字顶格编排在版心左上角第一行。附件标题居中编排在版心第三行。附件顺序号和附件标题应当与附件说明的表述一致。附件格式要求同正文。

如附件与正文不能一起装订，应当在附件左上角第一行顶格编排公文的发文字号并在其后标注"附件"二字及附件顺序号。

7.4 版记

7.4.1 版记中的分隔线

版记中的分隔线与版心等宽，首条分隔线和末条分隔线用粗线（推荐高度为0.35mm），中间的分隔线用细线（推荐高度为0.25mm）。首条分隔线位于版记中第一个要素之上，末条分隔线与公文最后一面的版心下边缘重合。

7.4.2 抄送机关

如有抄送机关，一般用4号仿宋体字，在印发机关和印发日期之上一行、左右各空一字编排。"抄送"二字后加全角冒号和抄送机关名称，回行时与冒号后的首字对齐，最后一个抄送机关名称后标句号。

如需把主送机关移至版记，除将"抄送"二字改为"主送"外，编排方法同抄送机关。既有主送机关又有抄送机关时，应当将主送机关置于抄送机关之上一行，之间不加分隔线。

7.4.3 印发机关和印发日期

印发机关和印发日期一般用4号仿宋体字，编排在末条分隔线之上，印发机关左空一字，印发日期右空一字，用阿拉伯数字将年、月、日标全，年份应标全称，月、日不编虚位（即1不编为01），后加"印发"二字。

版记中如有其他要素，应当将其与印发机关和印发日期用一条细分隔线隔开。

7.5 页码

一般用4号半角宋体阿拉伯数字，编排在公文版心下边缘之下，数字左右各放一条一字线；一字线上距版心下边缘7mm。单页码居右空一字，双页码居左空一字。公文的版记页前有空白页的，空白页和版记页均不编排页码。公文的附件与正文一起装订时，页码应当连续编排。

8 公文中的横排表格

A4纸型的表格横排时，页码位置与公文其他页码保持一致，单页码表头在订口一边，双页码表头在切口一边。

9　公文中计量单位、标点符号和数字的用法

公文中计量单位的用法应当符合GB 3100、GB 3101和GB 3102（所有部分），标点符号的用法应当符合GB/T 15834，数字用法应当符合GB/T 15835。

10　公文的特定格式

10.1　信函格式

发文机关标志使用发文机关全称或者规范化简称，居中排布，上边缘至上页边为30mm，推荐使用红色小标宋体字。联合行文时，使用主办机关标志。

发文机关标志下4mm处印一条红色双线（上粗下细），距下页边20mm处印一条红色双线（上细下粗），线长均为170mm，居中排布。

如需标注份号、密级和保密期限、紧急程度，应当顶格居版心左边缘编排在第一条红色双线下，按照份号、密级和保密期限、紧急程度的顺序自上而下分行排列，第一个要素与该线的距离为3号汉字高度的7/8。

发文字号顶格居版心右边缘编排在第一条红色双线下，与该线的距离为3号汉字高度的7/8。

标题居中编排，与其上最后一个要素相距二行。

第二条红色双线上一行如有文字，与该线的距离为3号汉字高度的7/8。

首页不显示页码。

版记不加印发机关和印发日期、分隔线，位于公文最后一面版心内最下方。

10.2　命令（令）格式

发文机关标志由发文机关全称加"命令"或"令"字组成，居中排布，上边缘至版心上边缘为20mm，推荐使用红色小标宋体字。

发文机关标志下空二行居中编排令号，令号下空二行编排正文。

签发人职务、签名章和成文日期的编排见7.3.5.3。

10.3　纪要格式

纪要标志由"×××××纪要"组成，居中排布，上边缘至版心上边缘为35mm，推荐使用红色小标宋体字。

标注出席人员名单，一般用3号黑体字，在正文或附件说明下空一行左空二字编排"出席"二字，后标全角冒号，冒号后用3号仿宋体字标注出席人单位、姓名，回行时与冒号后的首字对齐。

标注请假和列席人员名单，除依次另起一行并将"出席"二字改为"请假"或"列席"外，编排方法同出席人员名单。

纪要格式可以根据实际制定。

11　式样

各种类型的式样图可扫描右侧二维码查看。

扫码看资料
各种类型的
式样图

扫码看资料
党政机关公文
处理工作条例

扫码看资料
出版物上
数字用法

扫码看资料
标点符号
用法

参考文献

[1]陈承欢. 财经应用文：写作技巧　范例模板　实战训练[M]. 北京：人民邮电出版社，2019.

[2]崔梅，周芸. 话语交际导论[M]. 北京：北京师范大学出版社，2010.

[3]杜蓉. 实用沟通与写作[M]. 北京：机械工业出版社，2009.

[4]高琳. 人际沟通与礼仪[M]. 北京：人民邮电出版社，2017.

[5]耿云巧，马俊霞. 现代应用文写作[M]. 北京：清华大学出版社，2007.

[6]金正昆. 大学生礼仪[M]. 3版. 北京：中国人民大学出版社，2014.

[7]李真顺. 脱稿演讲与即兴发言[M]. 北京：北京大学出版社，2013.

[8]刘砺，荆素芳，扶齐. 商务礼仪实务教程[M]. 北京：机械工业出版社，2015.

[9]刘艳春. 语言交际概论[M]. 北京：北京大学出版社，2007.

[10]吕行. 言语沟通学概论[M]. 北京：清华大学出版社，2009.

[11]茅海燕. 公关言语表达学[M]. 苏州：苏州大学出版社，2008.

[12]斯蒂文·E. 卢卡斯. 演讲的艺术[M]. 顾秋蓓，译. 北京：外语教学与研究出版社，2014.

[13]孙立湘. 实用写作与口才[M]. 2版. 北京：机械工业出版社，2004.

[14]孙秀秋，吴锡山. 应用写作教程[M]. 3版. 北京：中国人民大学出版社，2013.

[15]王用源. 应用文写作技能与规范：慕课版[M]. 北京：人民邮电出版社，2022.

[16]王用源. 沟通与写作：语言表达与沟通技能[M]. 北京：人民邮电出版社，2020.

[17]王用源. 中文沟通与写作[M]. 2版. 北京：机械工业出版社，2021.

[18]吴婕. 有效沟通与实用写作教程[M]. 北京：中国人民大学出版社，2011.

[19]夏晓鸣. 应用文写作[M]. 上海：复旦大学出版社，2012.

[20]徐春艳，赵一. 说话艺术全知道[M]. 北京：华文出版社，2010.

[21]应届生求职网. 应届生求职简历全攻略[M]. 上海：上海交通大学出版社，2009.

[22]应届生求职网. 应届生求职面试全攻略[M]. 上海：上海交通大学出版社，2009.

[23]张波. 口才与交际[M]. 北京：机械工业出版社，2008.

[24]张振刚，李云健. 管理沟通：理念、方法与技能[M]. 北京：机械工业出版社，2014.

[25]周希希. 演讲与口才[M]. 北京：中国致公出版社，2016.